말의
주인이 되는
시간

말의
주인이 되는
시간

한성우 지음

창비

말의 주인들을 위하여

"나는 지금까지 '말'에 관심이 없는 사람을 만난 적이 없다."

언어학자이자 심리학자인 스티븐 핑커는 자신의 책 『언어 본능』의 머리말에 이렇게 써 놓았습니다. 저도 말과 관련된 직업을 가지고 있으니 이렇게 말할 수 있어야 할 텐데 안타깝게도 그렇지가 못합니다. 처음 접한 낱말의 뜻을 조심스럽게 물어보는 아이, 어법에 맞지 않는 말을 하는 것은 아닐까 주눅이 잔뜩 든 채 말하는 학생들, 맞춤법과 띄어쓰기가 틀렸는지 봐 달라는 동료들만 주로 만나 왔습니다. 저는 이렇게 써야 할 듯합니다.

"나는 지금까지 말에 자신이 있는 사람을 만난 적이 없다."

이상한 일입니다. 일상에서는 아무런 거리낌 없이 말을 술술 풀어 내면서도 글을 쓰라 하면 괴로워합니다. 공식적인 자리에서 말을 하라 하면 내용을 어떻게 구성할까 고민하기보다는 혹시라도 말이 안 되는 말을 할까 걱정합니다. 방언 연구자로서 우리말을 조사하러 가면 저는 늘 말을 배우는 처지인데 어르신들은 한평생 잘 간직해 온 자신의 말을 보잘 것 없다고만 하십니다.

"나는 지금까지 푼푼한 국어 선생을 만난 적이 없다."

원인은 바로 여기에 있는 것 아닐까요? 제가 아는 국어 선생님들의 대부분은 '빨간 펜' 선생님입니다. 어떤 말과 글을 듣고 보든 눈에 불을 켜고 잘못된 것을 찾아 고쳐야 한다고 믿는 분들입니다. 제게 가르침을 주신 선생님들이 그러셨습니다. 제가 알고 있는 많은 사람들이 국어를 연구하고 가르치는 일을 하고 있는데 그들 대부분이 그렇습니다. 귀와 눈으로 듣고 보는 말의 내용을 살피기보다는 틀린 것을 찾고 지적하기에 바쁩니다.

"나는 지금까지 말을 모르는 사람을 만난 적이 없다."

저 또한 푼푼하지 못한, 심지어 옹졸하기까지 한 국어 선생으로 살아오다가 어느 순간부터 생각이 달라지기 시작했습니다. 방언 연구자로서 '이 땅의 모든 말'이 곧 국어, 아니 한국어라는 사실을 깨닫게 되면서부터입니다. 남쪽 마라도부터 북쪽 백두산에 사는 이들에 이르기까지 이 땅에 사는 모든 사람들의 말이 한국어입니다. 입을 막 떼기 시작한 어린아이부터 평생 꾹꾹 눌러 쌓아 온 삶의 지혜를 조용히 풀어 내는 어르신에 이르기까지 이들의 말이 곧 한국어입니다. 말을 모른다면 말을 할 수가 없는데, 이들 모두가 말을 하고 있으니 이들 모두는 말을 잘 알고 있는 것입니다.

저와 같은 국어 선생들이 조금 더 잘 안다고 잘난 체하는 문법도 이들의 말을 바탕으로 만들어집니다. 수십만 개의 어휘가 실려 있는 사전도 이들이 말을 어떻게 알고 있고 어떻게 쓰고 있나를 관찰해 만듭니다. 이들을 옥죄는 규범과 어법마저도 이들이 동의하지 않으면 존재하기 어렵습니다. 문법, 사전, 규범, 어법 모두가 이 땅의 모든 말에 바탕을 두고 있으니 이 땅의 모든 말을 쓰는 이들이 곧 말을 잘 아는 이들입니다. 그들이 비록 어려운 문법 용어를 모르고, 어휘에 대한 정치한 뜻풀이를 하지 못하고, 규범과 어법의 위압적인 문구에 짓눌려 있다 하더라도 이 모든 것의 뿌리는 이들의 말입니다.

이 땅의 모든 이들이 곧 말의 주인입니다. 문법, 사전, 규범, 어법 등의 뿌리가 이들의 말이기 때문입니다. 이들이 없다면 말이 없고, 말이 없다면 이 모든 것들이 만들어질 수 없기 때문이기도 합니다. 이들이 의식하지 않고 자연스럽게 쓰는 말들이 모여 우리말을 이루니 이것이 곧 한국어입니다. 자신들이 주인임에도 불구하고 늘 주눅이 들어 있지만 이들이 이 땅 모든 말의 주인입니다.

말의 주인들을 위한 글을 쓰고 싶었습니다. 말의 주인들이 각자가 가지고 있는 지식과 경험에 근거해서 하는 말들을 '틀렸다'거나 '이상하다'거나 하지 않고 그것은 무조건 '옳다'고 말하고 싶었습니다. 어떤 이는 특정 상황에서 틀렸거나 이상한 말을 할 수도 있습니다. 그러나 말의 주인들 스스로가 결정해 나가는 모든 것들은 옳다고 믿고 그것을 지지하고 싶었습니다. 늘 뒤떨어질 수밖에 없는 규범과 어법의 잣대 말고 이들이 발휘하는 집단 지성의 힘을 믿고 그것을 풀어 나가고 싶었습니다.

말의 주인인 양 행세하는 이들에게는 조금 뒤로 물러설 것을 권하는 글을 쓰고 싶었습니다. 저와 같은 국어 선생들, 다른 분야의 지식과 경험에 근거해 말에 대해 과도한 집착을 보이는 이들, 말을 자신의 손으로 좌지우지할 수 있다고 믿고 그래야만 직성이 풀리는 이들에게 자중하라 권하는 책을 쓰고 싶었습니다. 어차피 국어 선생들은 말의 주인들에게 빚을 지고 있으니 이 땅의 모든 말에 푼푼한 마음을 가지면 됩니다. 자신의 전문 분야에서 존중받고 싶다면 말에 관해서는 이 분야의 권위자인 말의 주인들을 존중해야 합니다. 말을 마음대로 주무를 수 있다고 믿는 이들도 결국은 주인의 손바닥 위에 있다는 것을 깨달아야 합니다.

모든 이들이 말에 관심이 있다는 스티븐 핑거의 말은 맞는 말입니다. 자신의 말에 자신이 없는 이유 또한 말에 관심을 가지고 있기 때문입니다. 스스로의 말을 살피며 자신보다 더 말을 잘하는 이들을 바라보기 때문입니다. 더 나은 표현, 더 정확한 문장, 더 규범에 맞는 말에 관심이 있기 때문에 자신이 없는 것입니다. 그리고 궁극적으로는 모든 이들이 말의 주인이기 때문에 관심이 있는 것입니다. 남의 것에 관심을 가지면 그것은 욕심이 되지만 자신의 것에 관심을 가지면 그것은 애정이 됩니다.

주인은 자신의 것을 마음대로 할 수 있지만 결코 함부로 대하지는 않습니다. 자신이 말의 주인임을 깨닫고 자신감을 가지는 것은 좋지만 그것을 험하게 다루는 것은 결코 바람직하지 않습니다. 말의 주인들 모두가 옳다고 강변하는 이유가 여기에 있습니다. 현실에는 나쁜 주인들이 있고 이들이 흙탕물을 일으키기도 합니다. 그러나 대다수의 공동 주인들이 이들을 잘 말리고 흐려진 물을 정화해 나갑니다. 모든 것들을 말의 주인에게 맡겨도 된다는 것은 이러한 믿음 때문입니다.

이 책에 펼쳐 놓은 스무 꼭지의 글은 말의 주인들이 관심을 가지고 있지만 자신 없어 하는 것들에 대해 쓴 것입니다. 각각의 사안에 대해 옳고 그름을 논하거나 똑 부러진 답을 제시하는 것은 아닙니다. 말의 주인들이 현실에서 어떤 치열한 고민을 하고 있는지 살펴보고, 모두가 여기에 동참하기를 권하는 글입니다. 어려워서 모른다 거부하지 말고 각자가 가지고 있는 지식과 경험에 근거해 함께 생각해 보고자 하는 글입니다. 그러한 과정에서 자신이 말의 주인임을 다시금 깨달을 수 있기를 바라는 글입니다.

말과 글에 관련된 일을 해 오면서 언젠가는 말의 주인에게 바치는 글을 쓰고 싶었는데 오랜 인연 덕에 그 꿈을 이뤘습니다. 이 책이 나오기까지 함께해 주신 창비교육 식구들에게 감사드립니다. 그러나 그 누구보다도 감사를 드려야 하는 이들은 이 땅 모든 말의 주인들입니다. 제게 말을 가르쳐 주신 분들, 말과 관련된 연구거리와 생각거리를 제공해 주신 말의 주인 모두에게 이 책을 바칩니다.

2020년 11월

한성우

차례

머리말 **말의 주인들을 위하여** 004

1 한글이 없어도 한국어를 한다 ·············· 013

2 한글을 수출하자고? ·············· 027

3 사라진 문자를 살려 내라고? ·············· 041

4 사이시옷을 어이할꼬 ·············· 053

5 저희 나라에 대해 여쭤보세요 ·············· 065

6 된소리, 거센소리가 어때서? ·············· 079

7 보리꼬리를 파는 할머니 ·············· 095

8 북녘 왼쪽에 사는 일반인 ·············· 109

9 도무송 씨와 나나인치 씨를 위한 변명 ·············· 125

10 요오드와 나트륨의 엇갈린 운명 ·············· 141

11 도련님부터 개저씨까지 …………………… 155

12 아버지는 가방에 들어가지 않으신다 ……… 173

13 한글, 기계와 싸워 이기다 ………………… 187

14 한자와 한자어의 소리 없는 전쟁 ………… 201

15 세인트 엑서페리의 쁘띠 프랑스 ………… 217

16 우리는 깡패의 총소리 부부가 아니다 ……… 233

17 옥떨메의 도전을 허하라 ………………… 247

18 에 다르고 애 다른가 ……………………… 261

19 한국말은 끝까지 들어야 한다? …………… 275

20 네 바퀴로 가는 말과 글 ………………… 291

맺음말 **말의 주인은 늘 옳습니다**   310

1

한글이
없어도

한국어를 한다

한글이 없어도 한국어를 한다

"국문과 선생님을 만나면 꼭 여쭤보고 싶은 게 있었는데 여쭤봐도 될까
요?"

"네네. 제가 답변할 수 있는 거라면 뭐든지 괜찮습니다."

"세종 대왕께서 한글을 창제하기 전에는 우리 조상님들은 어떤 말을 썼
나요?"

"저도 질문 하나 할게요. 화폐가 없을 때 우리 조상님들은 뭘 드셨나요?"

"뭐 예나 지금이나 밥을 드셨겠죠."

"네, 마찬가지로 한글이 없을 때도 지금과 똑같이 우리말, 한국어로 말을
했습니다."

경영학과 선생님으로부터 뜻밖의 질문을 받고 몹시도 당황스러웠습
니다. 상식에 비추어 보면 도저히 성립할 수 없는 질문인데 어떻게든 답
을 해야 하는 난감한 상황입니다. 경영학과 경제학이 어떻게 다르냐는
질문을 꽤 받으셨을 것을 생각하면 서로의 처지를 이해하고 친절히 답변

해 드려야 하는 문제이기도 합니다. 사실 이 문제는 꽤나 많은 분들이 헷갈려 하는 것이기도 합니다. 벼농사를 직접 짓든, 물물교환을 통해 쌀을 얻든, 돈으로 쌀을 사든 늘 밥을 먹어 왔듯이 말은 늘 같은 말이었습니다. 그러니 말과 글을 구별하는 것에서부터 이야기를 시작해야겠네요.

닭과 알, 그리고 말과 글

'닭이 먼저인가 알이 먼저인가'는 오랫동안 논란거리였습니다. 닭은 알에서 깨어나는데 알은 닭이 낳으니 둘 중에 무엇이 먼저인지 밝히기가 쉽지 않아 보입니다. 연구 결과, 닭이 먼저라는 답이 제시되기는 했지만 이 문제는 알쏭달쏭 알 수 없는 채로 남겨 두는 것이 나을 듯합니다. 생명의 근원을 탐구할 때나 존재의 인과관계를 찾을 때 모두 유용한 질문이기 때문입니다. 그 답을 찾아내는 과정에서 얻을 수 있는 것이 많기도 합니다.

이 질문에 비해 '말이 먼저인가 글이 먼저인가'에 대한 답을 찾는 것은 극히 쉽습니다. 조금 더 전문적인 용어를 써서 '음성 언어가 먼저인가 문자 언어가 먼저인가'로 질문을 바꾸어도 마찬가지입니다. 당연히 말 또는 음성 언어가 먼저입니다. 그것도 비교할 수 없을 정도로 말이 먼저입니다. 언제부터 말이 있었는지는 타임머신을 타고 과거로 가 보지 않는 한 추정만 가능할 뿐 정확히 알 수 없습니다. 과거의 일들은 기록을 통해서만 알 수 있는데 기록을 남기려면 문자가 있어야 하기 때문입니다. 인간의 주요한 특징 중 하나가 언어를 사용한다는 것이니 인간의 존재가 곧 말의 시작이라고 할 수 있습니다.

이에 비해 글이나 문자 언어의 역사는 비교적 분명한 편입니다. 글이 존재하려면 문자가 있어야 하는데 최초의 문자는 기원전 3,100년경에 만들어진 것으로 보고 있습니다. 메소포타미아 지역의 설형 문자가 그 것인데 점토판에 쐐기를 이용해 기록을 남겼습니다. 이보다 조금 늦은 이집트의 신성 문자, 시리아 지역의 히타이트 문자, 그리고 중국의 한자 등이 그 뒤를 잇습니다. 따라서 문자의 역사는 확인할 수 있는 자료를 바 탕으로 하면 5,000년 남짓입니다. 언어의 역사 전체에 비추어 보면 극히 짧은 기간일 수밖에 없습니다.

말을 하는 것은 다른 동물이 흉내 낼 수 없는 인간의 고유한 능력이 지만 문자를 사용하는 것은 훨씬 더 고도의 지적 능력입니다. 음성 언어 는 청각을 통해 소통하는 것이고 문자 언어는 시각을 통해 소통하는 것 입니다. 음성 언어가 편리하기는 하지만 음성 언어로는 '지금 여기'에서 만 소통이 가능하다는 한계가 있습니다. 소리는 보존이 되지 않고 미치 는 범위에도 한계가 있으니 일정한 범위의 공간에서 딱 그 순간만 소통 이 가능합니다. 이에 비해 시각 정보로는 '언제 어디서든' 소통이 가능합 니다. 누군가 시각 정보를 남기면 그 후에 다른 곳에 있는 사람도 그것으 로부터 정보를 얻을 수 있습니다. 동물도 시각 정보를 남기기는 하지만 '말'을 '문자'로 남기는 것은 인간만이 할 수 있습니다.

시각 정보는 그림으로부터 시작해 점차 고도화된 문자로 나아가게 됩 니다. 사진을 찍듯이 특정한 장면을 그린다면 이것은 그림이지 문자가 아닙니다. 표현하고자 하는 대상을 간략한 그림 형태로 만들고 그것들 을 조합해서 약속된 의미를 전달하게 되면 비로소 문자로 대접을 받습 니다. 이러한 문자들을 상형 문자라 하는데 앞서 언급한 문자들은 모두 상형 문자입니다. 표현하고자 하는 대상을 간략한 그림으로 만든 것이니 상형 문자들은 그 모양이 서로 비슷하기도 합니다. 글자 하나하나가 곧 단어이기 때문에 이러한 문자를 단어 문자라고 합니다. 오늘날까지도 쓰이고 있는 한자를 예로 든다면 '月, 火, 水, 木' 등과 같은 각각의 글자는 곧 '달, 불, 물, 나무'라는 단어입니다.

단어 문자로 말을 표기하는 데에는 한계가 있기 때문에 점차 새로운 문자들이 개발됩니다. 하나의 글자가 하나의 단어를 나타내도록 하려면 단어의 수만큼 글자가 있어야 합니다. 게다가 복잡한 개념은 간략한 그림으로 형상화하기도 쉽지 않습니다. 그런데 인간이 말을 할 때 내는 소리는 정해져 있습니다. 따라서 단어 대신 소리를 나타내는 문자를 쓰면 정해진 수의 글자로 모든 단어를 쓸 수 있습니다. 한자 '加'를 예로 들면 이 글자는 소리는 '가'이고 뜻은 '더하다'인 단어 문자입니다. 그런데 이 글자에서 뜻은 버리고 소리만을 취해 이 글자는 무조건 '가'라는 소리를 나타내는 것으로 쓸 수도 있습니다. 일본의 히라가나가 바로 이러한 방식으로 만들어진 문자인데 '加'를 조금 변형한 'か'는 일본어에서 '가' 소리를 가진 모든 단어에 쓰입니다.

이러한 문자는 하나의 글자가 하나의 음절을 나타내기 때문에 음절 문자라고 합니다. 히라가나 'か'는 '가'라는 소리와 대응하는데 이 글자는 더 이상 나눌 수 없습니다. 한글로 쓴 '가'는 'ㄱ'과 'ㅏ'로 나눌 수 있는데 'か'는 그럴 수 없습니다. 한글로는 '나'라고 쓸 수 있는 히라가나 'な' 또한 더 이상 나눌 수 없고 'か'와 겹치는 부분도 없습니다. 한글 '가'와 '나'에는 'ㅏ'가 공통적으로 쓰였는데 히라가나에서는 이러한 것을 찾을 수 없습니다.

말소리의 구조가 복잡하면 음절 문자만으로는 한계가 있습니다. 일본어는 기본적으로 50개의 말소리와 이를 변형한 제한된 수의 말소리가 있기 때문에 음절 문자만으로 모든 말을 표기할 수 있습니다. 그러나 한국어나 영어처럼 말소리의 구조가 복잡하면 음절 문자로는 한계가 있습니다. 한국어의 '아, 가, 악, 각, 까, 깍, 깎'이나 영어의 'kid, kin, king, kick, kit, kiss'와 같은 음절 하나하나에 대응하는 음절 문자를 따로 만드는 것도 어렵지만 설사 만들더라도 이를 외워서 쓰는 것은 불가능합니다. 그런데 위에서 예로 든 한국어의 각 음절은 'ㅏ, ㄱ, ㄲ' 세 소리의 조합으로 이루어져 있습니다. 이처럼 각각의 소리를 나타내는 문자를 만들고 이것을 조합하여 단어를 적는 것이 훨씬 더 효율적입니다.

이렇게 글자가 단어나 음절이 아닌 말소리 하나하나를 가리키는 문자를 음소 문자라고 합니다. 한글이나 로마자는 음소 문자입니다. 정해진 수의 글자로 그 언어의 모든 음절, 나아가 단어를 적을 수 있으니 매우 효율적입니다. 문자는 말을 적기 위한 것이니 말이 문자를 낳았습니다. 그것도 아주 오랜 세월이 흐른 뒤에 낳았습니다. 문자는 상형 문자로부터 점점 진화해 단어, 음절, 음소 문자로 발달했습니다. 음소 문자 이후 새로운 부류의 문자는 만들어지지 않았습니다. 문자 발달사의 맨 끝에 있는 문자는 물론 한글입니다.

	수메르 문자	이집트 문자	히타이트 문자	한자
사람				
왕				
소				
양				
하늘				
별				
해				
물				
나무				
집				

▶ 세계 여러 나라의 상형 문자들. 초기의 문자는 이렇게 사물의 형상을 본떠 만들어졌다.

한자의 생성

그림 문자 ....▶ 단어 문자

가나 문자의 생성

그림 문자 ....▶ 단어 문자 ....▶ 음절 문자

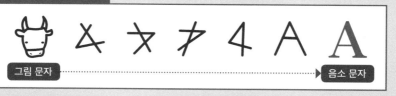

로마자의 생성

그림 문자 ....▶ 음소 문자

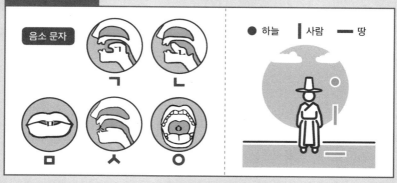

한글의 생성

음소 문자

● 하늘 | 사람 ━ 땅

▶ 문자의 발달 과정. 많은 문자들이 오랜 세월에 걸쳐 이와 같은 변화를 겪어 만들어졌는데 한글은 어느 날 갑자기 가장 진화된 모습으로 세상에 나타났다.

글자 없는 말의 시대

글보다 말이 먼저이니 글이 없을 때에도 말은 있었습니다. 언어의 역사에서 문자의 시대는 극히 짧으니 문자 없이 말만 있었던 시기는 무척이나 깁니다. 인간의 의사소통에 글이 꼭 필요한 것은 아닙니다. '지금 여기'의 한계를 극복하는 데에는 글이 필요하지만 꼭 그래야만 인류가 생존할 수 있는 것은 아니니 글이 필수는 아닙니다. 그럼에도 인류의 지혜를 축적해 고도로 발달된 문명을 이룩하는 데 글이 필요하니 아주 늦은 시기에 문자가 만들어진 것입니다.

글자가 만들어졌어도 모든 인류가 동시에 혜택을 누린 것은 아닙니다. 특정 지역에서 만들어진 문자는 점차 주변으로 퍼져 나가지만 이 과정에서 몇 가지 문제가 나타납니다. 단어 문자는 어차피 말 자체보다는 뜻을 전달하기 위한 것이니 문제가 크지 않을 수 있습니다. 예를 들어 단어 문자인 한자로 '山高天淸'이라고 써 놓으면 한국어 화자는 '산, 높다, 하늘, 푸르다'를 조합해서 뜻을 이해하고, 영어 화자는 'mountain, high, sky, blue'를 조합해서 뜻을 이해합니다. 각기 다른 말로 읽더라도 뜻은 통할 수 있습니다.

글자가 소리를 나타내는 음절 문자나 음소 문자는 사정이 좀 다릅니다. 문자를 만드는 사람들은 자신들이 쓰는 언어에 적합하도록 문자를 만듭니다. 언어마다 말소리의 종류도 체계도 다르고 문법도 다릅니다. 그래서 다른 언어를 적기 위해 만든 문자를 가져다 자신들의 말을 적는 데에는 어려움이 있습니다. 그래서 없는 글자는 새롭게 만들거나 기존의 문자를 조금씩 변형해서 쓰기도 합니다. 영어나 여러 유럽의 언어를 적는 로마자는 페니키아 문자에서 시작해 그리스와 로마를 거치면서 오늘날과 유사한 문자로 변모했습니다. 그 이후에도 각각의 언어에 맞게 변형이 이루어졌습니다.

그런데 주변에서 빌려 쓸 소리글자가 없을 때는 이마저도 어렵습니다. 조선 이전의 한반도 상황이 바로 그렇습니다. 알려진 문자라고는 한자밖에 없는데 한자는 뜻을 보이는 단어 문자입니다. 한자에 음이 있기는 하지만 일본어와 달리 우리의 말소리 체계가 중국어보다 훨씬 복잡해서 한자를 빌려 우리말의 소리를 적는 것은 한계가 있습니다. 한자로 기록을 남길 수는 있지만 그것은 우리의 말을 남기는 것이 아니라 뜻을 남기는 것입니다. '山高天淸'이라고 적으면 "산은 높고 하늘은 푸르다."와 같은 완전한 한국어 문장이 아니라 영어로는 "The mountain is high and the sky is blue."로 읽을 수도 있고, 중국어로는 "shān gāo tiān qīng."으로 읽을 수도 있습니다. 표기는 같아도 읽는 말이 다를 수 있으니 한국어를 적은 것이 아닙니다.

상황이 이렇다 보니 다른 방법을 동원하기도 했습니다. 쓰기는 한자로 쓰되 가능하면 한국어와 가깝게, 혹은 한국어처럼 읽게 하는 방법이 그것입니다. 한자를 빌려 쓰지만 우리말식으로 적은 것이니 한문은 아닙니다. 한국어식으로 변형된 엉터리 영어를 '콩글리시(Konglish)'라고 하는 것을 감안하면 한국어식으로 변형된 엉터리 한문이니 '코이니즈(Koinese)'라고 이름을 붙일 수도 있겠습니다. 글자를 빌려 썼다는 의미에서 이런 표기를 차자 표기(借字表記)라고 하는데 구결, 이두, 향찰 등이 그것입니다. 이러한 차자 표기는 꽤나 복잡하기 때문에 오늘날에는 제대로 이해하기가 쉽지 않습니다. 그래도 향가 「제망매가」의 한 구절을 볼까요?

於內秋察早隱風未 此矣彼矣浮良落尸葉如

→ 어느 가을 이른 바람에 이에 저에 떨어질 잎다이

한자로 기록되어 있지만 한문만 아는 이들은 이 문장을 절대로 해석할 수 없습니다. 차라리 '秋早風此彼浮落葉'만 있다면 뜻이 대충 통할 텐데 시작부터 나오는 '於內'에서 막혀 버립니다. 그런데 한국어를 아는 사람들은 한자로 적어 놓은 '於內'를 한국어 '어느'로 읽고 이 문장을 해석할 수 있게 됩니다. 향가를 기록하는 방법인 향찰은 차자 표기 중에서 가장 복잡한 표기 방법이고 구결이나 이두는 상대적으로 단순한 편입니다. 어떤 표기이든 기본적으로 한자와 한문을 알아야 하고 이에 더해 한국어까지 알아야만 제대로 읽을 수 있습니다.

차자 표기가 있었던 것은 한글 창제 이전에도 우리 조상들이 한국어를 썼다는 강력한 증거입니다. 비록 글자는 한자를 썼지만 말은 달랐기 때문에 한문과는 다른 방식의 표기 체계를 고안한 것입니다. 필요해서 차자 표기를 썼지만 그것이 불편하고 불완전하니 한국어에 맞는 표기법을 개발한 것입니다. 우리 조상들의 이러한 눈물겨운 노력은 한글을 창제하는 밑바탕이 되기도 했습니다.

세종 대왕께서는 '글자'를 만드셨습니다

『훈민정음』 서문은 "우리나라의 말이 중국과 달라 문자로 서로 통하지 아니하므로"로 시작합니다. 말 그대로 세종 대왕 당시의 말이 중국과 다르다는 것인데 '다름'에 대해 말하려면 '있음'이 전제가 되어야 합니다. 세종 대왕 당시에 우리말이 있었고, 말은 하루아침에 생겨난 것이 아닐 테니 이전부터 계속 있어 왔던 것입니다. 우리에게도 말이 있고 중국에도 말이 있는데 이 둘이 서로 달라서 문자로 통하지 못한다는 것입니다. 이때의 문자는 당연히 한자입니다. 한자는 중국말을 적기 위한 것이어서 우리말을 적기에는 적합하지 않았습니다.

사실 한자로 우리말을 적는 것이 불가능한 것은 아닙니다. 고구려 때의 광개토 대왕비를 보면 빼곡하게 한자가 기록되어 있는데 고구려 사람이 중국어를 적어 놓았을 리는 없습니다. 당시에 문자가 없으니 한자를 빌려 자신들이 남기고 싶은 기록을 남긴 것입니다. 한자는 뜻글자이니 한자의 뜻을 알고 문장이 어떻게 구성되는지 알면 그 뜻을 헤아려 자신의 말로 읽을 수 있습니다. 중국 사람은 중국어로, 고구려 사람은 고구려어로 읽어 낼 것입니다.

문제는 다른 데 있습니다. 한문을 보고 뜻은 파악할 수 있지만 그 한문이 정확하게 어떤 말을 적은 것인지 알 수 없다는 것입니다. 『훈민정음』 서문은 "國之語音異乎中國與文字不相流通"이란 한문으로도 기록되어 있는데 세종 대왕 당시에는 "나랏 말ᄊᆞ미 듕귁에 달아 문ᄍᆞ와로 서르 ᄉᆞᄆᆞᆺ디 아니홀ᄊᆡ."로 읽었지만 오늘날에는 "우리나라의 말이 중국과 달라 문자로 서로 통하지 아니하므로."로 읽을 수도 있습니다. 누군가는 "國의 語音이 中國과 異하여 서로 流通이 不하니."라고 할 수도 있고, "우리나라의 말소리가 중국과는 달라서 중국에서 쓰는 문자로는 서로 통하는 것이 불가능해."라고 할 수도 있습니다. 어떻게 읽든 뜻은 모두 같지만 구체적인 말은 각기 다를 수 있습니다.

게다가 한자는 글자 수가 많을 뿐만 아니라 한자로 쓴 한문을 쓰고 읽을 줄 알기까지 많은 시간과 노력이 필요하다는 것도 문제입니다. 한가한 양반집 자제들이야 몇 년에 걸쳐 서당에 다니거나 독선생을 모시고 공부할 수 있겠지만 먹고살기에 바쁜 그 외의 사람들은 이럴 겨를이 없습니다. 그러니 대부분의 사람들이 까막눈이어서 애초에 우리말을 정확하게 반영하지도 못하는 한문이지만 그마저도 읽어 낼 수 있는 사람들이 드물었습니다. 중국어를 적기 위해 만들어진, 그리고 말소리가 아닌 뜻을 적기 위해 만들어진 한자를 쓰는 데에는 이런 근본적인 문제가 있습니다.

그래서 세종 대왕께서는 우리말을 온전히 적을 수 있는 글자를 만드셨습니다. 우리말은 이미 있었는데 우리 글자가 없었으니 우리 고유의 글자를 만드신 것입니다. 뜻글자로는 우리말을 온전히 적기 어려우니 한자 같은 뜻글자가 아닌 소리글자를 만드셨습니다. 우리말을 아는 사람이 자신이 내는 말소리를 그대로 적을 수 있는 문자입니다. 쓰기 쉬울 뿐만 아니라 읽기도 쉬워 누구나 읽고 그 뜻을 파악할 수 있고, 그것을 적은 사람과 똑같은 말로 다시 말할 수 있습니다.

한자는 수천 자를 익혀야 비로소 읽고 쓸 수 있는데 한글은 스물여덟 자만 익히면 됩니다. 한문의 문법은 제대로 구사하기가 어려운 데 비해 우리말의 문법은 이미 말을 배울 때부터 다 파악하고 있는 것이니 문법을 따로 익힐 필요가 없습니다. 입으로 술술 나오는 그 소리를 글자로 척척 옮겨 놓으면 누구나 똑같은 말소리로 읽고, 뜻도 똑같이 파악합니다. 세종 대왕께서는 이런 글자를 만드셨습니다.

그런데 많은 이들이 세종 대왕께서 우리글이 아닌 우리말을 만드신 것으로 오해하고 있습니다. 왜 그럴까요? 말과 글자를 같은 것으로 여기는 것은 흔한 일인데 유독 우리가 심합니다. 우리만 한글을 쓰는 것이 큰 이유입니다. 한자는 중국, 한국, 일본, 베트남 등 여러 곳에서 쓰이고 로마자는 훨씬 더 많은 나라에서 쓰입니다. 하지만 한글은 오로지 우리나라에서 우리말을 적는 데만 쓰입니다. 그러니 한글로 적힌 것은 곧 우리말이라는 등식이 성립되어 한글과 우리말을 같은 것으로 여기는 것입니다.

일제 강점기를 거치면서 이러한 생각이 굳어지기도 했습니다. 일제가 우리말을 못 쓰게 하자 우리말을 지키는 것을 곧 한글로 적힌 우리글을 지키는 것으로 생각하게 되었습니다. 우리의 자주성을 지키자는 생각에 사대주의를 배척하면서 중국에서 들여온 한자도, 서양에서 들어온 알파벳도 가능하면 배제하면서 한글을 애용하려 노력했습니다. 그 과정에서 한글이 곧 우리말인 것으로 혼동하는 사람이 늘어났습니다. 한글과 우리말 모두 우리 고유의 것이지만 둘은 서로 다릅니다. 세종 대왕께서는 고유의 우리말은 있지만 우리글이 없는 상황에서 우리 고유의 글자를 만드셨습니다.

한글날 무렵이면 신문과 방송에 우리말과 관련된 기사가 넘쳐납니다. 세종 대왕과 한글에 대한 것도 있지만 상당수는 우리말을 바로 써야 한다는 내용입니다. 꽤 많은 글쓴이가 한글과 한국어를 혼동하고 있거나 구별하지 않습니다. 적어도 한글과 한국어는 구별할 수 있어야 세종 대왕께서도 기뻐하실 듯합니다. 그렇더라도 여전히 세종 대왕께서는 서글프실 수 있습니다. 일 년 내내 꽁보리밥만 먹다가 생일날 아침에서야 흰쌀밥을 먹는 것처럼 내내 홀대하다가 한글날만 되면 호들갑을 떠니 말입니다. 밥 없이 하루도 살 수 없듯이 말과 글 없이 하루도 살 수 없으니 모든 날이 늘 생일날 같아야 진정으로 기뻐하실 것입니다.

2

한글을
수출하자고?

한글을 수출하자고?

"선생님, 꼭 필요한 물건인데 우리나라에는 없으면 어떻게 해야 하죠?"

"수입해야겠죠."

"그렇죠. 반대로 명품 중의 명품인데 다른 나라에는 없으면 어떻게 해야
하죠?"

"그럼 당연히 수출해야겠죠."

"세종 대왕께서 창제하신 한글은 명품 중의 명품이죠? 그런데 왜 수출을
안 하죠?"

"한글이 명품 중의 명품인 건 맞아요. 그런데 누구한테 어떻게 팔죠? 누
가 사겠대요?"

가슴이 뜨거운 사람들이 가끔씩 이렇게 질문을 합니다. 왜 위대한 한
글을 전 세계에 수출하지 않냐고요. 우리의 자랑인 한글이 세계 곳곳에
서 쓰이는 것을 보고 싶은데 좁은 한반도에서만 쓰이는 것이 안타깝기
때문이겠지요. 이분이 말씀하신 대로 한글을 전 세계에 수출한다면 국

익에도 도움이 될 테고, 우리의 어깨도 으쓱해질 텐데 아쉬운 일이긴 합니다. 그런데 과연 글자를 수출할 수 있는 것일까요?

아, 한글의 위대함이여!

한글은 세계 최고의 문자일까요? 맞기도 하고 틀리기도 합니다. '최고'의 기준을 무엇으로 잡느냐가 문제입니다. 나이로 따진다면 한글은 아주 어린 문자이니 '최고(最古)'의 문자는 절대로 아닙니다. 사용자 수가 가장 많은 문자는 로마자이고, 옆 나라 중국의 한자도 엄청난 사용자 수를 보이고 있으니 사용자 수에서도 최고의 문자는 아닙니다. 한국어 사용자 순위는 통계마다 조금씩 다른데 2020년을 기준으로 14위를 기록하고 있으니 이에 근거해서 사용자 수를 따져 본다면 그리 적은 수는 아니지만 최고 사용자 수에는 미치지 못합니다.

컴퓨터의 세계에서는 한글이 세계 최고라고 할 수도 있습니다. 오늘날 컴퓨터에서 전 세계의 문자를 아무런 어려움 없이 볼 수 있는 것은 유니코드 덕분입니다. 쉽게 설명하자면 동서고금의 모든 문자에 일정한 주소를 부여해 컴퓨터에서 쓸 수 있도록 한 것이 유니코드입니다. 현재 약 28만 자 정도의 글자를 등록할 수 있게 되어 있는데 이 중에 한국, 중국, 일본에서 쓰이는 한자가 9만여 자이고 한글은 만 자가 조금 넘습니다. 한글의 수가 많다지만 한자에는 크게 미치지 못합니다.

이는 유니코드에 한자는 대부분 포함시켰지만 한글은 제한적으로 반영했기 때문입니다. 웬만한 한글은 유니코드 문자표에 다 반영되어 있긴 한데 세종 대왕께서 한글을 만드셨을 때의 의도를 완벽하게 반영한 것은 아닙니다. 세종 대왕께서는 자음과 모음을 자유롭게 조합해 한 음절을 쓸 수 있도록 하셨는데 우리말에는 없지만 영어의 'strikes'를 세종 대왕께서 들으셨다면 '쓻랫'처럼 적으셨을 것입니다. 이와 같은 방식의 표기를 허용해 '만들 수 있는 글자'까지 유니코드에 포함시킨다면 한글 160만 자 이상을 만들 수 있습니다. 물론 만들 수 있는 글자 수가 많다고 해서 최고의 문자라고 할 수는 없습니다.

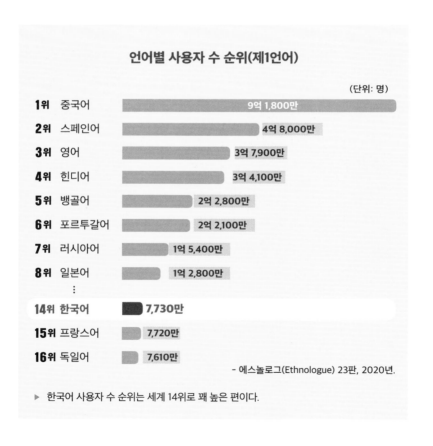

언어별 사용자 수 순위(제1언어)

(단위: 명)

순위	언어	사용자 수
1위	중국어	9억 1,800만
2위	스페인어	4억 8,000만
3위	영어	3억 7,900만
4위	힌디어	3억 4,100만
5위	뱅골어	2억 2,800만
6위	포르투갈어	2억 2,100만
7위	러시아어	1억 5,400만
8위	일본어	1억 2,800만
⋮		
14위	한국어	7,730만
15위	프랑스어	7,720만
16위	독일어	7,610만

- 에스놀로그(Ethnologue) 23판, 2020년.

▶ 한국어 사용자 수 순위는 세계 14위로 꽤 높은 편이다.

한글을 최고의 문자라고 하는 것은 한글의 과학성 때문입니다. 이마저도 절대적이고도 객관적인 기준을 제시하기 어렵겠지만 전 세계의 많은 학자들이 인정하고 있듯이 한글은 가장 과학적인 글자입니다. 발음 기관을 본떠서 기본 자음을 만들고 이것을 겹치거나 획을 더해 글자 수를 늘려 나갔습니다. 가장 간단한 기호인 점, 가로 선, 세로 선으로 기본 모음을 만들고 이것을 조합해서 모음의 숫자를 늘려 나갔습니다. 그런 다음 자음과 모음을 정해진 원칙에 따라 음절 단위로 쓰게 했으니 이보다 더 과학적이고 체계적일 수는 없습니다.

다른 문자와 한글을 비유적으로 표현하자면 오래된 도시의 골목길과 신도시의 큰길을 끌어 들일 수 있습니다. 오래된 도시의 골목길은 좁고 꾸불꾸불해서 무질서하게 보입니다. 이에 비해 신도시의 큰길은 네모반듯하거나 방사형이어서 질서가 잘 잡혀 있습니다. 수천 년의 역사를 간직한 로마자나 한자와 같은 글자들은 오래된 도시의 골목길 같습니다. 이에 비해 한글은 천재적인 두뇌의 소유자 세종 대왕께서 문자와 관련된 당대의 모든 지식을 동원해 만드셨기 때문에 지극히 과학적일 수밖에 없습니다. 체계가 잘 잡힌 큰길이라 할 만합니다.

한글의 과학성은 누구도 부정할 수 없는 것이기에 '아, 한글의 위대함이여!'라고 자부심을 가질 만합니다. 앞으로 새로운 문자가 만들어진다고 하더라도 이보다 더 잘 만들 수 없어 보입니다. 한글의 창제 원리와 운용 방법 하나하나를 들여다볼 때마다 세종 대왕의 천재성에 놀라지 않을 수 없습니다. 그러니 한껏 자랑스러워해도 됩니다. 우리끼리만 그럴 것이 아니라 세계 방방곡곡을 다니면서 외쳐도 됩니다.

한글, 너무나 과한 명품

그런데 다른 나라 사람들의 반응은 뜨뜻미지근합니다. 일부 학자들은 인정하지만 외국의 보통 사람들은 "그래서 어쩌라고?" 하는 반응을 보입니다. 한글에 대해서 잘 몰라서이기도 하지만 잘 안다고 하더라도 "신기하네.", "과학적이구나." 정도의 반응에 그칩니다. 명품 중의 명품이라면 가지고 싶어서 안달이 나야 할 듯한데 이런 반응은 나오지 않습니다. 훌륭한 문자를 가지고 있는 우리를 부러워하고, 그에 비해 과학성이 떨어지는 자신들의 문자에 대해 아쉬워해야 하는데 그런 반응은 없습니다.

너무 과한 명품, 딱 이렇게 표현할 수 있습니다. 한글이 어떤 문자보다 뛰어난 문자인 것은 분명한데 필요 이상으로 뛰어나기 때문에 이런 반응이 나타납니다. '명품'은 본래 뛰어나거나 이름난 물건을 가리킵니다. 초정밀도를 자랑하는 데다 보석으로 장식된 멋진 시계나, 기능과 디자인이 뛰어난데 희소성도 있는 핸드백 같은 것들이 명품으로 취급받습니다. 이런 것에 관심을 가지고 투자할 여력이 있는 사람이나 과시할 목적이 있는 사람들은 비싼 돈을 주고라도 이런 것을 삽니다. 그러나 지금 몇 시인지 대충 알고자 하는 사람, 이것저것 물건을 담아 손에 쥐고 다니고자 하는 사람들에게는 싸구려 전자시계나 핸드백도 아무런 문제가 없습니다.

한글이라는 뛰어난 명품 문자가 탄생하는 바람에 다른 문자들이 싸구려 문자 취급을 당할 수도 있는 상황이지만 실제로는 전혀 그렇지 않습니다. 세계에서 가장 많은 사람들이 쓰는 로마자는 아무런 문제없이 잘 쓰이고 있습니다. 뜻글자가 대부분 사라진 상황에서도 수천 자를 익혀야 하는 한자도 활발히 쓰이고 있습니다. 한자를 변형해 만든 일본의 문자도, 오른쪽에서 왼쪽으로 써야 하는 아랍 문자도 역시 불편함 없이 쓰이고 있습니다. 한글처럼 과학적인 문자는 아니어도 대부분의 문자가 충분히 그 역할을 하고 있는 것입니다.

문자의 발달사를 살펴보면 한글과 같은 소리글자가 더 후대에 만들어졌고 더 편리하기도 합니다. 물속에서 날쎄게 헤엄치는 동물을 글자로 쓴다면 '魚', 'さかな', 'fish', '물고기'와 같이 다양하게 쓸 수 있습니다. 중국에서 쓰는 뜻글자 '魚'는 소리에 대한 정보를 전혀 제공하지 않기 때문에 이 글자의 모양과 'yu[위]' 소리를 각각 외워야 하고 이것을 다시 뜻과 결부해야 합니다. 일본에서는 '魚'나 'さかな'로 쓰고 'sakana[사카나]'라고 읽습니다. 앞의 것은 뜻글자이니 이것의 소리를 외워야 하는 것은 중국과 같습니다. 하지만 이것을 소리글자인 'さかな'라고 쓰면 누구나 정확하고도 쉽게 같은 소리로 읽을 수 있습니다.

'fish'는 누구나 아는 쉬운 단어여서 '[fɪʃ]'라는 발음을 모르는 이는 없을 것입니다. 하지만 영어의 철자법은 문제가 많은 편이어서 'ghoti'라고 써도 '[fɪʃ]'라고 발음할 수도 있습니다. 'enough'의 'gh'가 'f'와 발음이 같고, 'women'의 'o'가 'i'와 발음이 같으며, 'nation'의 't'가 'sh'와 발음이 같기 때문입니다. 영어의 표기와 발음에 익숙한 이들은 표기를 보면 그것을 대충 어떻게 발음해야 할지 알 수 있지만 표기와 발음이 정확한 일대일 관계가 아니어서 소리글자로 써 놓긴 했어도 그 소리를 정확히 알기 어렵다는 단점이 있습니다. 그렇다 보니 어떤 단어의 소리를 분명히 안다고 해도 그것을 문자로 정확히 쓰기도 어렵습니다.

이에 비해 '물고기'는 꽤 쉽고도 정확한 편입니다. 자음과 모음, 그리고 그것이 하나의 음절로 결합되는 원리만 알면 누구나 읽고 쓸 수 있습니다. 과학적으로 만들어진 글자 하나하나가 소리와 일대일로 대응하니 읽기와 쓰기가 모두 쉽습니다. 한자를 쓸 때처럼 글자의 모양과 소리, 그리고 뜻을 모두 외울 필요도 없습니다. 일본에서처럼 한자를 쓰고 그것을 어떻게 읽어야 하나 고민할 필요도 없습니다. 영어에서처럼 어떻게 읽고 써야 하나 망설일 필요도 없습니다. 한글이 과학적이고 읽고 쓰기도 쉬운 명품인 것은 분명합니다.

그렇다고 해서 다른 글자들이 도저히 용서할 수 없을 정도의 몹쓸 문자는 아닙니다. 한자를 배우는 것은 어렵지만 익혀 놓으면 글자를 보고 그 뜻을 바로 파악할 수 있는 장점이 있습니다. 일본어는 말소리 구조가 간단하기 때문에 가나 문자만으로 일본어를 정확하게 읽고 쓰는 데 전혀 지장이 없습니다. 영어의 철자법이 복잡하기는 하지만 뜻글자인 한자를 쓰는 사람도 있는 마당에 소리글자의 조금 복잡한 체계를 익혀서 쓰는 것은 못 할 일도 아닙니다. 모두 조금씩 불편한 것이야 있겠지만 견딜 만합니다. 고가의 명품 대신 오랫동안 써 와서 손에 익은 물건도 충분히 잘 쓸 수 있는 것과 마찬가지입니다.

명품 한글의 빈자리

한글이 읽고 쓰기 쉬운 것은 분명하지만 반드시 그런 것만은 아닙니다. 그것은 '물고기'에서도 금세 드러납니다. 한국어를 제대로 아는 사람은 물속의 이 동물을 '[물꼬기]'라고 발음하고 쓸 때는 '물고기'라고 씁니다. 물론 이것은 한글의 문제가 아닌 맞춤법과 발음의 문제이기는 하지만 가장 과학적인 소리글자라는 한글도 소리 나는 대로 쓰거나 쓰여 있는 대로 읽어서는 안 될 때가 있습니다. 소리와 글자가 일대일로 대응하는 한글이지만 소리 나는 대로 무작정 써서도 안 되고, 쓰여 있는 그대로만 읽어서도 안 된다는 것입니다. 명품 한글이 과학적이긴 하지만 막상 쓸 때는 제약이 따르기도 한다는 것입니다.

게다가 한글이 소리글자라고 해서 모든 소리를 다 적을 수 있는 것은 아닙니다. 영어 'fish'를 한글로는 '피시'라고 적을 수밖에 없습니다. 영어에서는 'fin'과 'pin'이 다른 단어이지만 한글로는 모두 '핀'으로 적을 수밖에 없습니다. 영어뿐 아니라 중국어나 일본어의 모든 소리를 한글로 완벽하게 적을 수 있는 것도 아닙니다. 말소리의 목록과 체계가 언어마다 다른데 한글은 한국어를 위한 것이니 이런 빈자리가 당연히 생길 수밖에 없습니다. 어떠한 문자도 지구상의 모든 소리를 완벽하게 적을 수 없는데 한글도 마찬가지입니다.

한글이 문자계의 명품이라고 해서 영국 사람들이 로마자를 버리고 한글을 쓰는 일은 없을 것입니다. 한글이 영어의 모든 소리를 적을 수 있는 것도 아니고 로마자가 부족하기는 하지만 영어의 모든 소리를 못 적는 것도 아니기 때문입니다. 소리글자가 말소리를 적기 위한 것이기는 하지만 그것이 완벽히 일대일 대응 관계를 가지기도 어렵고 반드시 그래야 하는 것도 아닙니다. 어느 정도의 불편을 감수하더라도 표기를 통해 그 뜻을 파악할 수 있다면 큰 문제 없이 쓸 수 있기 때문입니다.

아직도 뜻글자를 쓰는 중국에서도 마찬가지입니다. 뜻글자인 한자가 배우기 어렵다고 해서 소리를 적는 방식을 채택할 리도 없지만 그렇게 한다고 하더라도 한글이 아닌 로마자로 적는 것이 더 낫습니다. 한글이든 로마자든 중국어의 소리를 완벽하게 적을 수 없는 것은 마찬가지입니다. 중국에서는 이미 로마자로 병음 표기를 하고 있으니 이것을 굳이 한글로 바꾸어야 할 이유도 없습니다. 이미 널리 쓰고 있는 로마자를 없애 버리는 것, 가장 많은 사람들이 쓰는 로마자 병음을 한글로 바꾸는 것은 엄청난 대가를 치러야 하는 것이기도 하지만 그런다고 해서 얻는 이득이 그리 많지 않습니다.

언어는 있는데 문자가 없는 경우에는 어떨까요? 새로운 문자를 만들 만한 여건이 안 된다면 기존의 다른 문자를 빌려 쓰는 것도 방법입니다. 어떤 문자든 빈자리가 있기 마련이니 그 빈자리를 채울 수 있는 방법만 있다면 어떤 문자를 빌려 쓰든 별 상관이 없습니다. 이왕이면 명품 한글을 가져다 쓰면 좋겠지만 세계에서 가장 많이 쓰이는 로마자를 쓰는 것이 여러 모로 유리합니다. 문자가 없는 인도네시아의 찌아찌아족이 한글을 가져다 쓰는 것은 무척이나 고마운 일이지만 객관적으로 보면 이들은 로마자를 쓰는 것이 더 낫습니다. 인도네시아 전체에서 로마자를 쓰는데 굳이 이 부족만 '튀는' 한글을 쓸 이유가 없기 때문입니다.

명품이지만 과한 명품인 한글, 그럼에도 불구하고 빈자리가 있을 수밖에 없는 한글이니 전 세계로 수출되는 일은 이제까지도 없었고 앞으로도 없을 듯합니다. 아무리 팔고 싶어도 사려는 사람이 없으면 팔 수 없습니다. 한글을 배우고 싶어 하는 이들은 있어도 자신들이 쓰는 문자를 대체하고 싶어 하는 이들이 없으니 수출이 아닌 다른 방법을 모색하는 것이 나을 듯합니다.

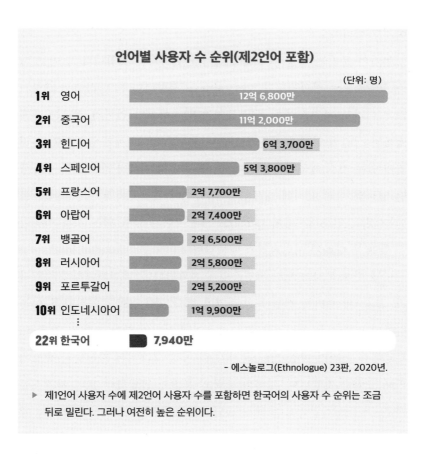

언어별 사용자 수 순위(제2언어 포함)

(단위: 명)

순위	언어	사용자 수
1위	영어	12억 6,800만
2위	중국어	11억 2,000만
3위	힌디어	6억 3,700만
4위	스페인어	5억 3,800만
5위	프랑스어	2억 7,700만
6위	아랍어	2억 7,400만
7위	뱅골어	2억 6,500만
8위	러시아어	2억 5,800만
9위	포르투갈어	2억 5,200만
10위	인도네시아어	1억 9,900만
⋮		
22위	한국어	7,940만

- 에스놀로그(Ethnologue) 23판, 2020년.

▶ 제1언어 사용자 수에 제2언어 사용자 수를 포함하면 한국어의 사용자 수 순위는 조금 뒤로 밀린다. 그러나 여전히 높은 순위이다.

언어와 문자의 새로운 전파 방식

언어와 문자가 수출될 수 있을까요? 언어와 문자는 형체가 없어서 사고팔 수 없지만 설사 있더라도 돈을 주고 살 사람은 없습니다. 우리가 찌아찌아족에게 한글을 수출한 것으로 볼 수도 있지만 그들로부터 돈을 받은 것도 아니고 오히려 우리 돈을 들여 가르친 것이니 수출과는 거리가 멉니다. 한글이 아무리 명품일지라도 수출될 수 없는 또 하나의 이유이기도 합니다.

언어와 문자는 수출되는 것이 아니라 전파되는 것입니다. 언어는 다소 강압적으로 전파됩니다. 이웃 나라로, 영향력이 큰 나라에서 그렇지 않은 나라로 자연스럽게 흘러 들어가기도 하지만 언어의 전파는 대개 정복과 식민의 역사와 맞물려 있습니다. 오늘날 전 세계에 영어가 널리 퍼져 있는 것도 제국주의 시기에 '해가 지지 않는 나라'라고 불리기도 했던 영국의 식민지 지배 때문입니다. 아프리카 곳곳에서 프랑스어가 쓰이는 것도, 인도네시아에 네덜란드어의 자취가 남아 있는 것도 이곳들이 한때 두 나라의 식민지였기 때문입니다.

이에 비해 문자는 보다 자연스럽게 전파됩니다. 페니키아의 문자였다가 그리스와 로마를 거쳐 유럽 전역에 퍼져 나간 것이 로마자인데, 이는 강압에 의한 것은 아니었습니다. 중국이 원산지인 한자가 한국, 일본, 베트남에까지 퍼져 나간 것도 문자가 없던 각 나라에서 자신들의 필요에 의해 도입한 것입니다. 로마와 중국의 문화가 발달하다 보니 자연스럽게 그들이 쓰는 문자도 함께 전파되었습니다. 따라서 자신의 문자를 널리 전파하고 싶다면 일찌감치 쓸 만한 문자를 만들거나 문화적으로 우위에 있어야 합니다.

오늘날에도 언어와 문자의 전파는 계속 이루어지고 있습니다. 주류의 언어가 소수의 언어를 밀어내 씨를 말리는 과정이어서 안타깝기는 하지만 표면적으로 본다면 언어의 전파로 볼 수 있습니다. 근세부터 최근에 이르기까지 문자의 전파도 계속 이루어지고 있습니다. 터키, 베트남, 인도네시아는 고유의 언어를 가지고 있지만 로마자를 받아들여 쓰고 있습니다. 고유의 문자를 가지고 있던 몽골이 러시아와 가까워지면서 키릴 문자를 받아들여 쓰고 있는 것도 같은 맥락입니다. 로마자나 키릴 문자 역시 주류의 문자이니 언어의 전파와 닮은 구석이 있기도 합니다.

상황이 이런데 우리말이나 한글이 세계 여러 나라로 전파될 가능성이 있을까요? 있습니다. 물론 전통적인 방식으로는 안 됩니다. 식민지를 개척할 수도 없는 상황이고, 안타깝게도 정치적, 경제적, 문화적으로도 큰 영향력을 발휘할 수 없으니 우리의 말과 글자는 전통적인 방식으로는 전파되기 어렵습니다. 그러나 부분적으로는 가능합니다. 방탄소년단을 비롯한 아이돌 덕분에 한국어를 배우고 한글을 익히는 세계인들이 늘어나고 있는 것이 바로 그것입니다. 이것은 누가 강요하지 않아도 좋아서 배우고 익히는 것이니 효과도 좋습니다. 오늘날에는 이것이 언어와 문화를 전파하는 가장 효과적인 방법입니다.

한글에 대해 가슴이 벅찰 정도의 자부심을 가져도 좋습니다. 그러나 그것이 지나친 '자뻑'이나 '국뽕'이 되어서는 안 됩니다. 우리말과 한글이 전 세계로 퍼져 나가는 것을 꿈꾸는 것도 좋습니다. 그러나 조급히 수출하려는 것은 전혀 의미가 없습니다. 우리 말과 글의 힘은 그 자체에서 오는 것이기도 하지만 정치, 경제, 문화 등의 힘에서 더 크게 옵니다. 우리의 말과 글을 더욱더 사랑하고 이것으로 좋은 문화 콘텐츠를 만들어 나가는 것이 우리의 자부심을 현실화하는 길입니다.

3

사라진 문자를 살려 내라고?

사라진 문자를 살려 내라고?

"'제브러, 파일, 바이올린' 이게 도대체 뭡니까? 게으른 국어 선생들 때문에 영어 가르치기가 너무 힘들어요."

"이왕이면 '테마'나 '디스'도 예로 들지 그러세요. 그런데 어떡하면 될까요?"

"어떡하긴요. 세종 대왕님이 이미 만들어 주셨는데 왜 안 써요? '반치음 (ㅿ), 순경음 비읍(ㅸ)' 이런 거 살려 쓰면 되잖아요."

"'아래아(ㆍ)'도 살려 쓰고 '치두음'이니 '정치음'이니 하는 것도요?"

"그게 뭔지 모르지만 영어 발음을 정확하게 적을 수 있으면 좋죠. 그래야 애들 발음도 좋아지고."

어쩌다 보니 우리의 외국어 교육에서는 발음이 매우 중시됩니다. 정확한 표현으로 의사소통을 하는 것이 더 중요할 것 같은데 현지인처럼 혀를 잘 굴려야 외국어를 잘하는 것으로 인식됩니다. 발음이 중시되다 보니 그 불똥이 엉뚱하게 「외래어 표기법」으로 튑니다. 「외래어 표기법」

이 부정확해서 외국어를 배울 때 방해가 된다는 것입니다. 영어의 'z, f, v'의 발음과 'th'로 표기되는 것의 표기가 가장 많이 지적됩니다. 그리고 그 대안으로 'ㅿ, ㆄ, ㅸ' 등을 다시 쓰자는 의견도 친절하게 내어놓습니다. 그렇게 하면 모든 문제가 해결될까요?

닭 우는 소리도 적을 수 있다마는

한글이 워낙 뛰어난 문자이다 보니 위와 같은 책망을 종종 듣게 됩니다. 『훈민정음』의 정인지 서문에도 밝혔듯이 한글은 천지자연의 소리, 바람 소리, 학의 울음소리, 닭 우는 소리, 개 짖는 소리일지라도 다 나타낼 수 있다고 했으니 외래어도 예외가 아닌 듯 보입니다. 실제로 대부분의 외래어를 정확하게 적을 수 있으니 더 노력한다면 이 영어 선생님의 부탁도 들어드릴 수 있을 듯합니다. 그런데 적을 수 있다는 것과 반드시 그리해야 한다는 것은 다른 문제입니다.

외래어를 정확하게 적을 수 있는데 안 적는 것은 게으른 것일 수 있지만 더 정확하게 적으라고 채근하는 것은 배부른 소리일 수 있습니다. 이웃 나라 중국에서는 뜻글자인 한자로는 'Mcdonald'를 적을 방법이 없어서 '麥當勞'라고 적고 '마이당라오(Màidāngláo)'라고 읽습니다. 일본은 소리글자를 쓰기는 하지만 한계가 있어서 'マクドナルド'라고 적고 '마구도나루도'라고 발음합니다. 중국에서는 소리를 똑같이 적겠다는 생각조차 못 하고 일본에서는 하고자 해도 할 수 없습니다. 우리는 이보다 훨씬 더 나은 상황이니 이왕이면 더 정확하게 적도록 노력해야 하는 것은 맞습니다.

세종 대왕께서는 당시의 우리말에 있는 모든 소리를 적을 수 있도록 문자를 만드셨습니다. 지금은 쓰지 않지만 당대에는 그런 소리가 있었기 때문에 'ㅿ'이나 'ㅸ'과 같은 글자를 만든 것입니다. 'ㅿ'의 소리가 영어의 'z'와 우연히 비슷하긴 하지만 영어의 이 소리를 위해 이 글자를 만든 것은 아닙니다. 'ㅸ'은 'v' 소리와 전혀 관련이 없고 'ㆄ'은 특정한 소리에 대응하는 글자가 아닌 표기상의 균형을 위한 것으로 보고 있습니다. 따라서 이런 글자들을 외래어를 표기하기 위해 가져다 쓰는 것은 세종 대왕의 뜻을 거스르는 것이기도 합니다.

그렇더라도 이전에 있었던 글자를 조금 다르게 되살려 쓰자는 것이니 그리 나빠 보이지는 않습니다. 그런데 과연 그래야 하는 것일까요? 그렇게 하면 좋은 것일까요? 외국어를 배울 때는 이와 유사한 노력이 필요합니다. 언어에 따라 쓰이는 말소리의 종류와 수가 다르다는 것은 우리 모두가 잘 알고 있습니다. 그래서 외국어를 배울 때는 그런 소리들을 매우 신경 써서 배웁니다. 외국어는 그 말을 쓰는 사람과 소통하기 위해서 배우는 것이니 그 사람들과 같게 발음하는 것이 중요하므로 당연히 그래야 합니다.

그런데 외래어는 다릅니다. 외래어는 다른 나라의 말에 기원을 두고 있지만 우리말의 일부로 받아들인 것입니다. 본래의 발음에 최대한 가깝게 받아들이려 하기는 하지만 없거나 조금 다른 소리들은 각 언어의 사정에 맞게 받아들입니다. 우리말의 일부로 받아들인 것인데 새로운 문자를 개발해서 표기하거나 본래의 발음에 맞게 억지로 할 필요는 없는 것입니다. 그래서 '제브러', '파일', '바이올린'과 같은 표기와 발음이 나타나게 된 것입니다. 영어의 본래 소리와는 다르지만 'ㅈ', 'ㅍ', 'ㅂ' 등을 가져다 쓰는 것은 극히 자연스러운 것입니다. 가끔씩 '화일'과 같은 표기도 보이고 누군가는 '[봐이올린]'으로 발음하는 것도 비슷한 맥락입니다.

이것은 어느 나라에서나 마찬가지입니다. 프랑스어나 독일어의 단어를 영어로 받아들일 때 굳이 본래의 발음을 밝히기 위해서 새로운 문자를 만들거나 특별한 표기를 하는 경우는 거의 없습니다. 반대의 경우에도 역시 마찬가지입니다. 모두 로마자를 쓰고 있으므로 그 표기를 자신들의 습관대로 읽는 경우가 많습니다. 완전히 다른 문자를 쓰는 한국, 중국, 일본의 단어도 마찬가지입니다. 자신들의 편의대로 표기하든, 삼국의 표기에 따르든 로마자 표기를 보고 자신들이 편한 방법으로 읽습니다. 상황이 이런데 한글이 소리를 적는 데 뛰어나다는 이유로 굳이 우리만 노력할 필요는 없습니다.

파더, 런 더 룰 플리즈

한자와 한글만 알던 시절을 지나 영어와 일본어가 조금씩 알려지기 시작하던 시절에 무척이나 색다른 책이 출간됩니다. 『아학편』이란 제목의 이 책은 정약용이 지은 같은 제목의 한자 학습서에 주를 달아 새롭게 편찬한 것입니다. 이 책에는 당대의 언어에 대한 모든 지식이 망라되어 있다고 해도 과언이 아닙니다. 한자를 중앙에 배치하고 한자의 음과 훈, 중국어 발음, 성조, 전서체, 운자, 일본어의 음독과 훈독, 그리고 이 한자에 해당하는 영어 단어가 제시되어 있습니다. 한자를 중심으로 알아야 할 언어 지식 전체를 한 칸에 배치한 것인데 구성도 재미있고 각각의 표기도 흥미롭습니다.

　이 중에서 가장 눈길을 끄는 것은 영어의 발음 표기입니다. 오늘날의 표기와는 많이 다를 뿐만 아니라 '본토 발음'에 가깝게 적으려고 노력한 흔적이 곳곳에 보입니다. 'f'와 'v'는 'ㅇ'을 앞에 써서 각각 'ㅇㅍ'과 'ㅇㅐ'으로 적었으니 표기만 봐도 뭔가 다르게 발음해야 할 것 같습니다. 'th' 앞에도 'ㅇ'을 써서 'ㅇㅈ'으로 썼고, 'z'는 'ㅆ'으로 써서 'ㅅ'으로만 쓰는 's'와 구별했습니다. 비슷한 발음의 자음을 쓰되 다른 자음과 겹쳐 씀으로써 소리의 특성을 보이려고 한 것입니다.

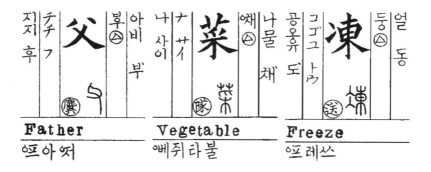

한 걸음 더 나아가 특수한 표기는 아니더라도 영어의 본래 발음과 가깝게 적으려는 노력도 보입니다. 'g'는 우리의 'ㅈ'과 달리 입술을 동그랗게 해서 발음되는 경우가 많은데 이것을 '쥐'로 표기했습니다. 영어에서는 'l'과 'r'이 구별되지만 우리말에서는 구별되지 않으니 그 발음이 정확하게 될 수 있도록 'learn'을 '런'이 아닌 '을러언'으로 적고 'ruler'를 '으룰러'로 적었습니다. 이 표기에 따르면 "Father, learn the rule please."와 같은 영어 문장은 "ㅇㅍ아여, 을러언 여 으룰 플리쓰."가 됩니다. 오늘날 그저 "파더, 런 더 룰 플리즈."라고 적는 것보다 더 정확해 보이기도 합니다.

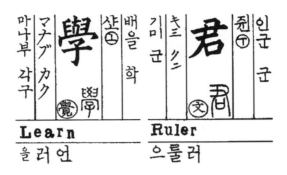

20세기 초에 어떻게 이런 표기가 가능했을까요? 지석영을 비롯해 이 책을 편찬한 이들의 노력 덕분이었습니다. 영어를 아는 사람이 거의 없던 시절이고 음성이나 영상 등의 보조 수단 없이 영어 발음을 가르쳐야 하니 이런 시도는 꼭 필요했습니다. 어차피 처음 시도되는 것이니 편찬자의 지식과 판단에 따라 최대한 정확한 표기를 하려고 노력한 결과이기도 합니다. 외래어나 외국어의 표기에 대한 규범이 있었다면 따라야 했겠지만 그것이 없었으니 자신들이 만든 것이 곧 규범이기도 했습니다. 게다가 이미 만들어진 활자가 아니라 손으로 쓴 것을 출간하면 되니 인쇄 방법에도 얽매일 필요가 없었습니다.

오늘날의 표기가 이때보다 못한 것으로 보이는데 이것이 퇴보일까요? 지석영의 시대에는 이런 노력이 필요했기 때문에 그리한 것이고 오늘날의 표기는 자연스럽고도 합리적으로 굳어진 것입니다. 영어를 아는 이들이 늘어 가면서 우리말의 말소리와 영어를 비교하게 됩니다. 그러고는 이 둘의 체계적인 대응을 시도하고 그것을 표기에도 반영합니다. 오늘날과 같은 명문화된 규범은 아닐지라도 이것이 점차 규범으로 자리 잡게 됩니다. 활자를 이용한 인쇄가 보편화되면서 손으로 자유롭게 쓸 수 있었던 글자들이 점차 사라집니다. 지식이 늘어나면서, 체계가 잡히면서 영어 표기는 점차 오늘날과 같은 표기로 바뀝니다.

그래도 완벽한 발음 교육을 위해서라면 20세기 초의 이 방법을 쓰는 것이 좋지 않을까요? 더 나아가 한글을 발음 기호처럼 활용하면 더 쉽게 영어를 공부할 수 있지 않을까요? 누군가 시도는 할 수 있겠지만 지극히 시대착오적인 발상입니다. 외국어를 적기 위해서 자국의 문자 표기 체계를 바꾸는 것은 말 그대로 사대적인 발상일 수밖에 없습니다. 한글은 우리말을 적기 위한 것이지 외국어를 적기 위한 것이 아닙니다. 한글을 발음 기호로 개발할 수도 있지만 이미 로마자에 바탕을 둔 발음 기호가 완벽하게 개발되어 있기에 한글 발음 기호를 만든다고 해도 쓸 사람이 없습니다.

더 결정적인 문제는 경제성에 있습니다. 기기를 통해 글자를 입력하고 컴퓨터 글꼴로 인쇄한 책을 읽어야 하는 오늘날의 상황에서는 절대 해서는 안 될 짓입니다. '쯔아여'를 예로 들어 언뜻 보면 'ㅇㅍ', 'ㅇㅈ'과 같은 자음 둘만 추가하면 될 것처럼 보입니다. 이 자음을 익혀서 손으로 쓴다면 문제가 없습니다. 그러나 키보드로 입력할 수 있도록 해야 하고 이 자음이 포함된 글꼴도 모두 만들어야 합니다. 영어에서는 글자 하나만 추가하면 되지만 초성, 중성, 종성의 조합으로 한 글자가 만들어지는 한글의 특성상 수없이 많은 글꼴을 만들어야 합니다. 'fifth'를 적기 위해서는 '읖ㅍㅈ' 같은 극단적인 글자를 만들어야 합니다.

누군가의 아버지가 이런 주장을 펼친다면 "파더, 런 더 룰 플리즈."라
고 말해 주어야 합니다. 영어와 우리말의 말소리 대응 규칙, 외래어 표기
규칙, 그리고 영어의 발음 규칙 등은 이것을 익히기 위해 조금만 노력하
면 스스로 터득할 수 있습니다. 설사 한글을 변형해 영어를 표기하는 것
이 좋다고 하더라도 그마저 새로운 규칙을 외워야 합니다. 게다가 오늘
날에는 간단한 인터넷 검색만으로 원어민의 발음을 들을 수 있습니다.
귀로 들으면 될 것을 눈으로 보고 소리를 익히려는 바보 같은 시도를 할
필요는 없습니다.

세종 대왕의 실패

위대한 세종 대왕께서도 실패를 했다는 사실이 믿어지나요? 다른 것
도 아니고 언어와 관련된 일에서 실패했으니 세종 대왕님답지 않습니
다. 한글은 어리석은 백성을 깨우치기 위해 만든 것이지만 세종 대왕께
서는 다른 용도도 감안을 하셨습니다. 바로 중국 한자음을 최대한 정확
하게 적어 보자는 것입니다. 삼국 시대에 한자가 본격적으로 들어오기
시작한 후 우리 땅에서 독자적인 변화를 겪은 결과 우리의 한자음이 중
국의 한자음과 많이 달라졌습니다. 이에 세종 대왕께서는 중국의 한자
음을 밝힌『홍무정운』을 참조해『동국정운』을 편찬하셨습니다.

이 작업은 한글의 위대함이 드러난 작업이기도 합니다. 중국에서는
한자음을 정확하게 표기할 방법이 없어 우회적인 방법으로 한자의 음을
밝혔는데 소리글자인 한글은 한자음을 자유자재로 정확하게 적을 수 있
었습니다. 세종 대왕께서 이 목적을 위해서 한글을 창제했다고 주장하

는 이도 있는데 부분적으로는 맞을 수도 있습니다. 중국의 한자음을 적기 위한 발음 기호로써 한글이 충분히 기능할 수 있을 뿐만 아니라 중국의 한자음을 표기하기 위한 글자와 독특한 표기 체계를 만들기까지 했으니 말입니다.

이 책은 세종 때 편찬된 『월인천강지곡』인데 동국정운식 한자음이 반영되어 있습니다. 과거의 한자음이니 오늘날과 다를 것이라 감안하고 봐도 뭔가 많이 다르다는 느낌이 듭니다. 우리말 표기에는 쓰이지 않은 'ㆆ(여린히읗)'이 여러 군데 나타나고, 역시 우

리말의 첫소리에는 올 수 없는 'ㆁ(옛이응)'도 첫소리에 쓰였습니다. 거센소리와 된소리처럼 보이는 표기도 많이 나타나는데 이 책은 그나마 나은 편입니다. 『동국정운』을 보면 받침이 없을 듯한데 받침을 쓴 표기도 많이 나타납니다.

이러한 시도는 시대착오적일 뿐만 아니라 언어의 논리에도 맞지 않았습니다. 천 년이 넘는 세월 동안 우리 땅[東國]에서 달라진 한자음의 바른 소리[正韻]를 제시하겠다는 것이었지만 이미 되돌릴 수 없는 상황이었습니다. 한자를 받아들일 때 이미 우리의 말소리 체계에 따라 받아들였고, 그 이후 우리 말소리의 변화에 따라 같이 또 달라진 것을 이미 어찌할 수는 없었습니다. 우리말 자산의 일부가 되어 오랫동안 쓰여 온 한자, 한자음, 한자어를 중국 기준으로 되돌리려는 무모한 시도였습니다.

이 사례는 외래어나 외국어 표기를 위해 새로운 문자를 만들거나 과거의 문자를 되살려 쓰자는 주장과 유사합니다. 세종 대왕은 원조 한자음에 가깝게 적으려고 현실 한자음을 무시했을 뿐만 아니라 독특한 표기법을 개발했습니다. 세종 대왕의 이러한 시도나 더 정확한 본토 발음을 표기하기 위해 문자를 추가해야 한다는 영어 선생님의 주장은 맥락이 같은 것입니다. 원산지는 중국과 영국이더라도 우리말에 들어오면 우리말의 일부가 됩니다. 그리고 그것의 주인은 그 말을 쓰는 사람입니다. 그 과정에서 자리 잡은 것을 권력자나 가르치는 이들이 뒤집으려는 시도는 늘 실패하기 마련입니다.

영어 교육을 하면서 정확한 발음을 가르치는 것은 매우 중요합니다. 그렇기 때문에 영어 선생님이 필요한 것입니다. 우리말의 일부가 된 외래어들을 가능하면 정확하게 적고 편안하게 쓸 수 있도록 하는 것이 국어 선생님들과 「어문 규범」을 담당하는 이들의 몫입니다. 각각의 주체가 불만을 가질 수 있겠지만 결국 서로가 담당한 일들을 합리적으로 처리하면서 협력해야 합니다. 본토 발음과 달라진 외래어 표기는 말의 주인들이 우리말을 편하게 쓰는 과정에서 자연스럽게 만들어진 것입니다. 세종 대왕도 실패한 시도를 하는 대신 영어 시간에 더 충실하게 발음을 지도하는 것이 낫습니다.

4

사이시옷을
어이할꼬

사이시옷을 어이할꼬

"여기 있던 사이시옷 어디 갔어요? '숏수'에서 사이시옷을 빼니까 '소수' 랑 구별이 안 되잖아요."

"그러게요. 우리가 국민학교 다닐 때는 틀림없이 사이시옷이 있었는데 누가 뗐을까요?"

"그거 떼서 학교 가는 길에 붙인 거 아녜요? 도대체 '등굣길'이 뭐예요?"

"그것도 그러게요. 글자 모양도 영 이상한 '굣'이 돼 버렸네요."

"황희 정승 흉내 내는 건가요? 속 시원하게 답을 하셔야 할 거 아녜요."

사이시옷에 관한 질문은 할 수만 있다면 피해 가고 싶습니다. 사이시옷 문제를 풀 수 있는 방법은 딱 한 가지입니다. 세종 대왕 같은 분이 이 나라의 최고 통치자가 되어서 지구상의 어떤 독재자보다도 더 강력하게 사이시옷의 전면 폐지, 혹은 전면 사용을 공표하는 것입니다. 사람들은 세종 대왕 정도는 되어야 언어학적 이유를 수긍하는 척을 할 것입니다. 그렇더라도 예외 없이 모든 사람들이 똑같이 쓰고 읽도록 강력하게 규제하고 이를 어기면 엄하게 처벌해야 비로소 규칙이 될 수 있을 것입니다. 그러나 이렇게 될 가능성은 지금은 물론 미래에도 영원히 없습니다. 어쩌다 이런 상황이 된 것일까요?

소리냐, 글자냐 그것이 문제로다

사이시옷을 본 적이 있나요? '촛불'이나 '잇몸'과 같은 단어에서 수도 없이 보이는 것이 사이시옷이니 엉뚱한 질문일 수밖에 없습니다. 이 단어들은 '초'와 '불', 그리고 '이'와 '몸'이 결합되어 만들어진 단어인데 그것을 이루는 단어의 사이에 'ㅅ'이 있으니 말 그대로 사이시옷입니다. 한글이 창제될 때부터 있었던 사이시옷이니 이것을 보지 못했다면 말이 안 됩니다. 그러나 안타깝게도 허상을 본 것입니다. 믿기 어렵겠지만 눈에 보이는 사이시옷은 가짜입니다.

사이시옷 소리를 들어 본 적이 있나요? 한글은 소리글자이니 글자를 쓰려면 소리가 있어야 합니다. '초'와 '불' 사이에 어떤 소리가 있나요? 소리가 없습니다. '불'의 'ㅂ'이 된소리 'ㅃ'으로 발음되는 것만 확인할 수 있습니다. '이'와 '몸' 사이에는 또 어떤 소리가 있나요? 없었던 'ㄴ'이 나타나는 것만 확인됩니다. 단어와 단어가 만날 때 뭔가 변화가 나타나긴 하지만 그 사이에 시옷이 있는지는 알 수 없습니다. '낫, 낮, 낯' 등은 모두 '[낟]'으로 소리 나지만 각각에 모음으로 시작되는 요소를 결합해 보면 그중 'ㅅ' 받침이 쓰인 말이 무엇인지 알 수 있는데 이건 그리할 수도 없습니다. 그래서 누구도 사이시옷의 소리를 들어 보지 못했습니다.

지금은 그 정체를 알 수 없는 이 'ㅅ'은 도대체 어디에서 온 것일까요? 한글이 창제되기 전에도 사이시옷과 비슷한 표기가 보이니 사이시옷은 꽤 오래전부터 존재했음을 알 수 있습니다. 한글이 없으면 'ㅅ'도 없을 테니 사이시옷은 존재할 수 없습니다. 그런데 고려 시대에 편찬된 『향약 구급방』의 약초 이름 표기를 보면 사이시옷과 비슷한 것이 보입니다. 산에서 나는 미나리를 뜻하는 '멧미나리'가 '山叱水乃立'으로 표기되어 있는데 '묏믈나리'를 한자로 표기한 것으로 보입니다. 뜻으로 읽어야 할 글자와 음으로 읽어야 할 글자가 섞여 있는데 '叱'은 오늘날의 'ㅅ' 소리를 표기하기 위한 글자입니다. '닭의 볏'은 '鷄矣碧叱'로 적혀 있는데 마지막의 '叱' 역시 'ㅅ'을 표기한 것입니다.

우리 글자가 없어서 한자를 빌려 쓰는 상황에서 이렇게 표기했다는 것은 실제로 그 소리가 있었다는 것을 방증합니다. 오늘날 우리는 '벗'을 [벋]이라고 발음하지만 고려 시대 이전 사람들은 'bus'와 비슷하게 발음했을 것으로 추정하고 있습니다. '벗'의 'ㅅ'이 분명하게 귀에 들리고, '묏'의 'ㅅ'도 귀에 들어오니 굳이 한자 '叱'을 쓴 것입니다. 이 시기 사람들은 사이시옷을 듣기도 했고 그것을 우회적인 방법으로 적기도 했습니다. 따라서 이 시기의 사이시옷은 소리이기도 하고 글자이기도 합니다.

훈민정음 창제 이후에는 'ㅅ'이 다양한 용도로 사용됩니다. 오늘날의 '손가락'에서는 'ㅅ'을 찾아볼 수 없지만 15세기에는 '숪가락'이나 '손까락'과 같이 'ㅅ'이 쓰였습니다. 오늘날 '아버님께'로 쓰는 것이 15세기에는 '아바닚긔'나 '아바님씌'로 나타납니다. 또 '버들잎'은 '버듨닢'으로 나타나니 'ㅅ'의 다양한 쓰임을 확인할 수 있습니다. 게다가 된소리를 나타내는 데도 'ㅅ'이 쓰여 '꿈'과 '빠르다' 등이 '쑴'과 'ᄲᆞᄅᆞ다'로 표기되었습니다. 단어와 단어가 합쳐질 때, 속격이라고 하는 격을 나타낼 때, 그리고 된소리를 표기할 때 모두 'ㅅ'이 쓰인 것입니다.

15세기에도 위의 예에 나타난 'ㅅ'은 대체적으로 발음되었을 것입니다. '숤가락'이 오늘날의 발음처럼 그저 [손까락]이었다면 'ㅅ'이 앞 음절에도 쓰이고 뒤 음절에도 쓰였을 까닭이 없습니다. '아바닚긔'나 '아바님씌'도 마찬가지여서 오늘날의 '께'와 달리 'ㅅ'이 소리가 났다고 볼 수밖에 없습니다. 그 발음이 궁금하면 '손가락'을 영어식으로 'son's garak'이라고 적고 읽었다고 생각하면 됩니다. 물론 [손스가락]처럼 모음 'ㅡ'를 강하게 소리 내서는 안 되고 [손ㅅ가락]처럼 모음 'ㅡ'가 없는 듯이 발음해야 합니다.

문제는 이후에 나타납니다. 이렇듯 'ㅅ'이 다양한 용도로 쓰였지만 'ㅅ'의 대표적인 용법은 된소리를 나타내는 것입니다. 오늘날 우리는 된소리를 'ㄲ, ㄸ, ㅃ, ㅆ, ㅉ'으로 쓰지만 15세기에는 'ㅺ, ㅼ, ㅽ, ㅆ, ㅾ'으로 썼습니다. 이런 된소리 표기와 '손까락'에 나타나는 사이시옷이 표기상으로는 같게 나타납니다. 게다가 '손까락' 등에서 발음이 되었던 'ㅅ'이 점차 사라지면서 '가락'의 'ㄱ'이 된소리로 바뀌는 변화가 나타납니다. 결과적으로 표기와 발음 모두가 된소리가 된 것입니다. 세월이 흘러서도 표기로는 'ㅅ'이 여전히 남아 있지만 소리는 들리지 않고 글자만 보이는 상황이 됩니다. 이 순간부터 사이시옷은 소리가 아닌 글자일 뿐입니다.

갈림길에 선 사이시옷

한글이 뜻글자가 아니라 소리글자인 것은 누구나 알고 있습니다. 소리글자는 소리를 그대로 적을 수 있는 글자이고 쓰인 대로 읽으면 소리가 되는 글자를 뜻합니다. 따라서 소리글자는 원칙적으로는 소리대로 적어야 합니다. 그러나 현실은 그렇지 않습니다. 소리대로 적는 것을 원칙으로 하되 가끔씩은 그 원칙을 깨는 것이 유리하기 때문입니다. '꽃, 꽃이, 꽃에, 꽃도'를 소리대로 적으면 '꼳, 꼬치, 꼬체, 꼳또'가 되는데 앞의 표기는 눈으로 보아 뜻을 파악하기에 좋고 뒤의 표기는 아무 생각 없이 소리만 감안해 적기에 좋습니다. 이는 한글 창제 당시부터 문제가 되었는데, 세종 대왕은 전자와 같은 방식의 표기를 선호한 듯하지만 여러 의견이 있었던 탓에 비슷한 시기에 나온 문헌의 표기가 제각각입니다.

사이시옷도 이 문제와 무관하지 않습니다. '촛불'과 '잇몸'을 소리대로 적는다면 '초뿔'과 '인몸'이 되어야 합니다. 「표준 발음법」에서는 '[촏뿔]'도 표준 발음으로 허용하는 데다가 심지어는 '[춥뿔]', 그리고 '[임몸]'으로 발음되기도 하니 소리대로 적는다면 여러 가지 문제가 생깁니다. '춥뿔'이나 '임몸'으로 적자고까지 주장하는 사람은 없지만 '촛불'과 '초불', 그리고 '잇몸'과 '이몸'은 여전히 논쟁거리입니다. 이것은 표기만의 문제가 아니라 발음상의 문제이기도 하기 때문입니다. 실제 발음은 '[초뿔]'과 '[인몸]'이니 '초불'과 '이몸'으로 적어서는 안 될 듯합니다. 그래서 사이시옷을 적으면 실제 발음과 표기가 비슷해질 것 같습니다. 그러나 '손가락'은 '[손까락]'으로 발음되는데 사이시옷을 적지 않습니다. 그러니 실제 발음과 비슷해지도록 사이시옷을 일관되게 적는 것도 아닙니다.

과거에는 실제로 소리가 있어서 'ㅅ'을 적었는데 그 소리가 사라졌다면 'ㅅ'도 적지 말아야 할 것입니다. 'ㅅ'이 사라졌더라도 본래 없던 된소리나 'ㄴ' 소리가 나타나니 무언가 표시를 해 줘야 할 것 같기도 합니다. 우리의 맞춤법은 이 사이에서 갈팡질팡하는 처지가 되었습니다. '초'와 '불'이 합쳐진 단어를 '초불'로 적으면 본래의 구성 요소를 그대로 보이지만 소리를 알 수 없습니다. 반대로 '촛불'로 적으면 '초'와 '불'을 붙여 주는 접착제 역할을 'ㅅ'이 하는 듯 보이고 된소리도 날 수 있으니 합리적으로 보이기도 합니다. 사이시옷이 뜻을 보이는 동시에 소리까지 정확하게 알려 주니 유용해 보이기도 합니다.

그러나 이 사이시옷을 일관되게 쓸 수 없다는 것이 문제입니다. 단어와 단어가 합쳐졌다는 표시로, 그리고 된소리가 된다는 신호로 사이시옷을 쓴다면 원칙적으로는 모든 경우에 다 그렇게 써야 합니다. '촛불'과 마찬가지로 '손가락'도 '솏가락'이나 '손까락'이 되어야 하는 것입니다. 백번 양보해서 앞에 오는 단어에 받침이 있는 경우에는 해괴한 표기가 나타나니 이때는 쓰지 않을 수도 있습니다. 그러나 '[소쑤]'로 발음되는 '素數'는 '솟수'로 적어야 할 것 같습니다. 사이시옷은 고유어에만 적는다는 원칙을 세워서 한자어인 '素數'는 발음과 관계없이 '소수'로 적는다고 할 수도 있습니다. 이렇게 하다 보면 자꾸 예외가 늘어 가게 됩니다.

'등굣길'의 경우 앞의 '登校'는 한자어이지만 뒤의 '길'은 고유어이니 사이시옷을 넣는 것이 원칙을 일관되게 적용한 것입니다. '대푯값', '최솟값' 등도 역시 마찬가지입니다. '굣', '푯', '솟' 등이 낯설더라도 원칙에 따라 적으려면 어쩔 수가 없습니다. 원칙을 세워 놓았으나 원칙을 너무 빡빡하게 적용하면 불편할 수 있으니 예외를 둘 수도 있고, 세워 놓은 원칙은 일관되게 적용되어야 하니 낯선 표기가 나타나더라도 원칙을 지켜야 하기도 합니다. 이런 사정을 자세히 모르고 보면 사이시옷과 관련된 문제는 무척이나 혼란스러워 보입니다. 원칙이 없는 것 같기도 하고 원칙이 너무 빡빡한 것 같기도 합니다.

▶ 사이시옷의 표기와 발음에 대한 생각은 사람마다 다르다. 누군가 '둘레길'이라고 쓰기 시작한 것에 익숙해진 이들은 [둘레낄]이라고 발음하면서도 '둘렛길'이라고 표기하는 것에는 거부감을 가진다.

이 문제에 대해 남과 북의 규범은 서로 다른 길을 택했습니다. 우리는 원칙과 현실을 적절히 감안해 현재의 규정을 유지하고 있지만 북쪽에서는 '화끈하게' 사이시옷을 없애 버렸습니다. 북의 문화어 규범에 따르면 사이시옷은 어떤 경우에도 쓰지 않습니다. 우리는 [노래방]이라고 발음하는 것을 북에서는 [노래빵]이라고 발음합니다. 발음만을 고려하면 우리는 '노래방'이라고 써야 하고 북에서는 '노랫방'이라고 써야 할 것 같은데 북쪽에서도 '노래방'이라고 씁니다. 이러한 원칙을 고수하면 적어도 표기할 때는 고민하지 않아도 될 듯합니다. 초등학생들이 받아쓰기를 할 때 '초불'인지 '촛불'인지 고민할 이유도 없어 보입니다.

이런 '화끈한' 원칙이 좋은 것일까요? 이런 원칙은 쓰는 데 편할지는 몰라도 다른 문제를 불러일으킵니다. '노래방'이라고 써 놓고 [노래빵]이라고 읽어야 하니 표기와 발음이 달라지는 문제가 생깁니다. '노래방'을 아는 사람들은 실제 발음대로 읽을 수 있지만 이 단어를 모르는 사람들은 [노래빵]이라고 읽을 수가 없습니다. "내가 재더미에서 새별을 보았다."와 같은 문장은 더 큰 문제가 됩니다. 글을 쓴 이는 [내까 재떠미에서 새뼐을 보아따]라고 읽히기를 바랐겠지만 그렇게 읽히지 않을 가능성이 큽니다. 그래서 화끈한 원칙을 고수하는 북에서마저도 '샛별', '빗바람', '샛서방' 등에서는 사이시옷을 예외적으로 인정하기도 합니다.

답이 없는 사이시옷?

사이시옷 문제에는 답이 없습니다. 사이시옷을 완전히 없애는 것, 모든 경우에 쓰는 것 이 두 방법이 그나마 해법이 될 수 있습니다. 그러나 이는 세종 대왕도 할 수 없는 일입니다. 말은 왕의 것이 아니기 때문에 아무리 독재를 하려 해도, 아무리 논리적으로 설득하려 해도 먹히지 않습니다. 맘대로 쓰라고 내버려 두는 것도 해법이 될 수 있습니다. 쓰고 싶은 대로 쓰고, 흘러가는 대로 쓰라고 하는 것이 방법이기도 합니다. 그러면 사방에서 아우성이 들릴 것입니다. 신문이나 책을 낼 때는 어떻게 써야 할지, 받아쓰기는 어떻게 해야 할지는 알려 줘야 하는 것 아니냐고 할 것입니다. 둘을 적당히 고려해서 규범을 정하면 왜 이랬다저랬다 하냐고 불만의 소리가 나올 것입니다.

그래도 답을 찾아야 하지 않을까요? 하나하나 찾아 갈 수는 있습니다. 사람들이 '소수'와 '등굣길'에 대해 불만을 표하는 이유는 단 하나 '내가 알고 있는 것과 다르다'입니다. 나는 '[소쑤]'라고 발음하고 '등교길'이라고 써 왔는데 규범이 그와 반대로 하라 하니 불편한 것입니다. 그런데 이것이 일종의 '갑질'입니다. 내가 알고 있는 것과 다르니, 혹은 내 눈에 거슬리니 안 된다고 하는 것이 문제입니다. 우리 모두가 주인인 말과 글에 대해 자신의 기준으로만 옳고 그름을 판단하는 것에서 벗어난다면 해결의 실마리를 찾아 나갈 수 있습니다.

여기 맑고 깨끗한 영혼을 가진 초등학생이 하나 있습니다. 국어 시간에 '등굣길'을 배우고 수학 시간에 '소수'를 배웠습니다. 표기는 왜 이리되어야 하고, 발음은 어떻게 해야 하는지 배웁니다. 이 학생은 불만이 전혀 없습니다. 선생님이 그리 가르쳐 주니 그렇게 받아들입니다. 그런데 한 세대 앞선 선생님 세대는 불만이 많습니다. 자신이 맑고 깨끗한 영혼으로 받아들였던 '등교길'과 '솟수'를 폐기하고 새로운 것으로 대체해야 하는 상황입니다. 왜 그래야 하는지 이해를 하려면 할 수도 있는데 '그때는 맞고 지금은 틀리다'고 하는 것이 못마땅한 것입니다.

말의 주인은 그 말을 사용하는 모든 사람들입니다. 그러나 더 정확하게 말하면 스러져 가는 세대들보다는 자라나는 세대들이 주인입니다. 그 세대들에게 분명한 원칙, 혹은 현실에 부합하는 융통성을 주기 위해 규정들이 바뀝니다. 처음부터 바뀐 규정을 접한 세대는 그 규정에 전혀 불만이 없습니다. 진정한 말의 주인인 이들이 불만이 없는데 그렇지 않

ㅅ 사이시옷 표기가 바뀐 단어

+ ㅅ

등교길	→	등굣길
하교길	→	하굣길
꼭지점	→	꼭짓점
최대값	→	최댓값
최소값	→	최솟값
대표값	→	대푯값
절대값	→	절댓값
공기밥	→	공깃밥
만두국	→	만둣국
장마비	→	장맛비

− ㅅ

갯수(個數)	→	개수
돗수(度數)	→	도수
댓가(代價)	→	대가
싯가(時價)	→	시가
잇점(利點)	→	이점
촛점(焦點)	→	초점
헛점(虛點)	→	허점
마굿간	→	마구간
맥줏잔	→	맥주잔
백짓장	→	백지장
제삿상	→	제사상

▶ 사이시옷이 더해지거나 사라진 단어들. 일관된 원칙을 적용해 바꾼 것이지만 이전의 표기에 익숙한 이들은 여기에 불만을 표하기도 한다.

은 세대가 이러쿵저러쿵 말이 많습니다. 내가 주인인 것은 맞지만 나만 주인인 것은 아닌데 목소리가 큰 기성세대들이 말이 좀 많은 것입니다.

사이시옷 문제에 대해 연구자들은 치열하게 고민하고 싸웁니다. 사이시옷과 관련된 규범을 놓고 관련자 모두가 심사숙고를 합니다. 역사를 이야기하고, 원칙을 이야기하고, 현실을 이야기합니다. 이런 과정에서 정설이 나오고, 원칙이 정해지고, 예외가 인정됩니다. 오늘날 우리 앞에 놓인 사이시옷 규범은 이러한 노력의 산물입니다. 누구든 이의를 제기할 수 있고, 불만을 표할 수 있습니다. 그 과정에서 더 나은 발전을 모색할 수 있으니 이의와 불만은 필수입니다. 그러나 그것이 오로지 '나'를 기준으로 이루어지면 문제가 생깁니다.

사이시옷을 어이할꼬? 이 질문에 맞닥뜨리게 된다면 소금 장수와 우산 장수를 아들로 둔 어머니의 마음이 되어 보는 것이 어떨까요? 아들 둘을 동시에 만족시킬 방법은 없습니다. 그러나 두 아들 모두 소중하고 사랑스럽습니다. 비가 오는 날이 있는가 하면 해가 쨍쨍한 날도 있어야 합니다. 영원히 풀 수 없는 문제라면 그저 안고 가면서 그때그때 적용하는 방법밖에 없습니다. '나'의 낡은 규범과 사전에 의지하지 말고 '우리'의, 혹은 미래 세대의 규범과 사전에 의지하는 것은 어떨까요? 요즘은 손가락 터치 몇 번으로 사전을 검색할 수 있고, 워드 프로세서에 나타나는 빨간 줄로도 내 표기가 맞는지 확인할 수 있습니다. 미래의 주인 세대들은 '소수'와 '등굣길'이 전혀 어색하지 않습니다. 익숙한 것이 옳은 것은 아닙니다. 내가 알고 있는 것과 다르다고 해서 틀린 것도 아닙니다.

5

저희 나라에 대해 여쭤보세요

저희 나라에 대해 여쭤보세요

"저는 미국에서 온 데이비드라고 합니다. 저희 나라에 대해 궁금한 것이 있으면 여쭤보세요."

"데이비드, 한국말 잘하네요. 방금 한 말을 영어로 하면 어떻게 되는지 여쭤봐도 될까요?"

"If you have any questions about my country, feel free to ask."

"그래요. 그걸 한국말로 예의를 갖춰서 하려니 어렵죠?"

"아뇨, 저를 낮추고 듣는 사람을 높이면 된다고 해서 배운 대로 하는 겁니다."

데이비드는 5년 전에 한국에 와서 국어국문학과 대학원에 재학 중입니다. 언어에 대한 감각도 뛰어나고 열정도 넘쳐서 한국어를 꽤나 잘합니다. 그런 데이비드가 발표 도중에 우리의 공식적인 언어생활에서는 금기시되는 '저희 나라'라는 말을 씁니다. 미국인이 아니라 한국인이라면 어법에 대해 따끔하게 지적하는 것은 물론 머릿속 의식까지 비판해야 하는 상황입니다. 또 예의 바르게 말을 하겠다는 생각에 잘못 사용한 '여쭤보다'를 에둘러서 지적해도 못 알아듣는 듯합니다. 데이비드의 처지에서는 높임법을 잘 지키기 위해 최선을 다했는데도 여전히 한국말은 참 어렵습니다. 그런데 데이비드는 정말 틀린 걸까요? 외국인이니 용서가 되는 차원을 넘어 혹시 맞게 말한 것은 아닐까요?

나, 너, 우리 나라, 대한민국

40여 년 전 '국민학교' 1학년 학생이 펼쳐 든 국어 교과서는 이렇게 시작됩니다. 철수와 영희가 만나서 '나', '너', '우리'를 차례로 말합니다. 1인칭과 2인칭, 그리고 복수라는 문법 용어는 숨겨져 있지만 자연스럽게 그런 것을 익힐 수 있는 내용입니다. 그런데 만약 철수가 영희가 아닌 선

생님을 만나는 장면이라면 교과서 속 단어는 '저, ??, 우리'로 바뀌어야
합니다. 안타깝게도 '너'를 바꿀 말이 적당하지 않습니다. 철수와 영희가
선생님을 만나는 장면이라면 2인칭은 역시 빈칸이고 나머지는 모두 '저
희'입니다. 2인칭의 빈칸도 문제고 '나'와 '저', 그리고 '저희'를 변화무쌍
하게 써야 하니 어렵습니다.

오른쪽의 구절로 넘어가면 더 복잡해집니다. 철수와 영희가 만났다면
서로가 '내 나라'라고 해야 할 것 같은데 이 말은 우리의 입에 잘 안 붙습
니다. 철수 혼자 선생님을 만나는 상황에서도 역시 이 표현을 어떻게 해
야 할지 난감합니다. 철수와 영희가 함께 선생님을 만나는 순간 비로소
'우리 나라'를 자연스럽게 쓸 수 있습니다. 그런데 이 순간 당황하게 됩
니다. 선생님께는 '저'와 '저희'를 써야 하니 '저의 나라'나 '저희(의) 나
라'라고 해야 하는 것이 아닌가 하는 생각이 들기 때문입니다. 점점 더
어려워집니다.

문법에서는 체계가 매우 중요합니다. 인칭을 구분하려면 1, 2, 3인칭
셋이 있어야 하고, 수를 구분하려면 단수와 복수가 있어야 합니다. 그런
데 우리말의 인칭 체계에는 빈칸이 있습니다. 1인칭 '나'와 2인칭 '너'는
의심할 여지가 없는데 3인칭이 문제입니다. 오늘날 '그'와 '그녀'가 쓰이
고 있지만 본래 우리말에는 없었던 것이 20세기에 들어 생긴 것이어서
지금도 구어에서는 영 어색하게 느껴집니다. 2인칭에 '너'는 있지만 상
대를 높여야 할 때 쓸 말이 없습니다. 영어의 'you'를 번역해 '당신'을 쓰
기도 하는데 이 말을 싸우자고 덤비는 말로 받아들이는 이도 많습니다.

'나'와 '너'를 합치면 '우리'가 되는데 이것도 뭔가 이상합니다. 생판
남남인 철수가 영희에게 말할 때 '우리 집에 계신 우리 아버지'라고 말합

니다. 이때의 '우리'는 '나'와 '너'가 합쳐진 우리가 아닌 셈입니다. 여기에 높임법까지 가미되면 더 복잡해집니다. 상대를 높이거나 자신을 낮추는 방법으로 상대에 대한 예의를 표현할 수 있습니다. 인칭 표현에서는 대게 자신을 낮추어 상대를 높이는데 2인칭은 여전히 빈칸입니다. 그래서 '저'와 '저희'가 쓰이는데 이때도 '제 집' 대신 '저희 집'을 많이 씁니다. 인칭과 수 면에서는 우리말의 문법 체계에 문제가 많아 보입니다.

같은 반인 철수와 영희가 선생님과 이야기를 나눌 때도 문제가 됩니다. "합창 대회 때 저희 반은 무슨 노래 불러요?"라는 말은 어떤가요? 남매인 철수와 영희가 어머니에게 "엄마, 저희 집 밥이 제일 맛있어요."라고 말하는 것도 마찬가지입니다. 이때의 '저희'에는 철수와 영희뿐만 아니라 선생님이나 어머니도 포함되기 때문에 '우리'를 써야 할 것 같습니다. 아니, 꼭 그렇게 써야 한다고 말하는 이도 많습니다. 철수와 영희가 자신뿐만 아니라 듣고 있는 선생님이나 어머니, 나아가 자신의 반이나 집을 낮춘 것이 되기 때문입니다.

이러한 문법 체계가 성립된 것에는 나름대로의 이유가 있고, 우리끼리 말할 때는 큰 불편이나 오해가 없으니 문제될 것이 없습니다. 언어마다 조금씩 다른 체계가 있고 용법이 있으니 어느 한쪽의 체계를 기준으로 다른 말의 옳고 그름이나 좋고 나쁨을 논할 수는 없습니다. 그런데 유독 특정 표현에만 우리의 관심이 집중되어 왔습니다. 바로 '저희 나라'가 그것입니다. '저희 나라'는 무조건 틀린 것이고 '우리 나라'도 역시 완전히 맞지는 않는다는 것입니다. '우리나라'가 이미 굳어진 하나의 단어가 되었으니 '저희 나라'는 묻지도 따지지도 말고 '우리나라'로 써야 한다는 것입니다.

자기의 나라는 낮출 대상이 아니라는 것입니다. '저희'가 '우리'의 낮춤말이니 '우리 나라'를 '저희 나라'라고 쓰면 나라의 격을 낮추는 표현이 된다는 것입니다. 한국인끼리 말을 하더라도 '우리 나라'는 화자와 청자 모두가 최고의 격을 부여해야 하는 것이니 '저희 나라'라는 말을 쓰면 안 된다는 것입니다. 외국인에게도 마찬가지입니다. 외국인에게 '저희 나라'라고 하는 순간 상대의 나라보다 한국을 낮추는 것이 되니 이 역시 안 된다는 것입니다. 이 문제가 지적된 후 이제 이것은 누구나 지켜야 할 철칙이 되었습니다. 누군가 '저희 나라'를 쓰거나 말하면 많은 사람들이 공분합니다.

그런데 이러한 지적이 절대적으로 옳은 것일까요? 문법 체계를 생각해 보고, 대화의 상황과 맥락을 생각해 보고 판단해야 하는 것은 아닐까

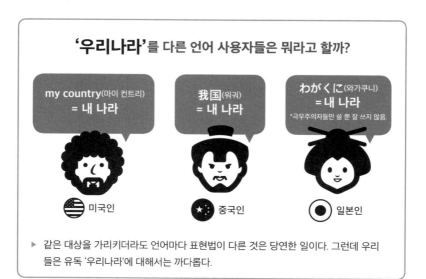

'우리나라'를 다른 언어 사용자들은 뭐라고 할까?

my country(마이 컨트리)
= 내 나라

미국인

我国(워궈)
= 내 나라

중국인

わがくに(와가쿠니)
= 내 나라
*극우주의자들만 쓸 뿐 잘 쓰지 않음.

일본인

▶ 같은 대상을 가리키더라도 언어마다 표현법이 다른 것은 당연한 일이다. 그런데 우리들은 유독 '우리나라'에 대해서는 까다롭다.

요? '나'와 '너'가 만나서 '우리'가 되고, 우리가 사는 나라가 '우리나라'인 것은 분명합니다. 하지만 미국 사람 데이비드가 'my country'를 '저희 나라'로 번역해 말한 장면을 되살려 보면 다시 생각해 보아야 할 것이 많이 있습니다.

나를 낮춰 너를 높인다

우리말의 높임법은 꽤나 복잡한 편입니다. 대화 상대, 행동의 주체, 언급되는 대상 등을 모두 높일 수 있습니다. 대화 상대를 높이고자 할 때는 보통 적절한 어미를 쓰면 되는데 때로는 자신을 낮춤으로써 상대를 높이기도 합니다. "안녕하세요."는 어미로써 상대를 높인 것인데 "저는 철수라고 합니다."에서는 어미뿐만 아니라 '나' 대신 자신을 낮추는 '저'를 써서 상대를 높였습니다. 주체와 대상을 높이는 방법도 있는데 "스승님께서 제가 차려 드린 진지를 잡수시고 계십니다."와 같은 문장이 그 예입니다. 여기에서는 '스승님', '께서', '저', '드리다', '진지', '잡수시다', '계시다'를 써서 자신을 최대한 낮추며 선생님에 대한 존경을 표하고 있습니다.

이렇듯 다양한 방법과 요소들이 어우러져야 하니 우리말의 높임법을 어렵게 느끼는 것은 당연합니다. "선생이 내가 차려 준 밥을 먹고 있다."를 위의 문장과 같이 바꾸려면 진정으로 존경하는 마음과 함께 수준급의 한국어 능력을 가지고 있어야 합니다. 이러한 다양한 방법과 요소 중에서 가장 민감하게 반응하게 되는 것은 역시 어미입니다. 대화는 1인칭과 2인칭, 즉 '나'와 '너' 사이에서 이루어집니다. 앞의 문장에서는 '선생님'이 높임의 초점이지만 대화 참여자에게는 '있다'와 '있습니다', '있어'와 '있어요' 중에서 어느 것을 쓰는가가 중요할 따름입니다. 여기에 '나'와 '저'가 가세해 대화 참여자 간의 높임법이 완성되는 것입니다. 우리말의 높임법이 어렵기는 하지만 대화 상대만 잘 배려하면 일차적으로는 문제가 없습니다.

그러나 '우리'가 복잡하게 엮일 때 문제가 됩니다. "어머니, 저희도 짜장면 잡수실까요?"와 "어머니, 우리도 짜장면 먹을까요?"를 비교해 봅시다. 일단 말끝에 '요'를 썼으니 말을 듣고 있는 어머니를 높이는 것은 분명합니다. 그런데 어머니와 나를 '저희'로 쓰는 것과 어머니와 내가 '잡수시다'라고 쓰는 것이 문제가 됩니다. 사람마다 감각이 조금씩 다를 수 있지만 이 상황에서는 "어머니, 우리도 짜장면 먹을까요?"가 가장 적절해 보입니다. 자신보다 높은 '어머니'가 포함되어 있으니 '저희'로 낮추면 안 되고, 자신이 포함되어 있으니 '잡수시다'로 높이면 안 되기 때문입니다.

철수와 영희가 선생님께 말할 때 "저희 반은 무슨 노래 불러요?"라고 말했다면 일단 어미를 통해서 선생님을 높이려는 의도가 충분히 드러납니다. 그리고 자신들을 낮춰서 '저희'로 표현한 것도 역시 선생님에 대한 높임을 표현한 것입니다. 그런데 철수와 영희의 반은 선생님의 반이기도 합니다. 선생님에 대한 예의를 갖추려 자신들을 낮춰 '저희'를 썼는데 '저희 반'이라고 하는 순간 '저희'에는 선생님도 포함되기 때문에 선생님도 덩달아 낮춰집니다. 철수와 영희는 의도와 상관없이 버릇이 없거나 예의를 모르는 아이가 되고 맙니다.

집이나 반을 넘어 '나라'에 이르면 문제가 훨씬 더 복잡해집니다. 대한

민국이라는 나라를 가리킬 때 '우리나라'라고 하든 '저희 나라'라고 하든 이 말을 하는 사람이나 듣는 사람은 일단 한국인이라고 볼 수 있습니다. 따라서 '저희'라고 하면 논리적으로는 대화에 참여한 사람뿐만 아니라 한국인 모두를 낮추는 것이 됩니다. 게다가 '저희'가 꾸미는 것이 최고의 존재여야 할 나라, 즉 대한민국이니 절대로 낮춰서는 안 될 텐데 어쩌다 보니 나라를 낮추게 된 것입니다. 그 말을 듣는 사람이 한국인이라면 한국인 모두를 낮추는 것이니 안 되고, 설사 외국인이 듣더라도 결과적으로는 나라를 낮추는 것이니 이 또한 안 됩니다.

그런데 과연 그럴까요? '저희 집'과 '저희 나라'라는 표현이 지닌 문제에 대한 지적은 형식적으로는 맞습니다. 어머니나 한국인 모두를 포함해서 '저희'라고 하면 의도와 관계없이 어머니나 한국인 모두를 낮추는 셈입니다. 그러나 그렇다고 해서 '집'이나 '나라'가 낮춰진 것은 아닙니다. 이러한 표현의 의도는 듣는 이를 고려해서 말하는 사람 스스로를 낮추려고 하는 것이지 말하고자 하는 대상을 낮추려고 하는 것은 아닙니다. 말하는 이를 낮춰 듣는 이를 높이고자 한 것이 그 의도와는 다르게 듣는 이도 낮춰진 상황이 되었을 뿐 '저희'가 꾸미는 말의 격까지 낮춘 것은 아닙니다.

말하는 이의 의도를 고려하면 이 표현은 크게 문제될 것이 없는데 유독 이 표현에 대해서는 우리가 과민 반응을 하는 편입니다. 어머니에게 '저희 집'이라 표현해도 너그러운 어머니가 들으니 크게 나무라지는 않습니다. 그러나 듣는 이가 전 국민이 될 수도 있는 '저희 나라'는 심하게 욕을 먹습니다. 틀린 어법에 대한 지적을 넘어 그 말을 한 사람의 국가관이나 의식까지 의심을 받습니다. 방송에서는 절대 해서는 안 되는 표현이 되어서 출연자가 이렇게 말하면 진행자는 이를 바로 고쳐 줘야 하고, 그마저 안 된다면 자막으로라도 바꿔 써야 합니다.

나라를 사랑하는 마음 때문에 그런 것일 수도 있겠지만 너무 과민한 반응을 보일 필요는 없습니다. 머지않은 과거에 식민 지배를 경험했기 때문에, 혹은 이전에 많은 외세의 침략을 당했다고 여기기 때문에 그럴 수도 있지만 이 또한 너무 예민한 것일 수 있습니다. 과거에 그랬을 수는 있지만 지금은 '우리나라'에 자부심을 가져도 됩니다. 이미 젊은 세대들은 그런 자부심 속에서 살고 있기 때문에 굳이 우리나라에 열등감이나 비하하는 마음이 없습니다. 가끔씩 이런 표현이 나온다면 그것은 '나라'의 문제가 아니라 말하는 '나'의 문제입니다. 그리고 '나'보다는 '너'를 위한 것, 그것도 너를 '높이기' 위한 것입니다.

고객님, 고객님께서 문제이십니다

"고객님께 참 잘 어울리시는 디자인이세요."
"고객님, 주문하신 커피 나오셨어요."

상점이나 카페에 가면 흔히 들을 수 있는 말입니다. 어법을 따져 봤을 때 틀렸거나 부자연스러운 것이 분명합니다. 고유어 '손님' 대신 한자어 '고객'을 쓰고 거기에 '-님'까지 붙이는 것의 부자연스러움은 애교로 봐 줄 수 있습니다. 문제는 '어울리시다'나 '디자인이시다'에 쓰인 '-시-'입니다. '-시-'는 주체를 높이는 것인데 이렇게 쓰면 '고객님' 대신 '옷'이나 '장신구' 같은 엉뚱한 것을 높이게 되기 때문입니다. 물론 이런 용법이 없는 것은 아닙니다. 간접 높임이라고 해서 "선생님의 손이 참 고우시다."와 같이 '손'을 높임으로써 선생님까지 간접적으로 높이는 용법입니다. 그러나 위의 두 예는 지나치게 높여서 오히려 거북하게 들립니다.

왜 이런 것일까요? 사실 이런 표현의 문제점은 20, 30년 전부터 꾸준

▶ 지나친 높임 표현은 말하는 이나 듣는 이 모두가 거북스러워한다. 그럼에도 계속 쓰이는 이유는 무엇일까?

히 지적되어 왔습니다. 이런 표현을 쓰는 점원이나 아르바이트생에게 물어보면 쓰는 자신들도 부자연스럽게 느낀다고 합니다. 심지어 이런 표현이 잘못된 것을 알고 있다고도 합니다. 이들도 다른 상점이나 카페에 손님으로 가서 이런 표현을 들으면 똑같이 거북함을 느낀다고 말합니다. 문제가 있는 것을 다 알면서도 쓴다니 뭔가 다른 이유가 있어 보입니다.

"교수님이 여쭤보셔서 지금 말씀하고 있는 거예요."

학생들과 대화를 나누다 보면 흔히 듣게 되는 말입니다. 엄격한 국어 선생님의 시각으로 보면 틀린 것투성이입니다. 어법에 맞게 쓰려면 "선생님께서 물어보셔서 지금 말씀드리고 있는 거예요."라고 해야 합니다. '교수'는 직업이니 본래 '회사원님', '공무원님', '청소원님'만큼이나 어색한 말일 뿐만 아니라 여기에는 높임의 뜻도 없습니다. '여쭤보다'는 물어보는 대상을 높이는 것인데 위에서는 '학생'에게 물어보는 상황이므로 여쭤본다고 표현하면 이상합니다. '말씀'은 하는 사람을 높이려면 '말씀하다'로 써야 하고 듣는 사람을 높이려면 '말씀드리다'로 써야 합니다. 죄다 틀렸으니 따끔하게 지적해서 바로잡아야 할 것 같습니다.

그런데 이렇게 말하는 학생의 표정을 보면 겁에 질려 있는 경우가 많습니다. '선생님'이라고 내내 잘 써 오던 학생이 어느 순간 '교수님'으로 바꿔 말하기에 그 이유를 물어봤더니 다른 과 수업 때 '선생님'이라고 했다가 지금 여기가 고등학교 조회 시간인 줄 아냐고 호통치는 소리를 들었다고 합니다. '교수님'이라는 호칭을 들어야 만족스러워하는 이들이 많다 보니 고민 끝에 이리 쓴 것입니다. 태도를 보면 공손하기 이를 데 없습니다. 듣는 이를 낮추려 하거나 말하는 스스로를 높이려 하는 의도는 전혀 보이지 않습니다. '여쭤보다'도 '말씀'도 어떻게든 듣는 이를 높이려고 쓴 것입니다. 그러니 딱히 야단치기도 어렵습니다.

이런 모든 문제의 근본적인 원인은 말하는 이가 아닌 말을 듣는 이에게 있습니다. 점원, 아르바이트생, 학생이 문제가 아니라 손님과 교수가 문제라는 것입니다. 점원이나 아르바이트생에게 왜 이런 표현을 쓰는지 물어보면 그렇게 교육을 받는다고 답합니다. 교육을 맡은 이에게 물어보면 그래야 손님들이 좋아한다고 말합니다. 틀린 줄 알고, 어색해하면서도 그렇게 하지 않으면 오히려 불친절하다고 불평한다고 합니다. 학생에게 물어보면 교수들이 중·고등학교까지의 선생들과 자신들이 구별되기를 원한다고 합니다. 듣는 이가 그리 원하니 상대적으로 약자인 이들은 그렇게 할 수밖에 없습니다.

'과공(過恭)은 비례(非禮)'라는 말이 있습니다. 지나친 공손은 예의가 아니라는 뜻입니다. 이런 '비례'가 결국 '과공'을 요구하기 때문에 나타난 것입니다. 우리 모두 손님이 될 수 있으니 가슴에 손을 얹고 생각해 보면 좋겠습니다. "손님한테 참 잘 어울리는 디자인이네요."와 "고객님께 참 잘 어울리시는 디자인이세요." 중에서 어느 쪽이 더 기분이 좋았나요? "손님, 주문한 커피 나왔어요."를 들으면 어땠나요? 교수들도 마찬가지로 되돌아볼 필요가 있습니다. 배우는 사람에게는 그저 가르치는 '선생'일 뿐인데 대학에서 가르친다는 이유로 다른 선생님들과 구별되기를 바라지 않았는지 말입니다.

다양한 높임 표현은 우리말의 특징이기도 하니 그것을 탓할 수는 없습니다. 그러나 지나치게 공손을 강요하다 보니 "저희 나라에 대해 여쭤보세요." 같은 표현들이 생겨난 것은 아닐까 돌아봐야 합니다. 우리가 여기에 너무 민감하게 반응하면서 말하는 이를 더 낮추려 한 것은 아닌지도 생각해 볼 필요가 있습니다. 대화는 말하는 이와 듣는 이 모두가 있을 때 비로소 가능합니다. 대화상의 표현에 문제가 있다면 말하는 이뿐만 아니라 듣는 이에게도 책임이 있습니다. 듣는 이가 과공을 요구해 비례가 초래되었다면 이 말을 새길 필요가 있습니다.

고객님, 고객님께서 문제이십니다.

6

된소리, 거센소리가

어때서?

된소리, 거센소리가 어때서?

"방송에서 '쐬주 한 잔 찐하게'가 뭡니까? 이런 건 막아야 하지 않을까요?"

"구체적으로 뭐가 문제죠? 술 얘기요?"

"아뇨, 소주는 몰라도 쐬주는 뭐고, 진하게도 아닌 찐하게가 뭔가요?"

"아, 애들도 보는 방송에서 술 얘기를 꺼낸 게 문제가 아니라 쐬주나 찐하게 같은 된소리를 쓴 거요? 근데 된소리가 왜 나빠요?"

"귀에 거슬리잖아요. 부드러운 예사소리를 두고 왜 그렇게 말을 하죠?"

"오히려 생생하게 잘 들리지 않나요? 제 귀엔 그렇던데."

"아니, 국어 선생님이 그렇게 말씀하시면 안 되죠. 된소리는 막아야죠."

방송 언어를 다루는 위원회에 참석했다가 순간적으로 말이 막혔습니다. 평소 꽤나 열린 생각을 보여 주던 위원 한 분이 된소리와 거센소리에 대해 한마디 하셨습니다. 된소리 때문에 귀가 따갑고 거센소리가 귀에 거슬린다고 하십니다. '소주'보다는 '쏘주'가, 나아가 '쐬주'가 훨씬 더 소주의 맛을 살려 주는 듯한데 무엇이 문제일까요? '진하게'보다는 '찐하게'가 더 찐하게 와닿는데 왜 굳이 쓰지 못하게 해야 할까요? '꼰대' 같은 국어 선생님이나 호랑이 담배 피우던 시절 이야기만 하던 어른들은 그렇게 생각할지도 모릅니다. 그런데 된소리니까 안 된다는, 거센소리니까 듣기 싫다는 편견을 걸어 내고 나면 이런 소리들을 써서는 안 된다고 해야 할 이유가 없습니다. 그런데 우리는 왜 이런 생각에 사로잡혀 있는 것일까요?

소리의 느낌과 맛

사람이 말을 할 때 쓰는 소리는 분절음, 즉 분리해 낼 수 있는 소리입니다. 예를 들어 '말'은 한 번에 낼 수 있는 소리이자 'ㅁ', 'ㅏ', 'ㄹ' 세 개의 소리로 구성되어 있는 소리이기도 합니다. 우리는 이 분절음들을 자유롭게 조합해 다양한 소리를 만들어 의사소통을 합니다. 한국어에는 서른 개가 조금 넘는 분절음이 있는데 이는 크게 자음, 모음, 반모음으로 나눌 수 있습니다. 자음은 발음 기관의 어디선가 장애를 받기 때문에 혼자서는 소리가 날 수 없습니다. 이와 달리 모음은 장애를 받지 않기 때문에 혼자서 소리가 날 수도 있고 자음과 결합해 자음이 들리게 할 수도 있습니다. 반모음은 장애는 받지 않지만 혼자서는 소리가 날 수 없어 모음과 결합되어야 소리가 날 수 있습니다.

모음은 장애가 없고 성대의 울림도 있기 때문에 부드럽게 느껴집니다. 이와 반대로 자음은 장애가 있기 때문에 아무래도 모음보다는 거북하게 느껴집니다. 게다가 어디에서 어떤 방식으로 장애가 생기냐에 따라 자음이 주는 느낌에 차이가 있습니다. '아인, 가인, 카인'이란 이름을 예로 들어 볼까요? 자음이 전혀 쓰이지 않은 '아이'란 이름이 있다면 가장 부드럽게 들리겠지만 'ㄴ'이 포함된 '아인'도 비슷하거나 오히려 더 부드럽게 느껴지기도 합니다. 'ㄴ, ㄹ, ㅁ, ㅇ' 등의 소리는 울림이 있는 소리여서 모음과 비슷하기도 하고 모음과 함께 쓰여도 여전히 부드럽게 느껴집니다.

그런데 '가인'이란 이름부터는 느낌이 달라집니다. 'ㄱ, ㄷ, ㅂ'과 같은 소리는 발음될 때 발음 기관의 어디선가 공기가 압축되었다 터져서 나기 때문에 소리가 마냥 좋을 수만은 없습니다. '사인'이나 '자인'이란 이름도 마찬가지여서 모음만 있을 때와는 다른 느낌을 줍니다. 이름을 이리 지을 리는 없겠지만 '까인'이나 '카인'이란 이름은 더 강한 느낌을 줍니다. 'ㄲ, ㄸ, ㅃ, ㅆ, ㅉ' 같은 된소리, 'ㅋ, ㅌ, ㅍ, ㅊ' 같은 거센소리가 들어 있기 때문입니다. 더욱이 'ㄱ, ㄷ, ㅂ' 등을 받침에 쓰면 '아익', '카익'과 같은 이름도 지을 수 있는데 그 느낌이 너무 험해서 이런 이름은 잘 짓지 않습니다.

이렇듯 자음은 부류에 따라 소리가 주는 느낌이 다르지만 각 부류의 자음이 반드시 있어야 할 나름대로의 이유가 있습니다. 한없이 부드러운 모음만 있다면 귀로 듣기에는 좋을지 몰라도 만들어 낼 수 있는 소리가 한정되어 의사소통이 어려울 것입니다. 오히려 귀에는 거슬릴 수 있지만 소리를 내기 쉽고 귀에도 잘 들린다면 그 소리가 꼭 필요한 소리일 것입니다. 그렇기 때문에 'ㄱ, ㄷ, ㅂ' 등의 터지는 소리, 'ㅅ'과 같이 스산하게 느껴지는 소리 등이 없는 언어는 거의 없습니다. 'ㄴ, ㄹ, ㅁ, ㅇ' 등의 부드럽고 울림이 좋은 소리도 물론 대부분의 언어에 있지만 이런 소리들은 쓰임에 제한이 있는 경우가 많습니다.

'ㄱ, ㄷ, ㅂ, ㅅ, ㅈ'과 같은 소리는 대부분의 언어에 있는 기본적인 소리인데 그다음부터는 언어에 따라 쓰이기도 하고 쓰이지 않기도 합니다. 우리가 된소리로 분류하는 'ㄲ, ㄸ, ㅃ, ㅆ, ㅉ'이나 거센소리로 분류하는 'ㅋ, ㅌ, ㅍ, ㅊ' 등이 그렇습니다. 우리는 'ㄱ, ㄲ, ㅋ' 세 소리를 '굴, 꿀, 쿨'과 같이 구별해서 쓰지만 그렇지 않은 언어도 많습니다. 반대로 영어에서는 'p'와 'b'를 'pin'과 'bin'에서처럼 구별해서 씁니다. 'p'와 'b'는 발음할 때 성대의 울림이 있는가 없는가로 구별되는데 이는 한국어의 'ㅍ'과 'ㅂ'을 구별하는 방식과는 다릅니다. 대부분의 언어에 기본적으로 있는 자음을 제외하면 그다음 부류부터는 선택적으로 사용됩니다.

한국어의 역사를 살펴보면 자음의 수와 체계에 꽤 많은 변화가 있었습니다. 아주 오랜 옛날에는 한국어도 영어처럼 성대의 울림 여부에 따라 자음을 구별해서 썼던 것으로 보입니다. 그러다가 둘 간의 구별이 없어졌습니다. 쉽게 말하면 자음은 예사소리 'ㄱ, ㄷ, ㅂ, ㅅ, ㅈ'과 울림소리 'ㄴ, ㄹ, ㅁ, ㅇ' 등만 있었다고 볼 수 있습니다. 그러다가 후에 'ㅋ, ㅌ, ㅍ, ㅊ'과 같은 거센소리가 생겨났습니다. 그리고 더 나중에 'ㄲ, ㄸ, ㅃ, ㅆ, ㅉ'과 같은 된소리가 생겨났습니다.

말소리에 대한 느낌은 소리 자체의 속성과 그 숫자에 영향을 받습니다. 예사소리는 가장 기본적인 소리일 뿐만 아니라 가장 오래전부터 있었던 소리입니다. 따라서 한국어의 단어를 살펴보면 예사소리가 가장 많습니다. 이에 비해 거센소리는 꽤 적은 편이고 된소리는 더더욱 적은 편입니다. 소리 자체에 거세고 된 특징이 있기도 하지만 그 수가 적다는 것도 우리의 느낌에 영향을 미칩니다. 특히 된소리는 가장 나중에 생겨났고 그 소리 또한 매우 적으니 낯설거나 거북하게 느껴질 수 있습니다.

뱀을 싫어하는 사람들이 있습니다. 그 이유를 물어보면 징그러워서 싫답니다. 그렇다면 뱀을 왜 징그럽게 느끼는 것일까요? 길쭉한 몸에 다리도 없고 온몸이 비늘로 덮여 있어서 그렇답니다. 모든 생명체가 저마다의 모습을 타고난 것뿐인데 그것을 왜 징그럽다고 느끼는 것일까요? 질문이 여기까지 이르면 답을 하기가 쉽지 않습니다. 이 혐오의 본질은 '다름'과 '익숙하지 않음'에 있을 것입니다. 자신과 다르고, 자신에게 익숙하지 않은 것은 싫은 것일 뿐입니다. 혹시 된소리와 거센소리에 대한 우리의 느낌도 뱀에 대한 감정과 비슷하지 않을까요?

'꽃'과 '뿌리'의 변신은 유죄?

꽃과 뿌리는 된소리와 거센소리의 역사적 변화를 잘 보여 줍니다. 꽃은 예쁘고 향기로워야 하며 뿌리는 질기고 튼튼해야 합니다. 인간을 위해 그러해야 하는 것이 아니라 식물 그 자체의 생존과 번영을 위해 그러해야 합니다. 꽃과 뿌리의 이러한 속성이 잘 묘사된 시가 있습니다. 뿌리로 시작해 꽃을 지나 열매까지 언급하는 최초의 한글 시 「용비어천가」 제2장이 바로 그 시입니다.

불휘 기픈 남ᄀᆞᆫ ᄇᆞᄅᆞ매 아니 뮐씨 곶 됴코 여름 하ᄂᆞ니

ᄉᆡ미 기픈 므른 ᄀᆞᄆᆞ래 아니 그츨씨 내히 이러 바ᄅᆞ래 가ᄂᆞ니

→ 뿌리 깊은 나무는 바람에 아니 흔들려서 꽃이 좋고 열매가 많으니

샘이 깊은 물은 가뭄에도 아니 그쳐서 내가 되어 바다에 가나니

원문을 자세히 들여다보면, 그리고 현대어 번역과 비교해 보면 무엇인가 차이가 느껴집니다. '불휘'와 '뿌리'의 대응, 그리고 '곶'과 '꽃'의 대응이 그러합니다. 물론 표기의 차이와 지금은 쓰지 않는 단어의 뜻을 알아야만 시를 온전히 읽어 낼 수 있겠지만 내용을 조금이라도 알고 있는 이들의 시선은 바로 '불휘'와 '곶'에 머무르게 됩니다. 이 두 단어가 오늘날 '뿌리'와 '꽃'으로 남아 있으니 단어가 사라진 것은 아닙니다. 다만 소리가 바뀌었을 뿐입니다. 말소리의 변화는 흔하디흔한 것이니 무심코 넘길 수도 있겠지만 두 단어의 말소리 변화가 흥미롭습니다.

'곶'이 '꽃'으로 바뀌었으니 첫소리 'ㄱ'이 'ㄲ'으로 바뀌었고, 끝소리 'ㅈ'이 'ㅊ'으로 바뀐 것도 확인할 수 있습니다. 'ㄱ'과 'ㅈ'은 예사소리인데 'ㄲ'과 'ㅊ'은 각각 된소리와 거센소리입니다. 된소리와 거센소리는 예사소리보다 세고 거친 느낌을 주니 결국 약하고 곱던 소리가 세월의 흐름에 따라 세고 거친 소리가 된 것입니다. '불휘'는 '뿌리'로 바뀌었는데 'ㅂ'이 'ㅃ'으로 바뀐 것이 가장 먼저 관찰됩니다. 여기서도 예사소리가 된소리로 바뀐 것을 확인할 수가 있습니다. 세월의 흐름 속에서 두 단어의 소리 모두 된소리와 거센소리를 가지게 되었습니다. 그런데 그것이 가리키는 대상만큼이나 곱고 아름다웠던 '곶'이 왜 세고 거친 '꽃'이 되었을까요?

다행스럽게도 '곶'이 '꽃'으로 변한 이유는 다른 단어에 비해서 쉽게 찾을 수 있을 듯합니다. 꽃은 단독으로도 쓰이지만 다른 단어와 함께 쓰일 때가 많습니다. 세상의 모든 꽃을 일컬을 때는 '꽃'이라고 하면 되지만 개별적인 꽃을 언급할 때는 다른 것과 구별되는 무엇인가를 붙여야 합니다. 『훈민정음』에도 '빗곶(배꽃)'과 같은 사례가 보이는데 이와 같은 사례를 눈여겨볼 필요가 있습니다. '빗곶'은 '비'와 '곶'이 합쳐진 말인데 이때 'ㅅ'이 사이에 들어갔습니다. 이것은 사이시옷으로 표기는 'ㅅ'이지만 발음상 뒤에 오는 소리가 된소리임을 보여 줍니다. 그러니 '빗곶'에서 '곶'의 첫소리는 'ㄱ'이 아닌 'ㄲ'으로 소리 나게 됩니다.

'곶'이 이렇게 다른 단어와 함께 쓰이며 된소리로 발음되는 일이 잦다 보니 본래 된소리인 듯이 여겨지게 됩니다. 그래서 단독으로 쓰일 때도 '곶'이 아닌 '꼳'으로 발음하거나 쓰다가 아예 '꽃'이 된 것입니다. 오늘날에 이런 사례를 찾고자 한다면 '끼'나 '꽈'를 생각해 보면 됩니다. '끼'는 본래 한자 '기(氣)'에서 온 것으로 '장난기', '화장기', '바람기' 등에서 그 용례를 확인할 수 있습니다. 그런데 이런 단어들에서 '기'가 모두 '끼'로 발음이 되니 단독으로도 아예 '끼'로 쓰입니다. '꽈' 또한 한자 '과(科)'에서 온 것인데 오늘날에는 다른 말과 함께 쓰일 때 '꽈 사무실', '꽈 대표' 등과 같이 된소리로 발음하다 보니 표기 또한 된소리로 하는 것을 종종 볼 수 있습니다.

그렇다면 'ㅈ'이 거센소리 'ㅊ'으로 바뀐 이유는 무엇일까? 그 이유를 콕 집어서 말하기는 어렵지만 아무래도 첫소리의 변화에 부화뇌동하여 거센소리로 바뀐 듯합니다. 'ㅊ'을 끝소리로 가지는 단어들이 많지 않고 끝소리 'ㅈ'이 'ㅊ'으로 바뀐 사례도 찾기 어려우니 일반적인 변화는 아닙니다. 하지만 이왕 첫소리가 예사소리에서 된소리로 바뀌었으니 끝소리마저도 거센소리로 바뀌어 더 확실한 변화를 완성한 것으로 추측할 수 있을 뿐입니다.

'꽃'에 비해 '뿌리'는 변화의 이유가 조금 불분명합니다. '불휘'의 'ㅂ'

이 'ㅃ'으로 바뀌어 '뿌리'가 된 것은 단어 자체의 뜻과 함께 우리의 심리와 밀접한 관련이 있어 보입니다. 단어의 첫머리에 있는 예사소리가 된소리로 바뀌는 것은 16세기 이후 종종 나타납니다. '구짖다'가 '꾸짖다'가 되고 '긇다'가 '끓다'가 된 사례가 그것입니다. 이런 변화를 보이는 단어 중 상당수는 정도가 셀수록 그 단어와 어울리거나 심리적으로도 그래야만 할 것 같은 단어들입니다. 그러한 느낌과 심리를 소리에 반영해서 예사소리를 된소리나 거센소리로 바꾸는 것입니다. 뿌리는 굵고 강할수록 좋으니 예사소리가 된소리로 바뀐 것은 그 느낌과 관련지으면 자연스러운 변화일 수 있습니다.

'꽃'과 '뿌리'가 된소리와 거센소리로 바뀐 과정은 극히 자연스럽습니다. 변할 만한 이유가 있어서 변했고 우리는 그 변화를 자연스럽게 받아들였습니다. 된소리나 거센소리가 되었다고 해서 거북해하거나 탓하지도 않았습니다. 이유가 있는 변화이니 꽃과 뿌리의 변신은 무죄입니다. 우리 또한 이를 문제 삼지 않으니 역시 무죄입니다. 그렇다면 예사소리가 된소리나 거센소리로 바뀌는 것, 혹은 그렇게 바꾸어 발음하는 것도 무죄 아닐까요?

말소리의 블루 오션

오늘날에는 'ㄱ, ㅋ, ㄲ' 세 부류의 소리가 모두 쓰이지만 이 소리들이 각각 순차적으로 우리말에 나타난 결과는 오늘날 우리가 쓰는 말에도 남아 있습니다. 앞에서 언급했듯이 고유어 단어들의 말소리를 분석해 보면 예사소리의 비율이 압도적으로 높습니다. 고유어 명사의 경우 첫소리가 예사소리인 단어가 약 76%인 데 비해 거센소리를 첫소리로 가지는 단어는 약 14%, 된소리를 첫소리로 가지는 단어는 약 11%입니다. 한자어를 살펴봐도 그렇습니다. 한자어 역시 예사소리가 첫소리인 단어가 가장 많고 그 다음이 거센소리가 첫소리인 단어입니다. 된소리를 첫소리로 가지는 단어는 거의 없다시피 해서 '雙(쌍)'과 '喫(끽)' 정도만 있습니다. 된소리 한자어가 거의 없다는 것은 한자를 받아들일 때 우리말에 된소리가 없었다는 증거이기도 합니다.

이런 역사적인 과정을 살펴보면 말소리의 세 부류에 레드 오션(red ocean)과 블루 오션(blue ocean)의 개념을 가져다 쓸 수 있습니다. 우리말에 가장 먼저 있었던 예사소리는 우리말 단어에 가장 많이 쓰이는데 말소리로 치자면 엄청난 경쟁이 존재하는 레드 오션인 셈입니다. 그 다음으로 생겨난 거센소리는 우리말 단어에 그리 많이 쓰이지 않고 있으니 블루 오션이라 할 수 있습니다. 가장 늦게 생겨나 우리말 단어에 가장 적게 쓰이는 된소리는 블루 오션 중의 블루 오션이라 할 수 있습니다. 경영의 논리가 말소리에 그대로 적용되기는 어렵겠지만 말소리가 레드 오션을 벗어나 블루 오션에 뛰어드는 것은 극히 당연한 이치일 수 있습니다.

말소리가 블루 오션으로 향하는 방법에는 두 가지가 있습니다. 하나는 이전에 예사소리로 이루어진 단어들이 된소리나 거센소리로 바뀌는 것입니다. '꽃'이나 '뿌리'의 변화가 바로 여기에 해당합니다. 본래 예사소리로만 이루어진 단어들이 된소리와 거센소리로 바뀌었으니 자연스럽게 블루 오션으로 옮겨 간 셈입니다. 다른 하나는 새롭게 만들어지는 단어에 예사소리 대신 된소리나 거센소리를 많이 쓰는 것입니다. 새롭

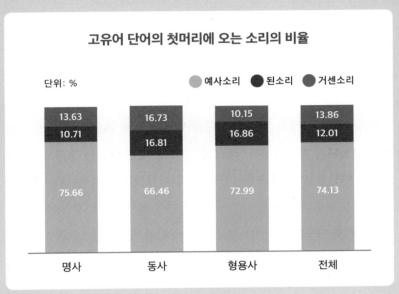

고유어 단어의 첫머리에 오는 소리의 비율

단위: %

● 예사소리　● 된소리　● 거센소리

	명사	동사	형용사	전체
거센소리	13.63	16.73	10.15	13.86
된소리	10.71	16.81	16.86	12.01
예사소리	75.66	66.46	72.99	74.13

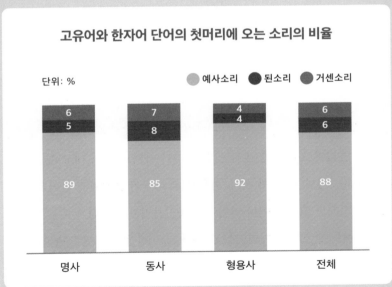

고유어와 한자어 단어의 첫머리에 오는 소리의 비율

단위: %

● 예사소리　● 된소리　● 거센소리

	명사	동사	형용사	전체
거센소리	6	7	4	6
된소리	5	8	4	6
예사소리	89	85	92	88

▶ 한국어 단어를 살펴보면 예사소리의 비율이 압도적으로 높다. 흔한 것은 편하게 느껴지고 드문 것은 낯설게 느껴지는 것이 당연하다.

게 만들어지는 은어나 아이들끼리 쓰는 말에 된소리나 거센소리가 많은 것은 이러한 경향이 반영된 것이라 할 수 있습니다.

그러나 레드 오션과 블루 오션을 익숙한 것과 낯선 것으로 치환해서 보면 그 느낌이 자못 달라집니다. 경쟁이 치열한 줄 알면서도 레드 오션으로 들어가는 이유는 익숙한 곳에 대한 안도감과 낯선 곳에 대한 두려움이 중첩되기 때문입니다. 레드 오션 속에 있는 이들은 경쟁자들이자 동료인 이들을 보며 동질감을 느끼고 그 밖에 있는 이들에 대해 반감을 느낍니다. 말소리에 대해서도 마찬가지여서 예사소리에 익숙한 이들은 예사소리로 이루어진 단어들을 보며 동질감과 안도감을 느낍니다. 반면 된소리나 거센소리로 넘어간 단어들을 보면 배신감을 느끼기도 하고, 애초에 된소리나 거센소리로 만들어진 단어들에 거부감을 느끼기도 합니다.

거센소리와 된소리는 새로이 등장한 소리이기에 신선한 느낌을 줄 수도 있고 익숙하지 않은 소리이기에 낯선 느낌을 줄 수도 있습니다. 예사소리로 이루어진 '세다'를 된소리로 바꾸어 '쎄다'로 말하는 것을 들으면 왠지 불편하기도 합니다. 단어가 가진 느낌을 더 정확하게 표현한다는 점에서 끌리기도 하지만 흔히 듣던 소리가 아니니 밀쳐 내고 싶은 생각이 듭니다. '빙빙'을 '삥삥'이나 '핑핑'으로 바꾸어 말하면 느낌이 확 살아나기도 하지만 그 강함이나 거침이 못마땅하기도 합니다.

여기에는 말소리를 가리키는 이름과 그 이름을 둘러싼 '주입된 편견'이 작용합니다. '된다'와 '거세다'가 주는 부정적인 느낌은 이 용어가 쓰이는 한 늘 따라다닙니다. 보통의 것, 부드러운 것, 여린 것에 대한 선호와 그렇지 못한 것에 대한 혐오가 뒤따릅니다. 새로운 것을 거부하는 나이 든 세대와 그 세대를 대표하는 '국어 선생'이 된소리와 거센소리를 나무라는 목소리가 늘 귓가에 맴돕니다. 그런 국어 선생님조차 된소리와 거센소리가 왜 나쁘냐고 물으면 그저 되고 거센 소리이니까라는 말 이외의 답을 하지 못하지만 사람들은 국어 선생님의 그런 잔소리를 떨쳐낼 만큼 용감하지 못합니다. 이래저래 소리의 블루 오션인 된소리와 거센소리는 레드 오션에 사는 이들과 그들이 만들어 낸 관념 속에서 자유롭지 못합니다.

된소리와 거센소리의 미래

예사소리는 좋은 소리이고 된소리나 거센소리는 나쁜 소리일까요? 단연코 아닙니다. 세 종류의 소리는 논리적으로나 이론적으로는 완전히 대등합니다. 심리적으로는 된소리와 거센소리에 거부감이 있을 수 있으나 이 심리마저도 의심해 볼 필요가 있습니다. 이는 고저, 장단, 강약이 어우러져야 하는 음악에 비유해 보면 금세 알 수 있습니다. 저음만, 느린 멜로디만, 약한 소리만 쓰여야 좋은 음악일까요? 아닙니다. 각각의 소리가 적절하게 조화를 이루어야 아름다운 음악이 만들어집니다. 마찬가지로 예사소리, 된소리, 거센소리가 적절하게 조화를 이룬다면 단어들끼리도 훨씬 더 잘 구별되고 의사소통도 원활해질 수 있습니다.

만약 이전의 모든 단어가 사라진 상태에서 현재의 소리만으로 새로운 단어를 만든다면 세 종류의 소리는 대등한 비율로 나타날 가능성이 큽니다. 물론 예사소리가 가장 기본적인 소리이기 때문에 조금 더 많이 나타날 수도 있겠지만 그렇다고 된소리나 거센소리가 오늘날처럼 홀대를 받거나 기피되지는 않을 것입니다. 세 종류의 소리가 골고루 쓰여야 단어들이 잘 구별되고 의사소통도 원활할 테니 굳이 예사소리만 고집할 이유가 없는 것입니다.

우리의 일반적인 인식 속에서는 된소리와 거센소리 모두가 부정적인 대상입니다. 그럼에도 불구하고 된소리나 거센소리는 계속 늘어나고 있습니다. 아이들이나 젊은이들 사이에서 이런 경향이 강하게 나타나서 새로운 단어를 만들 때도 그렇고, 외래어를 받아들일 때도 그렇습니다. 거센소리는 적고, 된소리는 더 적으니 이런 소리가 들어간 단어들은 도드라지게 들리기도 하고 귀에 거슬리기도 합니다. 이렇게 일찍부터 학습되었으니 된소리와 거센소리에 거부감이 있습니다. 게다가 학교나 규범 모두에서 된소리로 바꾸어 말하는 것을 말리고 있으니 이 또한 학습된 거부감으로 우리들의 머리와 가슴속에 남아 있어 된소리와 거센소리에 무조건 반사와 같은 반응을 보입니다.

그러나 아이들이나 젊은이들이 된소리나 거센소리를 많이 쓰는 것도 새로운 관점에서 바라볼 필요가 있습니다. 말 그대로 경쟁 단어가 바글바글한 예사소리의 레드 오션에서 새로운 단어를 만드는 것보다는 경쟁자가 아주 적은 된소리와 거센소리의 블루 오션에서 새로운 단어를 만드는 것이 훨씬 더 유리합니다. 심지어 레드 오션에서 허우적거리는 단어를 된소리로 바꾸어 블루 오션으로 옮기는 것도 전혀 나쁜 일이 아닙니다. 그래도 된소리와 거센소리가 거슬린다면 '꽃'과 '뿌리'를 생각해 보면 됩니다. 본래 '곳'과 '불휘'였는데 된소리되기와 거센소리되기가 나타났습니다. 된소리와 거센소리가 못마땅하다면 이 단어들도 각각 '곳'과 '불휘'로 되돌려야 합니다. '꾸짓다'도 '구짓다'로 되돌려야 하고, '긇다'도 '긇다'로 되돌려야 합니다. 더 극단적으로 말하자면 우리말의 역사적 변화 과정 중에 나타난 된소리와 거센소리도 모두 포기해야 합니다.

그러나 이런 일은 일어나지 않습니다. 우리말에 된소리와 거센소리가 나타난 것은 필요에 따른 극히 자연스러운 과정이었습니다. '곶'과 '불휘'가 오늘날과 같은 소리가 된 것도 역시 자연스러운 변화였습니다. 말소리는 누군가의 의도에 의해서 바뀌는 것이 아니고, 힘 있는 이의 명령에 의해 바로잡히는 것도 아닙니다. 말의 변화 또한 말의 주인인 언중 모두가 자연스럽게 이끌어 내는 것이지 나쁜 의도를 가진 이가 망치거나 오염시키는 것도 아닙니다. 오늘날 일어나고 있는 변화도 자연스러운 변화이고 세월이 좀 더 흐르면 오래전에 일어난 자연스러운 변화가 될 뿐입니다. 된소리와 거센소리를 미워하지 마세요. 이 소리들도 우리말의 일부입니다.

7

보리꼬리를
파는

할머니

보리꼬리를 파는 할머니

"할머니, 댁에 갔더니 장에 가셨다고 해서 찾아왔어요. 뭐 팔고 계세요?"

"박사란 양반이 그것두 물러? 여기 써 있잖어. 보리꼬리."

"브로콜리요? 그냥 양대가리나물이라고 하시지 그랬어요."

"테레비 보니께 보리꼬리라구 허든디?"

"직접 농사지으신 거예요?"

"암만, 그르니까 이렇게 박앤쎌 허지."

"바겐세일요? 허허, 할머니 그새 영어 공부 많이 하셨네요."

"잉, 쎈타 가믄 갈차 줘, 영어 노래두 배워 주구."

방언 조사를 갔는데 약속한 제보자 할머니가 댁에 안 계십니다. 이웃에게 여쭤보니 오일장이 서는 읍내에 나가셨답니다. 장터에 나가 보니 할머니께서 골목 어귀에서 커다란 고무 대야에 채소 몇 무더기를 놓고 팔고 계십니다. 대야 앞쪽에는 골판지를 잘라 서툰 글씨로 품목과 가격도 적어 놓으셨습니다.

보리꼬리 한박아지 삼천년

브로콜리 한 바가지가 삼천 원이랍니다. 초등학교 문턱에도 못 가 본
게 평생 한이라고 말씀하시던 할머니께 일 년 새 놀라운 변화가 나타났
습니다. 빨간 펜으로 두 줄을 긋고 고치던 버릇이 도질 법도 하지만 할머
니의 서툰 글씨는 꽤나 많은 생각에 잠기게 합니다. 할머니에게 영어, 나
아가 외국어는 어떤 의미일까요? 이제 막 한글을 뗀 할머니에게 '쎈타'
에서는 왜 영어를 가르쳐 드린 걸까요?

오호차특씰팔삐씨

지방에 갔다 돌아오는 길에 KTX를 탔는데 한 정거장에서 나이가 여
든은 넘어 뵈는 내외가 타셨습니다. 객실 안에 들어서자마자 계속 "오호
차특씰팔삐씨"를 되뇌며 사람들에게 물어보십니다. 배웅하는 분이 5호
차에 태워 주신 듯한데 5호차 객실에 잘 들어오셔서는 승차권을 들고도
헤매고 계십니다. 배웅하는 분이 알려준 듯한 '팔삐씨'만 반복하십니다.
다행히 승무원이 친절하게 안내해 8B, 8C 좌석에 무사히 앉혀 드렸습니
다. 좌석에 앉아서 말씀하시는 것을 들으니 한글과 숫자는 아시는 듯합
니다. 문제는 알파벳이었습니다.

순간적으로 좌석 번호를 정하면서 아무 고민 없이 'A, B, C, D'를 썼
는데 'ㄱ, ㄴ, ㄷ, ㄹ'로 써야 했던 것은 아닌가 생각해 봅니다. 한글로 쓰
면 영어 알파벳은 몰라도 한글을 아는 이들은 좌석을 찾을 수 있을 듯합

니다. 반면 외국인들이 좀 더 불편해질 것입니다. KTX에는 알파벳을 모르는 한국인과 한글을 모르는 외국인 중 누가 더 많이 탈까요? 알파벳을 모르더라도 우리말은 통하니까 한국인은 물어서 찾아갈 수 있으니 외국인을 배려하는 것이 맞을까요?

공공시설의 화장실 앞에 가 보면 안내가 친절하게 잘되어 있습니다. 큼지막하게 한글, 로마자, 한자, 가나 등으로 화장실을 적어 놓았습니다. 군이 글자를 모르더라도 표지판의 그림만 보고도 화장실의 남녀 칸까지 정확하게 찾아갈 수 있습니다. 그런데 으리으리한 건물에 가 보면 한글은 없이 'Toilet', 'Gentlemen', 'Ladies'만 써 놓은 것을 종종 보게 됩니다. 심지어 녹색 바탕에 뛰어가는 사람 그림이 그려진 비상구 안내판에 'Exit'만 쓰여 있는 경우도 있습니다. 급히 볼일을 보아야 할 때, 비상 상황이 발생했을 때 영어를 모르는 사람은 난감할 수도 있습니다.

국어 선생이니 늘 해 왔던 대로 심각한 어조로 비판해야 마땅합니다. 혹시라도 관계자에게 영향력이 미친다면 시급히 개선해야 한다고 제안이든 질책이든 해야 할 듯합니다. 그런데 생각하면 할수록 보리꼬리 할머니가 다닌다는 '쎈타'의 선택이 옳아 보입니다. 한글도 제대로 모르는 어르신들께 무슨 영어 교육이냐고 생각할 수도 있을 텐데 생각해 보니 그렇지가 않습니다. 한글을 모르는 이가 거의 없는 상황이니 오히려 영어 교육이 더 필요하다는 생각이 들기도 합니다.

'쎈타'에서 어르신들이 유창하게 영어 회화를 하실 수 있을 것이라 생각하고 영어를 교육하는 것은 아닐 것입니다. 알파벳을 술술 읽어 내고 쓸 수 있는 것만으로도 큰 힘이 됩니다. 해외여행을 할 때마다 여권에 적힌 당신의 이름을 읽을 줄도, 쓸 줄도 몰라 난감했던 상황을 벗어나는 것도 큰 진전입니다. 기초적인 영어 단어만 알 수 있어도 충분합니다. '토일렛'만 알아도 해외에서 급한 일을 해결할 수 있고 '하우 머치'와 숫자 세는 법만 알아도 물건 사는 것을 시도해 볼 수 있으니 말입니다.

어르신들이 영어를 잘 모르는 상태로 두고 지금의 것들에 한글 표기를 추가해서 바꾸는 것도 필요합니다. 그런데 이것은 소극적인 대책입니다. 할 수만 있다면 어르신들이 영어를 알 수 있도록 하는 것이 적극적인 대책입니다. 면역력이 약하니 아예 아무것도 하지 말라고 하는 것보다 면역력을 길러 병을 이겨 낼 수 있게 하는 것이 더 효과적인 것과 마찬가지입니다. 한글을 모르는 이가 거의 없다면, 한글은 알아도 영어를 몰라 어려움을 겪는 이들이 더 많다면 오히려 '쎈타'에서는 한글 교육이 아닌 영어 교육을 더 적극적으로 하는 것이 나을 것입니다.

보리꼬리	아부가도	보다꼬리	욕구서대리
(브로콜리)	(아보카도)	(보더콜리)	(요크셔테리어)

▶ 본래의 표기나 발음을 알지 못하는 외국어나 외래어는 들리는 대로, 혹은 듣고 싶은 대로 듣고 적는 일이 흔하다.

영어를 돌로 만드는 방법

견금여석(見金如石), 황금을 보기를 돌같이 하라. 많은 이들이 최영 장군의 말로 기억하고 있는 이 말은 실제로는 최영 장군의 아버지가 그에게 남긴 말씀입니다. 욕심을 내지 말고 청렴결백하게 살라는 말씀인데 영어에 대해 비분강개하는 글을 보고 말을 들으면 엉뚱하게도 이 말씀이 떠오릅니다. 거리에 넘쳐나는 영어 간판, 영어투성이의 상표명을 보면서 벌레 보듯 하는 이들이 많습니다. 공공 문서에 끼어든 영어 단어들, 필요 이상으로 영어를 섞어 쓰는 유명인들을 보면서도 역시 못 볼 것을 본 양 쓴웃음을 짓는 이들이 많습니다. 견영여충(見英如蟲), 영어 보기를 벌레같이 하는 상황입니다.

그런데 곰곰이 생각해 볼 필요가 있습니다. 영어, 나아가 외국어에 대한 이러한 지적은 꽤나 오래되었고 많은 사람들의 지지를 받기도 합니다. 심지어 영어 간판을 다는 이들, 상표명을 영어로 짓는 이들, 영어를 섞어 쓰는 이들도 이런 문제를 지적하거나 여기에 공감하기도 합니다. 그런데 왜 나아지지 않는 것일까요? 영어 간판을 다는 것이 문제라면서 왜 영어 간판은 사라지지 않는 것일까요? 멋지고 고운 우리말 상표명을 고민하기 전에 왜 영어 상표명을 먼저 생각하는 것일까요? 그냥 쉬운 우리말을 써도 되는데 왜 습관처럼 영어나 외국어가 끼어드는 것일까요?

견영여금(見英如金), 영어를 보기를 황금같이 하기 때문입니다. 간판을 영어로 써 놓거나 상품명을 영어로 지으면 그럴듯해 보이거나 있어 보이기 때문입니다. 아니 사실은 이렇게 만들고 짓는 이들도 문제이지만 그 간판을 보거나 상품을 이용하는 사람들도 그렇게 여기기 때문입니다. 앞에서는 욕을 할지 몰라도 뒤로는 그렇게 하고, 마음속 깊은 곳에서는 그렇게 받아들이고 있으니 결국 공범입니다. 외국어 좀 안다고 섞어 쓰는 것이 아니꼽기도 하지만 한편으로는 그들을 부러워하며 자신도 그리하기 위해 노력하니 결국은 같습니다. 영어나 외국어가 훨씬 더 대접을 받는 것이 현실이니 그것이 곧 황금이고 우리말은 돌입니다.

영어나 외국어가 대접을 받는 이유는 분명히 있습니다. 보석이나 귀금속이 대접을 받는 이유와 마찬가지이기도 합니다. 보석이나 귀금속은 그 자체의 성질 때문에 높은 가치를 인정받기도 하지만 희소성 때문에 귀한 대접을 받습니다. 다이아몬드가 단단하고 영롱하지만 길바닥에 널려 있다면 그리 귀하게 여기지 않을 것입니다. 우리 땅에는 외국어를 할 수 있는 이들이 많지 않으니 외국어가 황금 대접을 받고 누구나 할 수 있는 우리말은 돌 대접을 받습니다. 영어를 알면 세계 어디서나 의사소통이 자유롭다는 자체의 가치도 있지만 모두가 영어를 쓰는 미국이나 영국에서는 영어가 그저 돌일 뿐입니다. 미국이나 영국에서는 오히려 다른 외국어가 황금 대접을 받는 것과 같은 이치입니다.

견영여석(見英如石), 영어 보기를 돌같이 하라. 국제어로서의 영어, 세계화 시대에서의 외국어는 여전히 그 자체의 가치가 있으니 그에 맞게 대접을 해야 합니다. 그러나 필요 이상으로 대접하고 그 때문에 우리말을 홀대하는 상황은 극복해야 합니다. 현실이 이렇다면 현실을 인정하면서 문제를 해결할 방법을 찾는 것이 좋겠습니다. 영어를 돌처럼 흔하게 만드는 것이 그 방법입니다. 많은 사람들이 영어를 잘하게 되면 영어를 잘한다는 사실 하나만으로 어깨를 으쓱할 일은 없어집니다. 영어가 특별한 가치를 가지지 않으니 간판이나 상표명을 굳이 영어로 한다고 해도 이득이 없습니다. 이리되면 우리말에 대한 홀대도 더 이상은 없을 것입니다.

다소 엉뚱해 보이는 방법이지만 장기적으로는 꽤나 효과적인 방법입니다. 우리말에 대한 홀대와 외국어에 대한 공대를 해결하는 방법으로서만 그런 것이 아닙니다. 국제화 시대에 외국어 교육은 더욱 강화되어야 합니다. 그러나 그 교육이 소수에게만 집중된다면 외국어는 여전히 황금 대접을 받게 되니 그 문을 더 넓게 개방해야 합니다. 우리말에 대한 교육만큼이나 외국어 교육을 열심히 하면 결국 외국어를 황금으로 보는 풍토가 사라질 것입니다. 그렇다고 우리말과 외국어 모두가 돌이 되는 것은 아닙니다. 가치는 그대로이되 과도한 대접이나 홀대가 사라질 뿐입니다. 그때가 되면 외국어 간판이나 상표명을 벌레 보듯 하는 이도 없어질 것입니다.

영어 보기를 돌같이 하는 상황은 이미 나타나고 있기도 합니다. 영어 관계자들은 안타깝겠지만 대학의 영문과 인기가 예전만 못합니다. 과거에는 영문과를 나오면 영어 하나는 확실히 할 수 있어서 인기가 있었는데 요즘에는 대학 입학 전에 영어를 꽤 하는 이들이 많습니다. 굳이 영문과에서 영어를 배우지 않아도 잘하니 다른 전공을 하면서 영어는 물론 다른 외국어까지 익히는 것이 더 효과적인 상황입니다. 영어가 기본이 되면 영어가 곧 돌이 되는 것입니다. 우리의 꾸준한 외국어 교육 덕분이기도 합니다.

명색이 국어 선생이니 국어 교육을 강화해야 한다는 주장을 펴야 어울릴 듯한데 그러지 않으니 뭔가 이상해 보일 수도 있겠습니다. 그런데 지금 상황에서 국어 교육을 얼마나 강화할 수 있을지 모르겠습니다. 유치원부터 고등학교까지 할 수 있는 최선의 국어 교육이 이루어지고 있는 것으로 보입니다. 수학, 과학, 외국어 교육에 치이고, 입시 때문에 뒷전으로 밀리기도 하지만 할 수 있는 만큼 하고 있다는 생각이 듭니다. 그러고도 학생들의 국어 능력에 문제가 있다면 그것은 국어 선생들이나 국어 교육 관계자들이 반성해야 하는 문제입니다. 현재의 상황에서는 다른 과목과 함께 국어 교육의 질을 높일 방법을 고민해야 합니다.

이렇게 생각하면 할수록 '보리꼬리' 할머니를 위한 '쎈타'의 선택은 옳습니다. 할머니께 우리말을 가르칠 필요는 없습니다. 방언 조사를 온 국어 선생에게 우리말을 가르치고 계시니 할머니는 황금 같은 우리말을 쓰고 계십니다. 한글을 깨우친 할머니는 이제 평생 한을 품었던 대상을 영어로 바꾼 상태입니다. 할머니께 지금 필요한 황금은 영어입니다.

노 무비 포 올드 멘

「노인을 위한 나라는 없다」라는 제목의 영화가 있습니다. 제목을 보면 사회 복지에 관한 영화일 듯하지만 짙은 눈썹의 단발머리 아저씨가 시종일관 무시무시한 총을 쏴 대는 영화입니다. 영화를 다 보고 나서도 제목의 뜻을 이해하기 쉽지 않은 것까지 포함해 이 영화의 제목은 꽤 흥미롭습니다. 'No Country for Old Men'이 원제인 이 영화는 이전 외국 영화들의 제목을 고려하면 '노 컨트리 포 올드 멘'이라는 제목으로 국내에 개봉했을 법한데, 웬일인지 직역한 것을 영화 제목으로 삼았습니다. 물론 그럴 만한 충분한 이유가 있었을 것입니다.

수입한 개봉 영화의 제목을 짓는 방법에는 번역과 음역 두 가지가 있습니다. 본래의 제목을 우리말로 바꿀 때 있는 그대로 직역할 수도 있고 뜻은 살리되 원제목에 지나치게 얽매이지 않으며 의역할 수도 있습니다. 음역은 원제목의 말소리를 한글로 옮기는 것인데 이때 모든 요소를 그대로 옮길 수도 있고 꼭 필요한 요소만 뽑아서 할 수도 있습니다. 「Once upon a Time in America」라는 영화를 '옛날에 미국에서'라고 직역할 수도 있고 '어두운 시절 미국 뒷골목 이야기'라고 의역할 수도 있습니다. 이도 저도 마땅치 않으면 '원스 어폰 어 타임 인 아메리카'라고 음역할 수도 있는데 우리나라에서는 실제로 이 제목으로 개봉되었습니다.

　외국 영화 제목에 대해서 관계자들은 많은 공격을 받습니다. 가장 많은 공격을 받는 것은 영어 제목의 발음을 그대로 옮겨 놓은 음역 제목입니다. 너무 무성의해 보이기도 하고 때로는 부정확해 보이기도 합니다. 번역도 마찬가지여서 외국어에 대한 이해가 부족해 오역했거나 어울리지 않게 번역하면 손가락질을 받습니다. 그런데 위에서 언급한 두 영화의 제목을 곰곰이 들여다보면 관계자들의 숱한 고민이 느껴집니다. 'No Country for Old Men'은 직역한 제목이 훨씬 더 강렬한 느낌으로 다가옵니다. 'Once upon a Time in America'의 어떤 직역이나 의역도 원제목의 의미나 느낌을 살리지 못합니다. 어쩌면 이것이 최선인지도 모릅니다.

　외국 영화 관계자들의 가장 중요한 목표는 우리말 사랑이 아닌 수익입니다. 흥행이 될 만한 영화를 역시 흥행이 잘되도록 제목과 대사를 번역해 극장에 올립니다. 요즘은 원작 영화를 원어로 직접 볼 수 있는 이들이 늘어나서 엉터리로 번역했다가는 혼쭐이 나니 정확하게 번역하려고 노력을 하면서도 역시 흥행을 고려하지 않을 수 없습니다. 어설프게 직역하거나 의역하는 것보다는 음역하는 것이 더 나을 수도 있으니 그냥 원제목의 발음을 한글로 옮겨 제목으로 삼기도 합니다. 이 모든 과정의 목적이 영화 흥행을 통한 수익 창출에 있으니 이들만 비난하는 것은 옳지 않습니다.

직역이나 의역은 조금 다른 영역이니 남는 것은 음역인데 이에 대한 책임은 먼저 세종 대왕이 져야 합니다. 세종 대왕을 호출하는 것이 엉뚱하게 받아들여지겠지만 세종 대왕이 만든 한글 덕에 음역 제목이 많은 것입니다. 이웃 나라 중국에서는 외국어를 음역하는 것은 꿈도 꾸기 어려우니 거의 모든 외국 영화 제목을 의역합니다. 앞의 두 영화가 중국에서는 개봉되지 않은 것으로 보이는데 책으로는 출간되었습니다. 각각의 제목이 '『老无所依(노무소의)』'와 '『美國的第一个100年(미국적 제일개 100년)』'입니다. 우리말로 하자면 '노인은 의지할 데가 없다'와 '미국의 첫 100년'이니 직역과 의역입니다. 중국인의 애국심이 투철하거나 한자에 대한 사랑이 커서 그런 것이 아니라 음역이 불가능하니 의역을 한 것입니다.

이 영화가 일본에서는 「ノーカントリー」와 「ワンス・アポン・ア・タイム・イン・アメリカ」라는 제목으로 극장에서 상영되었습니다. 앞의 것은 '노 간토리'이고 뒤의 것은 '완스 아폰 아 다이무 인 아메리카'입니다. 일본에서는 외국어를 일본식 발음으로 받아들이는 것이 오래된 전통이니 일본 사람들은 이 제목들이 아무렇지 않을 수 있겠지만 우리에게는 꽤나 낯설 수밖에 없습니다. 이에 비해 한글로 음역해 놓은 것은 본래의 발음에 꽤 가깝습니다. 외국어도 본래의 발음에 가깝게 적을 수 있도록 만들어진 한글 덕분에 외국 영화 관계자들은 더 과감하게 음역을 합니다. 물론 그 배후에는 한글을 창제한 세종 대왕이 있습니다.

그다음 책임은 관객에게 있습니다. 영화 제목을 음역한 것에 관객들이 강력하게 반발했다면 그렇게 많은 영화의 제목이 음역되지는 않았을 것입니다. 간판부터 상품명에 이르기까지 외국어에 익숙해져 있던 관객들은 그리 큰 반발을 하지 않았습니다. 어설프게 번역할 바에야 차라리 원제목 그대로 두라고 요구하기도 했습니다. 규정상 국내에서 개봉하는 영화의 제목은 한글로 써야 하니 이런저런 요구들이 결합되어 오늘에 이른 것입니다. 강력하게 반발하고 거부했다면 감히 그렇게 하지 못했겠지만 관객들이 그리 큰 거부감 없이 받아들였으니 결국 책임을 나눠 지어야 합니다.

외국 영화를 보노라면 '노인을 위한 영화는 없다'는 생각이 듭니다. 요즘 대부분의 외국 영화는 성우의 더빙 대신 자막으로 대사를 처리합니다. 처음에는 이것을 불편해하는 이들이 많았는데 요즘에는 오히려 선호하는 이들이 많습니다. 외국 영화 관계자들은 비용이 절감되니 좋고 관객들은 음향, 음악, 대사 모두를 본래대로 들으면서 영화의 내용을 파악할 수 있으니 좋습니다. 글을 모르는 아이들을 위한 영화는 더빙을 하는 것을 감안하면 어르신들을 위해서도 더빙을 해야 할 것 같은데 그러지 않습니다. 당연합니다. 이분들은 수입 영화의 잠재적 관객이 아니니 아예 고려의 대상이 아닙니다. 따라서 노인을 위한 외국 영화는 아예 없다고 보는 것이 정확합니다.

결국 영화 제목부터 자막에 이르기까지 전체를 관통하고 있는 것은 '국어 사랑'이 아닌 다른 논리입니다. 외국어가 더 있어 보이는 풍토에 돈이 더 되는 방법을 찾는 의도가 결합된 것입니다. 어떻게든 영화가 잘 팔리게 하려는 의도, 어떻게든 원하는 만족감을 채우려는 의도가 결합되어

지금과 같은 모습을 보이고 있습니다. 영화 관계자는 돈을 벌어야 하고, 몇몇 사람들은 만족하더라도 놓치지 말아야 할 것이 있습니다. 노인들을 위한 영화도 있어야 하고 모두가 함께 즐길 여건도 마련해야 합니다. 다만 그것을 오로지 '국어 사랑'이라는 구호에 의지해서는 안 됩니다.

국어의 빼기와 더하기

국어국문학과에는 수학을 싫어하는 학생들이 유독 많습니다. 이것을 보면 국어와 수학은 상극일 듯한데 국어에도 수학이 필요할 때가 많습니다. 특히 국어에 관한 정책과 관련된 문제에 필요한데 더하기와 빼기 정도만 필요하니 굳이 수학이 아닌 산수라고 해도 좋습니다. 우리말 속에 외국어가 많이 들어와 있다면, 공공시설물 표기에 외국어나 외국 문자가 포함되어 있다면, 그것을 뺄 것인가 아니면 외국어 능력을 보태 그것을 이해할 수 있도록 할 것인가를 결정할 때 수학이나 산수가 필요합니다. 외국어가 귀하게 느껴져 필요 이상의 대접을 받는다면 그 외국어를 빼낼 것인가 아니면 더 늘려서 귀하다는 이유로 과도한 대접을 받지 않게 할 것인가를 결정할 때 필요합니다.

학생들의 국어 능력이 떨어진다고 외국어 수업 시간을 줄이는 것은 빼기의 방법입니다. 우리말에 들어와 있는 외국어 때문에 우리말이 오염된다고 보는 것도 빼기의 방법입니다. 외국어 요소를 다 빼낼 수도 없고 빼낸다고 하더라도 다시 들어오니 근본적인 방법이 아닙니다. 외국어로 인해 우리말이 파괴된다고 호들갑을 떠는 것도 역시 빼기의 방법입니다. 수천 년의 역사를 이어 온, 세계 14위의 사용자를 가진 한국어가 그 정도밖에 안 된다고 보는 것은 우리말의 힘을 너무 빼는 처사입니다.

　브로콜리를 '보리꼬리'라고 하는 것이 못마땅하다면 '양대가리나물'로 바꾸는 것도 방법이고 '브로콜리'라고 그냥 쓰는 것도 방법입니다. '양대가리나물'은 어감이 나쁘고 앞으로는 '브로콜리'가 익숙한 사람들이 더 늘어날 테니 그냥 받아들여서 쓰는 것이 최선입니다. 대신 '보리꼬리'로 알고 계신 분들이 정확하게 발음하고 쓸 수 있는 방법을 모색하면 됩니다. 한글의 장점을 살려 '노 컨트리 포 올드 맨'이라고 쓰든 관심을 끌기 위해 '노인을 위한 나라는 없다'라고 쓰든 결국은 관계자들의 선택입니다. 얼마나 정확하게 전달해 많은 관객들이 공감하며 영화를 보느냐가 관건이지 제목만 보고 빼라고 하는 것은 적절한 방법이 아닙니다.

　물론 그 어떤 빼기보다 하지 말아야 할 빼기가 있습니다. 누군가 말이나 표기 문제 때문에 소외를 당한다면 이것이야말로 반드시 피해야 할 빼기입니다. 표기 때문에 기차의 좌석을 찾지 못하고 건물 안에 있는 화장실을 찾지 못한다면 심각한 빼기입니다. 영화를 보고 싶어도 말이나 자막 때문에 보지 못한다면 이것 또한 아주 나쁜 빼기입니다. 이런 빼기를 극복하는 방법은 결국 더하기입니다. 보완할 것은 보완하되 어르신들에게 최소한도의 외국어를 가르치는 것입니다. 제목과 자막에 더 신경을 쓰도록 관객들의 언어 능력을 기르는 것입니다. 더하기는 빼기보다 힘이 셉니다.

8

북녘

왼쪽에 사는

일반인

북녘 왼쪽에 사는 일반인

"친북 좌파 인사를 강사로 초청하다니 주최 측은 반성하기 바란다."

전작 『노래의 언어』와 관련된 강연을 마친 후 올라온 글에서 저도 몰랐던 두 개의 딱지를, 그것도 둘이 어우러지면 무한히 상승하는 관계인 '친북'과 '좌파'의 딱지를 동시에 받았습니다. 그런데 이렇게 정확하고도 단정적으로 말해 주니 고마운 일입니다. 생각해 보니 그동안 '친북'이자 '좌파'로 살아왔습니다. 하고많은 방언을 두고 평안도 방언으로 박사 학위 논문을 썼으니 친북이라 할 만합니다. 한반도 지도를 내려다보며 그동안 조사하고 연구한 지역을 꼽아 보니 좌파가 맞습니다. 고향인 충청도를 비롯해 그 남쪽의 전라도와 제주도, 그리고 북쪽의 평안도 등 지도의 왼쪽은 여러 차례 조사했지만 오른쪽은 조사하지 못했고 제대로 알지도 못합니다. 그러니 친북 좌파 방언 연구자가 맞습니다.

東西(동서), 南北(남북), 前後(전후), 左右(좌우), 心邊(심변), 上下(상하), 男女(남녀), 老少(노소), 進保(진보), 保革(보혁), 黑白(흑백), 赤

靑(적청), 一異(일이)……. 한자로 이리 써 놓으니 양자의 대비가 손쉽게 표현됩니다. 방향을 나타내는 말, 무리를 구별 짓는 말은 그저 필요에 따라 지시하고 나누기 위한 말일 수도 있습니다. 그런데 어느새 그 말에는 많은 의미가 부여되고 그것 때문에 싸움이 일어나기도 합니다. 차이를 밝히고자 만든 말인데 그것이 차별의 근거가 되기도 합니다. 이런 말들 속으로 들어가 그 역사를 살펴보는 것도 의미가 있겠습니다.

'오른손'과 '왼손'의 비밀

'왼손'은 단어가 참 못됐습니다. 단어 하나를 두고 이런 심한 표현을 쓰는 것이 너무하다 싶기는 하지만 '손'을 꾸미는 '왼'에 심각한 문제가 있기 때문입니다. 그 반대쪽을 가리키는 '오른손' 또는 '바른손'과 비교하면 무엇이 문제인지 알 수 있습니다. '왼'은 '외다'에서 온 것인데 요즘은 잘 쓰이지 않지만 본래 위치가 뒤바뀌어 불편하다거나 마음이 꼬여 있다는 뜻입니다. '오른'은 '옳다'에서 온 것인데 사리에 맞고 격식에 맞아 탓하거나 흠잡을 데 없다는 뜻입니다. '바른손'의 '바른'은 '바르다'에서 온 것이니 두 손 중 하나는 옳거나 바른 것이고 다른 하나는 그렇지 않다는 것입니다. 짝을 이루는 두 손 중 어느 한 손을 두고 이렇게 표현하는 것은 옳지도 바르지도 않습니다.

팔과 다리, 눈과 귀 등 대칭을 이루고 있는 우리 몸의 일부는 구별이 필요합니다. 심장은 한쪽에만 있으니 그것을 기준으로 삼을 수도 있지만 우리 몸을 해부해 보기 전에는 알 수 없습니다. 그런데 흥미롭게도 대다수의 사람들이 주로 쓰는 손과 발, 심지어 눈과 귀가 어느 한쪽에 몰려 있습니다. 심장 반대쪽에 있는 것을 쓰는 이들이 압도적으로 많습니다. 요즘 젊은 친구들에게 사용 비율을 기준으로 손의 이름을 정하라고 하면 '많손'과 '적손' 정도로 했을지도 모릅니다. 그런데 많이 쓰는 손은 옳은 손, 적게 쓰는 손은 옳지 않은 손으로 단정 짓고 이름도 그렇게 지었습니다.

한자나 한자로부터 파생된 단어도 많이 썼으니 한자도 같이 살펴봐야 합니다. 오른쪽을 뜻하는 한자 '右(우)'는 밥을 먹는(口, 입 구) 손(又, 또 우)을 형상화했다고 보고, 왼쪽을 뜻하는 한자 '左(좌)'는 연장(工, 장인 공)을 쥔 손(又)을 형상화했다고 봅니다. 밥은 오른손으로 먹어야 한다는 당위가 성립되어 있어야 '右'라는 글자가 만들어질 수 있습니다. 또한 연장을 쥐고 오른손이 하는 일을 돕는 것을 형상화한 것이 '左'이니 오른손을 주로 쓴다는 것이 전제되어 있는 것이기도 합니다. 한자를 보면 많이 쓰는 손에 대한 판단은 있지만 옳고 그름에 대한 판단은 없습니다.

오른손을 쓰는 사람이 압도적으로 많다는 것은 분명한 사실이지만 이것이 옳고 그름을 가르는 기준이 되기는 어렵습니다. 자연계에서 '많다'는 '흔하다'로 대치될 수 있고 '적다'는 '귀하다'로 대치될 수 있습니다. 자연계에 많이 존재하기 때문에 손쉽게 채취해 가공할 수 있는 철은 그저 '금속'의 하나이지만 양이 적어 채취하기 어려운 금은 '귀금속'이라는 이름으로 대접을 받습니다. 많은 것이 무조건 좋은 것은 아니고, 많다고 해서 옳은 것도 아닙니다. 자연계에 존재하는 물질에 견주어 보면 쓰는 사람이 많은 손을 '옳다'고 표현하고 그렇지 않은 손을 '외다'고 표현하는 것은 말 그대로 옳지 않습니다.

그러나 더불어 살아가야 하는 인간의 삶과 관련지어 보면 각각의 손에 대한 대접이 이해가 되기는 합니다. 밥은 여럿이 둘러앉아 먹어야 제맛인데 저마다 쓰는 손이 다르다면 팔꿈치 싸움을 하면서 밥을 먹어야 합니다. 칼과 가위는 가장 기본이 되는 도구인데 오른손잡이와 왼손잡이를 위해 두 종류를 만드는 것보다 어느 한 방향으로 통일해서 만드는 것이 훨씬 경제적입니다. 문자를 만들어 쓰고 읽으려면 방향에 대한 약속이 필요한데 저마다 편리한 방향으로 쓴다면 읽기가 어려워집니다. 다수가 쓰는 손을 옳다고 정하는 편이 경제적입니다.

왼손의 어원적 의미는 부정적일지라도 이 의미를 극단적으로 해석할 필요는 없습니다. 결국 많고 적음, 편리성과 경제성에 대한 판단이 가미된 것이지 정말로 옳지 않은 손, 그래서 없애야 하는 손의 뜻으로 쓰인 것은 아닙니다. '전후좌우(前後左右)'에서 알 수 있듯이 단어의 구성에서는 왼쪽이 앞에 있습니다. 조선 시대 의정부의 삼정승은 영의정, 좌의정, 우의정 순으로 지위가 매겨지니 왼쪽이 더 앞서 있습니다. 한자어이기는 하지만 낮은 관직이나 지위로 떨어지거나 외직으로 전근됨을 이르는 '좌천(左遷)'이란 단어처럼 왼쪽이 멸시된 증거도 있습니다. 이렇게 우열 관계가 일부 나타나기는 하지만 좌와 우가 적대적이거나 극단적인 관계를 보이지는 않습니다.

그런데 '좌파(左派)'나 '좌익(左翼)'이란 말이 우리말에서 쓰이면서부터 상황이 달라졌습니다. 단체나 정당에서 진보적이거나 급진적인 경향을 지니는 이들을 일컫는 말인데, 처음에는 프랑스 의회에 이들이 왼편에 자리하면서 생겨난 말입니다. 그런데 이들 중에는 사회주의자 또는 공산주의자들이 많다 보니 우리말에 들어와서는 사회주의자나 공산주의자를 가리키는 말이 되었습니다. 해방 후 좌우의 심각한 이념 갈등을 겪다가 한국 전쟁까지 치렀습니다. 종전 후 분단 상황이 지속되면서 좌파는 곧 친북, 용공과 동일시되며 '빨갱이'라는 낙인까지 덤으로 받았습니다. 차별적 어원을 가진 왼쪽이 어느새 현실에서는 극단적인 증오의 대상으로 바뀌었습니다.

해 뜨는 곳과 해 지는 곳

해가 뜨고 지는 것에 맞춰 인간의 삶이 영위되니 해가 뜨고 지는 방향은 우리에게 매우 중요합니다. 이에 따라 해가 뜨고 지는 곳, 해가 가장 높이 있는 곳과 지나지 않는 곳에 대한 인식이 분명하고 그에 대한 이름도 있습니다. 우리말에서는 '동서남북(東西南北)'으로 각각의 방향을 가리키는데 안타깝게도 모두 한자어로만 남아 있습니다. 그래도 '새벽'이나 '샛별'에 공통적으로 나타나는 '새'를 추출할 수 있는데 이것이 동풍을 가리키는 고유어 '샛바람'과 일맥상통합니다. 동이 터야 새벽이 되고, 동쪽 하늘에 가장 먼저 뜨는 별이 샛별이니 '새'는 동쪽과 관련이 있어 보입니다.

자연의 섭리에 따라 동서남북 각 방향에 대한 좋고 나쁨과 느낌이 결정됩니다. 해가 뜨고 지는 방향인 동쪽과 서쪽에 대해서는 특별히 좋고 나쁨에 대한 선입견이 발견되지 않습니다. 그런데 남과 북에 대한 호오(好惡)는 분명히 갈립니다. 해가 지나지 않는 북쪽은 어둡고 춥기 때문에 집을 지을 때는 가능하면 남쪽을 향하게 합니다. 더위는 견딜 만하나 추위는 생존까지 위협할 수 있으니 따뜻한 남쪽을 선호하기도 합니다.

이러한 인식과 태도는 자연의 섭리에 따른 것이기에 이상할 것은 없습니다.

그런데 우리의 말속에서는 묘한 대비가 나타납니다. 동쪽과 서쪽보다는 남쪽과 북쪽에 대해서 특히 그러한데 '북상(北上)'과 '남하(南下)'가 대표적입니다. 북쪽은 '올라가다'와 함께 쓰이고, 남쪽은 '내려가다'와 함께 쓰입니다. 이는 한자와 한자어를 공유하고 있는 한중일 삼국에서 모두 나타나는 표현이기도 합니다. 이 단어를 축자적으로 해석하자면 북쪽은 위가 되고 남쪽은 아래가 됩니다. 지구는 정해진 축을 중심으로 자전하고 있으니 자전축의 양 끝을 기준으로 삼을 수 있습니다. 그러나 두 끝에서 어느 것이 위이고, 어느 것이 아래인지 알 수 있는 방법도 없고 정할 수 있는 재주도 없습니다.

영어에서는 북상, 남하와 같은 명백한 표현은 쓰지 않지만 북쪽으로는 올라가고, 남쪽으로는 내려간다는 개념은 있습니다. 결국 남과 북을 아래와 위로 치환하는 것은 널리 나타나는 현상인데 그 이유가 궁금합니다. 혹시 세계 지도를 떠올린다면 그것은 명백한 오류입니다. 우리에게 익숙한 지도는 유라시아 대륙이 위쪽에 있지만 호주를 비롯한 남반구가 위쪽에 있는 세계 지도도 있습니다. 남반구를 위쪽에 놓지 말아야 할 어떠한 이유도 없으니 이 지도가 잘못되었다고 할 수도 없습니다. 따라서 지도를 기준으로 북쪽으로는 올라가고 남쪽으로는 내려간다고 말할 수는 없습니다. 높은 산으로 올라가면 춥고 북으로 올라가면 추우니 이런 관계가 성립되었다는 설명도 있으나 그리 정확한 설명은 아닌 듯합니다.

우리 현대사의 전개 과정에서 방위를 나타내는 말은 보다 심각한 의미를 가지게 되었습니다. 해방 이후에 그어진 삼팔선은 남과 북을 가르는 명확한 경계가 되었습니다. 이 선을 기준으로 남과 북에 이념과 체제가 다른 정부가 들어섰고 피비린내 나는 전쟁을 겪었습니다. 전쟁은 끝났지만 종전이 아닌 휴전 상황에서 남과 북은 첨예한 대립을 거듭했습니다. 그 결과 남과 북은 단순한 방위가 아니라 체제와 이념, 그리고 성향까지 가리키는 말이 되었습니다. 반공 이데올로기가 지배한 남쪽에서는 '친북'이란 말에 이어 '종북'이란 말까지 등장해 증오와 분노를 키웠습니다. 북쪽은 단순한 방향이 아니라 절대로 상종할 수도, 용서할 수도 없는 말이 된 것입니다.

여기에 동과 서를 가르는 새로운 갈등이 조성되었습니다. 한반도의 남쪽에서도 더 남쪽에 있는 경상도와 전라도를 각각 동과 서로 나누는 지역 갈등이 그것입니다. 지역 간의 갈등이야 시대를 막론하고 조금씩 있기 마련이지만 우리의 지역 갈등은 정치를 하는 이들에 의해 조장되고 증폭된 것이기에 더 아픕니다. 한반도 남단의 동쪽에 있던 신라가 삼국을 통일한 이후에는 한반도 전체가 하나의 나라로 이어져 왔는데 어느 순간 남과 북이 나뉜 것도 서러운 상황에서 다시 동과 서를 나누게 된 것입니다.

거슬러 올라가 당쟁의 역사를 살펴보아도 동서남북의 방위가 당파를 가르는 기준이 되었다는 사실을 알 수 있습니다. 서인과 동인이 대립하다가 남인과 북인이 대립을 하기도 했습니다. 급기야 노소까지 대립하며 사색당파를 형성합니다. 동쪽은 해가 뜨는 쪽일 뿐이고, 서쪽은 해가 지는 쪽일 뿐입니다. 남쪽은 해가 높이 떠서 따뜻하게 비추는 쪽일 뿐이고, 북쪽은 해가 지나지 않아 추운 쪽일 뿐입니다. 본디

방위는 이 이상의 의미를 가지지 않습니다. 그러나 안타까운 역사와 사악한 무리들에 의해서 각각의 방향은 갈등과 증오의 원천이 되었습니다.

동과 서는 세계사의 전개 과정에 따라서도 묘한 대비가 형성되었습니다. 구형의 지구에서 동쪽과 서쪽을 정할 절대적인 기준은 없습니다. 그런데 유라시아 대륙도 유럽을 기준으로 하면 아시아가 동쪽이고 아시아를 기준으로 하면 유럽이 서쪽입니다. 라틴어에 해가 뜨는 곳이란 뜻의 '오리엔스(oriens)'라는 단어가 있었는데 이것이 영어에 차용되어 '오리엔트(orient)'가 되었습니다. 이 말은 본래 메소포타미아 지역을 가리키는 말이었는데 점차 확대되어 유럽을 기준으로 유럽보다 동쪽에 있는 유라시아 대륙 모두를 가리키는 말이 되었습니다.

중동은
유럽 동쪽에 있네.

중동은
아시아 서쪽에 있네.

▶ 모든 방향은 상대적이고 방향을 가리키는 말도 상대적이다. 그러나 말에 대해서는 절대적인 관념이 형성되는 일이 잦다.

이러한 구분이 동쪽으로도 정해져 '동양'과 '서양'이란 말로 차용됩니다. 서구의 문물과 국세가 우위를 점하게 되면서 서세동점(西勢東漸)의 시대가 열립니다. 서양 세력이 동양에 점차 침투하여 동양을 지배하게 된 것입니다. 사정이 이렇다 보니 '서'는 좋은 것, 앞선 것이 되고 '동'은 나쁜 것, 뒤처진 것이 됩니다. 오리엔탈리즘(orientalism)도 본래 유럽의 문화와 예술에서 나타난 동방 취미(東方趣味)의 경향을 나타내던 말이지만, 오늘날에는 제국주의적 지배와 침략을 정당화하는 서양의 동양에 대한 왜곡된 인식과 태도 등을 가리키는 말로 쓰이게 됩니다.

두 얼굴의 일반인

좌우, 동서와 같이 명백한 짝을 이루는 것들은 반대말을 찾기가 쉽습니다. 그러나 많은 단어들은 그 반대말이 무엇인지 아리송합니다. '일반인(一般人)'도 마찬가지입니다. 일반인은 '특별한 지위나 신분을 갖지 아니하는 보통의 사람'이나 '어떤 일에 특별한 관계가 없는 사람'의 뜻으로 쓰입니다. 앞의 뜻에 해당하는 일반인의 반대말로 '특권층'이나 '특정인'이 사전에 제시되어 있고, 뒤의 뜻에 해당하는 일반인의 반대말로는 '관계자'나 '당사자' 정도를 생각해 볼 수 있습니다.

그런데 일반인은 현실에서는 훨씬 더 복잡하고도 난해하게 쓰입니다. 예를 들어 어떤 연예인이 비연예인, 그것도 전혀 알려지지 않은 평범한 사람과 결혼을 한다면 '일반인'과 결혼한다고 표현합니다. 재벌가의 자제, 법조인, 기업인 등 뭔가 내세울 것이 있으면 '재벌 2세', '검사', 'CEO' 등으로 언급하는데 뭔가 내세울 만한 것이 딱히 없으면 그냥 일반인으로 두루뭉술하게 언급합니다. 그래도 이때의 일반인은 '특권층'이나 '특정인'의 반대말 정도로 이해할 수 있습니다.

성적 취향과 관련지으면 더 복잡해집니다. 동성애자들은 이성애자들과 자신들을 구별하기 위해 '이반(二般, 異般)'이란 말을 씁니다. 다수와는 성적 취향이 다른데 그 다수가 '일반'을 차지하고 있으니 자신들을 '이반'이라 하는 것입니다. 처음에는 '一般'의 한자 '一(한 일)'에 대응해 '二般'이라 썼다가 이후 다르다는 뜻의 한자 '異(다를 이)'를 썼습니다. 다수와 소수의 관계를 이루는 것에 대해 옳고 그름을 따지거나 정상과 비정상의 틀로 보는 것이 아니라 그저 '다른 것'으로 보고자 한 의도이기도 합니다.

장애가 있는 이들과 그렇지 않은 이들을 구별해서 언급하고자 할 때는 일반적인 반대말과는 다른 양상을 보여 난해하기도 합니다. 병신, 병어리, 장님, 귀머거리 등 장애를 직접적으로 언급하며 비하하는 의미로까지 쓰이던 말이 '장애인'으로 대체된 것은 꽤 큰 진전입니다. 그런데 이들과 다른 이들을 구별해서 부를 말에 문제가 생겼습니다. 이전에는 '정상인'이란 말도 쓰였으나 이렇게 하면 장애인은 비정상인이 되니 바람직하지 않아서 일찍 폐기되었습니다. 이와 함께 자주 쓰이던 것이 '일반인'인데 이것 또한 문제가 됩니다. 장애가 없는 이들이 일반인이면 그렇지 않은 이들은 '특정인'이 되는데 장애가 있다는 이유로 특정인이 되므로 이 역시 장애를 부각하게 됩니다.

요즘에는 '장애인'과 '비장애인'이란 말을 쓰고 있고 교과서에서도 이리 쓰고 있습니다. 비장애인이란 말은 일반적인 단어의 뜻이나 조어법에 비춰 보면 어색할 수도 있습니다. 어떤 단어에 '非(아닐 비)'를 붙이면 뒤에 오는 요소를 갖춰야 하는데 그렇지 못한 것을 나타냅니다. 예를 들어 '비민주적'이라 하면 민주적이어야 하는데 그렇지 못하다는 뜻이 됩니다. 이에 비춰 보면 '비장애인'은 장애를 가져야 하는데 가지지 못한 사람을 가리키는 말로 오해될 수도 있습니다. 그러나 이렇게 해서라도 장애를 가진 이들에 대한 차별적 용어와 대우를 개선할 수 있다면 그것도 괜찮습니다. '비장애인'이란 말에 어색함을 느끼고 이 말을 곰곰이 생각해 보며 그 속에 담긴 뜻과 바람을 파악할 수 있다면 더 좋을 것입니다.

'일반인'이란 말은 두 얼굴을 가졌습니다. '연예인'과 '일반인'의 관계에서는 비하하는 말로 쓰입니다. '성적 소수자'나 '장애인'과의 관계에서는 다수를 차지하거나 특별한 장애가 없다는 뜻으로 '일반인'이 쓰이므로 딱히 대우하는 말 같지는 않습니다. 그러나 이런 뜻으로 쓰면 일반인이 아닌 이들을 소외시키거나 비정상적인 사람들로 치부하게 되니 결과적으로는 대우하는 말이 됩니다. 결국 남들과 다른 특별한 사람을 가리킬 때 그 남이 어떤 사람이냐에 따라 '일반인'의 의미가 달라집니다.

'일반(一般)'이 '보편(普遍)'의 뜻으로 쓰이면 다수를 가리킵니다. 다수가 권력을 가지고 소수에게 폭력을 가할 수 있는 상황이면 '일반'이 긍정적인 뜻을 나타내게 됩니다. '일반'이 '보통(普通)'의 뜻으로 쓰이면 세상에 널려 있는 흔한 존재를 가리킵니다. 특별하거나 귀한 사람들이 귀금속의 하나인 금이나 은으로 만든 수저로 밥을 먹어 '금수저'나 '은수저'로 대접받는다면 일반인은 흙으로 만든 수저로 밥을 먹어 '흙수저'가 됩니다. 결국 어떤 의도로 어디에 사용하는가가 문제입니다. 말의 주인들이 다수의 폭력에 편승할 것인가 소수의 특권을 지향할 것인가에 달린 문제이기도 합니다.

자석과 물의 교훈

세상에 존재하는 것들은 그런 모습이어야 할 이유가 있습니다. 왼손이 본래의 뜻처럼 나쁜 손 혹은 그릇된 손이라면 없애는 것이 좋을 수도 있습니다. 그런데 그리하면 '외팔이' 혹은 '지체 장애인'이 됩니다. 백두대간을 뼈대로 해서 위아래로 길게 뻗은 한반도의 왼쪽을 떼어 내면 산과 바위투성이의 땅만 남습니다. 동양이 있어야 서양이 있으니 동양을 잘라 내면 지구는 반쪽이 됩니다. 본래 둘 다 있는 것이고, 있어야 하는 것인데 어느 하나를 없애면 존재 가치가 없어지거나 또 다른 하나가 없애야 하는 대상이 됩니다.

막대자석의 붉은색은 북쪽을 가리킵니다. 북쪽도 싫고 빨간색도 싫으면 그 부분을 잘라 내면 됩니다. 그러나 그렇게 하고 나면 파란색의 한쪽은 다시 북쪽을 가리키니 다시 붉은색으로 칠해야 합니다. 보수와 진보의 대립이 지긋지긋해 어느 한쪽을 몰살시킬 수도 있습니다. 그러나 그렇게 하고 나면 남은 한쪽 무리에서 다시 보수와 진보가 대립하게 됩니다. 동양과 비교하면 유라시아 대륙의 서쪽에 있는 유럽은 모두 서양입니다. 그러나 유럽은 다시 서유럽과 동유럽으로 나뉩니다.

말에서 동서남북과 상하좌우를 구별하는 것은 지극히 당연한 것입니다. 그렇게 구별해야 의사소통도 편하고 일상의 삶도 편합니다. 그러나 그러한 구별이 편을 가르기 위한 말로 쓰이고 궁극적으로는 차별로 이어지는 것이 문제입니다. 남과 북의 구별은 필요하지만 남이 절대 선이고 북이 절대 악인 것은 아닙니다. 냉전 시대 이후 한반도의 남쪽에는 파란색이, 북쪽에는 빨간색이 칠해졌지만 베트남에서는 반대입니다. 지구촌에서 쓰는 '남북문제'라는 용어를 보면 '남'은 저개발국이고 '북'은 선진국입니다.

다수와 소수를 구별하기 위해 '일반'이란 용어를 쓸 수는 있습니다. 이때의 '일반'은 다수의 권력을 가지게 됩니다. 그러나 때로는 '일반'이 세상에 널려 있어 그저 그런 존재의 뜻으로 쓰이기도 합니다. 이때의 일반은 다수여서 오히려 가치가 낮게 평가됩니다. 모두가 남들에게 없는 특별한 재능이나 부가 있기를 바라지, 남들에게 없는 장애가 자신에게 있는 것을 바라지는 않습니다. 다수와 소수를 나누는 말은 필요하지만 그 말이 차별과 비하로 나아가는 것이 문제입니다.

'부부 싸움은 칼로 물 베기'라는 말은 과거에는 많이 쓰였으나 요즘에는 잘 쓰이지 않습니다. 칼로 물을 베어 봤자 곧 다시 붙듯이 부부가 싸움을 하더라도 곧 다시 하나가 된다는 말입니다. 요즘은 싸우다 영영 남이 되는 일이 많아 잘 쓰지 않는 듯하니 이 말을 편 가르기에 가져다 쓰는 것도 좋을 듯합니다. 칼로 베어 봤자 한 그릇 속의 물은 다시 하나가 되듯이 말로 구별해 봤자 결국은 한 그릇 속의 물이란 뜻으로 말입니다. 남과 북을 나눠 봤자 결국은 한반도라는 부처님 손바닥에서 벗어날 수는 없습니다. 동서의 지역감정 대결을 벌여 봤자 결국은 한반도 남쪽의 한 정부 아래 있습니다. 오리엔탈리즘의 시각으로 동양을 비하해 봤자 머나먼 별에 살고 있는, 문명이 발달한 외계인의 시각에서는 둥근 공 위에서 꼬물대는 생명체에 불과합니다. 갈라 봤자 하나이고 결국 같은 것인데 가르는 말에 편승해 싸우고 비하하는 것은 어리석은 짓입니다. 칼로 물을 베고는 그 안에서 허우적거리는 형상이기도 합니다.

무언가의 북녘, 누군가의 왼쪽, 때때로 일반인인 청년 둘이 이렇게 노래를 부릅니다. 말에 얽매인 우리들이 이들을 망치지 않았으면 좋겠습니다.

하지만 때론 세상이 뒤집어진다고
나 같은 아이 한둘이 어지럽힌다고
모두 다 똑같은 손을 들어야 한다고
그런 눈으로 욕하지 마
난 아무것도 망치지 않아
난 왼손잡이야

　　　　　　　　　 -「왼손잡이」, 패닉 노래, 이적 작사.

9

도무송 씨와
나나인치 씨를 위한

변명

도무송 씨와 나나인치 씨를 위한 변명

○ 소보로빵: 빵의 표면에 뿌리는 토핑의 한 종류를 가리키는 일본어 '소보로(そぼろ)'가 포함된 말이므로 표준어 '곰보빵'으로 바꾸어야 한다.

○ 지리: 지리는 생선과 채소, 두부 따위를 넣어 맑게 끓인 국을 가리킨다. 일본어 '지루(汁, じる)'가 변한 말로 '싱건탕'으로 순화해야 한다.

○ 비까번쩍하다: 일본어 '비까(ぶか)'가 국어의 의태어 '번쩍'과 결합한 말이므로 '번쩍번쩍하다'로 순화해서 써야 한다.

○ 게양: 게양은 깃발을 높이 올린다는 뜻의 일본식 한자어이므로 '닮'이나 '올림'이라는 용어로 순화해야 한다.

한글날에 즈음하여 '한글에 뿌리내린 일본어의 잔재'라는 제목으로 여러 인터넷 커뮤니티에 올라온 글에 담긴 내용입니다. 글의 의도는 이해할 수 있지만 제목부터 엉터리입니다. 한글에 일본어가 뿌리를 어떻게 내렸다는 것일까요? 한국어에 스며들어 있는 일본어에 대한 내용인데 한글날만 되면 반복되는 것이니 그냥 보아 넘길 수도 있습니다. 그런데 고개가 갸우뚱해지는 구석도 있습니다. '곰보빵'은 장애에 대한 비하가 담겨 있어 피해야 하는 말입니다. 한자어 '게양'은 일본식 한자어이므로 다른 말로 대체해야 한다는 것인데 과연 그래야 하는지 의문이 들기도 합니다. 일본에 대한 반감이 우리말 속 일본어에까지 미친 것인데 한글날마다 도돌이표처럼 반복되는 이 문제에 대해 한 번쯤 돌아볼 필요가 있습니다.

인쇄 골목의 도무송 씨와 재봉 골목의 나나인치 씨

크고 작은 차들이 주인 행세를 하고 있는 큰길을 벗어나 조금 안쪽으로 들어가다 보면 사람들이 주인인 골목길을 만나게 됩니다. 살림집들이 몰려 있는 골목도 있고 요란하게 돌아가는 기계 소리와 그곳에서 일하는 사람들로 넘쳐 나는 골목도 있습니다. 수많은 인쇄 업체들이 밀집되어 있는 서울의 충무로, 그리고 각종 재봉틀 판매상과 봉제 업체가 몰려 있는 부산의 범일동이 그런 곳입니다. 그런데 이 골목에 가면 정체가 궁금한 '도무송', '나나인치'와 마주치게 됩니다. 사람 이름일까요? 길이를 나타내는 단어일까요?

서울 충무로의 인쇄 골목에 가 보면 간판, 벽, 유리 등을 채우고 있는 글자들과 마주치는데 유독 '도무송'을 발견하면 친숙함을 느낍니다. 『수호지』에도 나오고, 영화배우나 가수의 이름으로도 종종 듣는 '무송'이란 이름이니 흔하지 않은 성씨이지만 틀림없이 사람 이름입니다. 그런데 '도무송'이 문패가 아닌 간판과 벽 여기저기에서 발견되니 이름일 가능성은 크지 않습니다. 궁금해서 일하는 분들께 물어보면 종이 상자를 모양에 맞게 쿵쿵 찍어서 토해 내는 기계를 가리킵니다. 기계의 이마에 써 있는 'Thomson'이란 회사 이름이 눈에 띕니다. 어떤 회사인지 검색해 보니 종이 같은 평평한 재료를 눌러서 모양대로 따 내는 유압 프레스를 만드는 회사입니다.

이 회사의 기계가 이런 작업을 하는 대표적인 기계이다 보니 '스카치 테이프(Scotch tape)'나 '버버리(Burberry)'처럼 '톰슨(Thomson)'이 이 기계 자체를 뜻하게 된 것입니다. 이 기계가 일본에 도입되어 일본식 발음인 '토무손(トムソン)'으로 바뀌고 일본에서 이 기계를 보고 기술을 배운 우리 기술자들이 이것을 '도무송'으로 바꿔 받아들였습니다. '도무송' 또한 '노가다꾼'들이 쓰는 '공구리' 수준의 일본말 잔재이니 걸러 내야 할 것 같은 말입니다. 'Thomson'을 '탐슨'이 아닌 '톰슨'이라 하는 것도 모자라 '도무송'이라고 하는 것은 너무도 '구린' 발음이라며 부끄럽게 느끼는 사람도 있을 법합니다.

부산 범일동과 같은 재봉 골목에 가면 '미싱'을 비롯해 '오바로꾸', '나나인치', '큐큐' 등 정체불명의 단어들이 눈으로 쏟아져 들어옵니다. '미싱'은 재봉틀을 가리키는 영어 '소잉 머신(sewing machine)'이 일본에서 알 수 없는 변화를 겪어 만들어진 말입니다. 바느질을 뜻하는 '소잉'은 떼어 버리고, 기계를 뜻하는 '머신'은 '미싱(ミシン)'으로 둔갑시켜 버렸습니다. 세상에 널린 것이 기계인데 '기계'가 '재봉틀'을 가리키는 말로 탈바꿈된 뒤 그것을 우리가 그대로 가져다 쓰다 보니 본뜻을 더 알 수 없는 상황이 되었습니다. '오바로꾸'가 천의 올이 풀리지 않게 하는 바느질을 뜻하는 '오버로크(overlock)'에서 왔다는 것은 그나마 상상이 가능한데 그 발음은 역시 촌스럽습니다.

'나나이치'나 '큐큐'는 더 정체불명입니다. 답부터 말하자면 '나나이치'는 숫자 71을 일본식으로 읽은 '나나이치(なないち)'이고, '큐큐' 역시 숫자 99를 일본식으로 읽은 '큐큐(きゅうきゅう)'입니다. 둘 다 단춧구멍을 가공하는 특수한 재봉틀인데 재봉틀 제조 전문 회사인 미국의 싱거(Singer)사에서 만든 재봉틀의 모델 번호가 각각 71과 99인 데서 만들어진 이름입니다. 심지어 '나나인치'와 'QQ'라고 표기되기도 합니다. '인치'는 '이치'를 길이의 단위인 '인치'로 착각한 결과일 테고, 'QQ'는 '큐큐'와 발음이 같기 때문일 것입니다. 미제가 일제를 거쳐 토착화하면서 도무지 알 수 없는 말로 바뀌었습니다. 말 그대로 '무근본'에 '무식'의 소치라고 말할 수도 있습니다. '재봉쟁이'들에게 애국심 교육과 함께 영어 공부나 일본어 공부를 제대로 시켜야 하는 것은 아닌가 하는 생각이 들 수도 있습니다.

'도무송'이나 '나나인치'에 문제가 있다면 어떻게 해야 하는 것일까요? 비난이 그저 한바탕 욕에 그치지 않으려면 대안이 있어야 합니다. '톰슨 프레스' 혹은 '탐슨 프레스'가 본래의 발음에는 가까울지 모르지만 영어라는 문제점이 있습니다. 'press'만이라도 바꿔야 하니 '압축 기계, 압착기, 성형기, 압착 성형기' 등으로 하면 될까요? '나나인치'는 '싱어 세븐티원 버튼 홀 가공 머신'이나 '싱어 71번 재봉틀 단춧구멍 가공 기계'로 바꿀까요? 순화론자들은 이렇게 주장할 수도 있겠지만 이런다고 얻는 이득이 무엇인지 잘 모르겠습니다. 현장에서 일하는 '쟁이'들이 이 말을 받아들일 가능성도 별로 없습니다.

'도무송'이나 '나나인치'는 전문 용어이자 일종의 은어입니다. 보통 사람들이 이런 기계를 알 필요가 없으니 이 일에 종사하는 사람들만 이 용어를 씁니다. 전문가들답게 '톰슨 프레스 가공'이라고 쓸 수도 있겠으나 '도무송'이라는 이웃집 아저씨 같은 이름으로 쓰는 것은 이들만의 특권입니다. 재봉에 관한 이야기는 관계자끼리만 하게 되니 '싱어 71번 재봉틀 단춧구멍 가공 기계' 대신 '나나인치'라고 짧게 줄여서 소통하는 것이 더 낫습니다. 어차피 찻잔 속의 태풍처럼 인쇄 골목이나 재봉 골목에서만 쓰이는 말이니 우리말을 크게 오염시킬 일도 없습니다.

그런데 세상의 눈은 곱지 않습니다. 영어가 일본을 거쳐 들어와 우리말을 오염시키고 있다고 보는 이가 많습니다. 영어를 본래대로 가져다쓰는 것도 아니고, 우리에게 식민지 경험을 안겨 준 일본을 거쳐서 받아들인 것도 영 마음에 들지 않습니다. 다른 나라 말에 대한 거부감, 그리고 일본에 대한 뿌리 깊은 반감이 없다면 굳이 문제가 되지 않을 수 있는데 '도무송 씨'나 '나나인치 씨'는 이래저래 시빗거리일 수밖에 없습니다.

▶ 인쇄 골목에 가면 흔히 볼 수 있는 외래어, 외국어 표기들. 낯설거나 틀렸지만 그 나름대로 오랜 내력이 있다.

정의 사회를 구현하기 위해 법을 반드시 지켜야 하듯이 아름다운 말글 생활을 위해 '순화' 혹은 '바른 말 쓰기'를 위한 노력은 계속되어야 합니다. 그런데 법에 '무전 유죄 유전 무죄'라는 말이 있듯이 말에는 '유권 유언 무권 무언'이 강요된 면이 있습니다. 순화와 바른 말 쓰기 운동은 사회적 권력을 가지고 있는 이들에 의해 주도되어 주로 사회적 권력이 없는 이들에게 강요됩니다. 다른 말로 하면 배울 만큼 배운 이들이 못 배운 이들을 가르치는 방향으로 이루어집니다.

소위 '노가다 판'으로 불리는 공사 현장, 그리고 잉크 냄새가 진동하는 인쇄소와 실밥이 사방으로 날리는 봉제 공장은 고도로 숙련된 전문가들의 활동 영역입니다. 이 분야의 기술을 배운다는 것은 각종 도구와 기계의 사용법을 배운다는 것이고, 그 사용법은 해당 분야에 앞선 기술을 가진 이들의 언어로 되어 있습니다. 근대 문물을 일본을 통해 받아들여야 했던 우리의 역사를 돌아보면 이 분야의 용어가 온통 일본어로 되어 있는 것은 당연한 일입니다. 그러니 순화와 바른 말 쓰기 운동의 화살이 이들을 향하는 것도 정해진 수순이었습니다.

그러나 한 걸음 물러나서 생각해 보면 정작 눈 뜨고 볼 수 없는 광경은 사회적 권력을 가진 이들 사이에서 벌어지고 있습니다. 전문가들의 학회에 가 보면 모든 용어는 영어로 되어 있고 우리말이라곤 조사와 어미뿐입니다. 심지어는 아예 영어로 발표하고 토론하기도 합니다. 의사들은 우리말로 문진하면서 진료 기록지에는 알 수 없는 말을 휘갈겨 씁니다. 의학 드라마 속 의료인들은 영어로 된 용어로 소통하고 자막은 친절하게 그 뜻을 알려 주기까지 합니다. 법조인들은 일제 강점기부터 써 오던 법률 용어를 지금까지도 쓰고 있습니다. 이들의 말에 대한 지적과 스스로의 말에 대한 자성이 있기는 하지만 그 목소리는 크지 않습니다.

신라의 설총이 만들었다고 전해지는 '이두'는 놀랍게도 조선 말기까지 오랜 기간 동안 그 명맥이 유지되었습니다. 이두는 한자로 쓰기는 하지만 온전한 한문은 아닙니다. 어순도 우리말식으로 바꾸고 필요하면 한문에는 쓰이지 않는 조사나 어미도 넣는 엉터리 한문입니다. 오늘날로 치면 '콩글리시'와 같이 영어는 영어인데 우리끼리만 잘 통하는 영어와 마찬가지입니다. 그럼에도 불구하고 하급 관리들과 장사꾼들이 대대로 물려 쓰면서 그토록 오랜 기간 동안 명맥이 유지되었습니다.

오늘날 여러 분야의 '쟁이'들이 쓰는 말투를 이두에 빗대기도 합니다. 전문 용어들은 모두 다른 나라 말을 쓰면서 조사와 어미만 우리말로 하니 그리 표현하는 것도 틀린 말은 아닙니다. 인쇄업에 종사하는 이들의 '도무송'과 재봉 일을 하는 이들의 '나나인치'는 아주 낮은 단계의 현대판 이두라 할 수 있습니다. 의류업계에 종사하는 이들의 소위 '보그체'는 극단적인 이두의 단면을 보여 줍니다. 그리고 의사와 과학자 등 전문 직종에 종사하는 이들과 학문을 하는 이들은 전문 용어는 죄다 외국어를 쓰는 이두의 또 다른 전형을 보여 주기도 합니다.

그런데 현대판 이두가 그들만의 세상에서만 사용된다면 과도한 비난의 대상이 될 일은 아닙니다. 가끔씩 길을 가다 '도무송 씨'와 '나나인치 씨'를 만나기는 하지만 이는 광고를 보다가 '헬리코박터 파일로리'를 만나는 것과 별반 다르지 않습니다. 그 세계에 뛰어들지 않는 한 그 뜻을 반드시 알아야 하는 것도 아니고, 그것의 옳고 그름을 굳이 논할 필요가 없을 수도 있습니다. 전문가들이 그들의 세상에서 정확하고도 빠른 소통을 가장 중요한 가치로 여기고 그렇게 사용하고 있다면 그들만의 세상을 인정하는 것도 필요합니다. 그들이 세상 밖으로 나와서 이런 말들을 쓸 일도 없으니 더더욱 그렇습니다.

노가다 판, 인쇄 골목과 재봉 골목, 의사나 과학자, 그리고 패션 디자이너 이들 모두는 한국어를 쓰는 우리의 가족입니다. 이들이 자신의 분야에서 일을 할 때는 그들 세계의 전문 용어를 쓰고 그들만의 이두체로

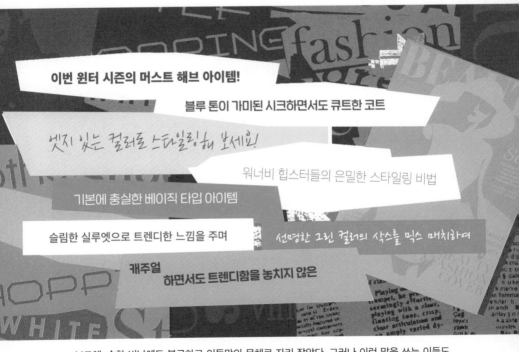

▶ 보그체. 숱한 비난에도 불구하고 이들만의 문체로 자리 잡았다. 그러나 이런 말을 쓰는 이들도 일상에서는 자연스러운 한국어를 쓴다.

말을 하지만 일상으로 돌아와서는 보통 사람들과 같은 말을 씁니다. 이들도 자신들의 말에 대해 쏟아지는 비난을 잘 알고 있습니다. 특히 공사 현장의 노동자들과 전문 분야의 기술자들은 '일본어 잔재'를 많이 쓰고 있다는 비난을 너무도 오랫동안 들어 와서 잘 알고 있습니다. 그래도 바꾸지 않는 것은 나름대로 이유가 있기 때문입니다. 다들 자신들이 일하는 세계에서는 그것이 편하니 그렇게 하는 것입니다. 전문 용어는 은어처럼 그들끼리만 쓰고 세상에 나와서는 보통 사람들의 말을 쓰면 되기 때문입니다.

이들이 쓰는 말에서도 변화가 감지되기는 합니다. 공사 현장에서 쓰이던 일본식 용어가 많이 사라졌고 인쇄 골목이나 재봉 골목에서 쓰이던 정체불명의 말도 많이 바뀌었습니다. 이러한 변화가 소위 '국어 순화 운동'에 의해 이루어진 것도 있겠지만 사실은 현장 상황의 변화에 의한 것이 더 많습니다. 일제 강점기나 그 직후에 기술을 배운 이들의 세대가 지나가고 새로운 세대가 그 자리를 차지하게 되면서 말에 변화가 생깁니다. 일본어가 아닌 영어에 익숙한 이들이 일을 하게 되면서 '톰슨 프레스'라고 말을 하는 이들이 생겨납니다. '나나인치'의 역사를 이해하는 것보다 셔츠 단춧구멍이라고 말하는 것이 편리한 이들이 등장하면서 그렇게 말을 바꾸어 나갑니다. 말은 이렇게 스스로 변화합니다. 물론 그것을 쓰는 사람들 사이에서 은연중에 변화합니다.

냄비, 소보로빵, 그리고 게양

일본과의 역사적 악연 때문에 일본어에서 유래된 말은 보통 '잔재'라는 말로 불립니다. 없어져야 할 것이 남아 있다는 뜻이니 일본어 잔재는 가능하면 쓰지 않거나 없애야 하는 것으로 취급됩니다. 그런데 과연 없애야 하는 것인지, 없앤다면 어느 범위까지 없애야 하는 것인지가 문제입니다. 주방의 필수품인 냄비, 단팥빵과 함께 빵집을 대표하는 '소보로빵'은 쓰지 말아야 하는 것일까요? 매일 국기를 내걸어야 하는데 '게양'은 일본에서 만든 한자어이니 역시 쓰지 말아야 하는 것일까요?

한국인의 국민성을 '냄비 근성'이라 폄훼하는 경우가 종종 있는데 아이러니하게도 냄비는 일본산입니다. 우리는 가마솥만 써 왔는데 그보다 작고 가벼운 조리 도구가 일본에서 전해지면서 '나베(鍋)'라는 이름도 함께 들어온 듯합니다. 이것을 '남과(南鍋)' 또는 '남와(南鍋)'라고 부르기도 하고 일본어 '나베'라고 부르기도 하다가 '남비' 혹은 '냄비'로 굳어져서 오늘날까지 쓰이고 있습니다. 일본어 '구쯔(靴)'를 받아들여 '구두'라고 쓰는 것과 마찬가지로 냄비는 순 일본산 말을 수입해 쓰고 있는 것입니다.

경로가 조금 다르긴 하지만 '빵' 또한 일본을 거쳐서 들어온 말입니다. 일찍이 포르투갈과 접촉한 일본이 빵을 뜻하는 포르투갈어 '파웅(pão)'을 '팡(パン)'으로 받아들였는데 이것을 우리가 다시 받아들인 것입니다. 처음에는 '팡'과 '빵'이 같이 쓰였는데 최종적으로 '빵'이 자리를 잡아 오늘에 이르고 있습니다. '담배'도 마찬가지여서 담배를 가리키는 포르투갈어 '타바코(tabaco)'가 일본어 '타바코(タバコ)'로 받아들여진 뒤 우리말에 들어와서 '담배'로 바뀐 것입니다. '고무' 역시 네덜란드어 '곰

(gom)'이 비슷한 과정을 거쳐 들어온 것으로, 우리가 잘 모르는 채 쓰고 있는 단어 상당수가 이런 경로를 밟았습니다.

'냄비'는 원산지가 일본이고 '빵'은 원산지는 다르지만 일본을 거치면서 발음이 바뀐 것을 받아들인 뒤 다시 발음이 바뀐 것입니다. '소보로'는 일본어 냄새가 많이 나지만 냄비나 빵은 그런 냄새가 잘 나지 않아서 우리말의 일부처럼 여겨집니다. 왜일까요? 오래전에 들어온 말이기 때문일까요? 우리말에서 일어나는 말소리의 변화를 같이 겪었기 때문일까요? 생각해 보면 '노가다'는 '냄비'와 마찬가지로 순 일본산입니다. 그리고 '도무송'이나 '나나인치'는 '빵'과 마찬가지로 외국어가 일본을 거쳐 들어온 말입니다. '냄비'나 '빵'이 자연스럽게 쓰인다면 '노가다'나 '도무송' 또한 그렇게 쓰여도 되는 것일지도 모릅니다.

'게양'에 대한 문제 제기에는 고개를 갸웃하는 이들이 많을 듯합니다. '게양'은 한자로 '揭揚'이라고 쓰는데 깃발 등을 높이 건다는 의미입니다. 이를 두고 한자어이기는 하지만 일본에서 만든 한자어이기 때문에 쓰지 말아야 한다고 주장하는 이들이 있습니다. 이런 식으로 한다면 역시 일본에서 만든 단어인 '택배(宅配)'도 쓰지 말아야 합니다. 그러나 '게양'과 '택배' 모두 국어사전에 버젓이 올라 있으니 엄연한 한국어의 일부입니다. 한자로 만들어진 한자어이니 고유어가 아니라고 문제를 삼을 수는 있겠지만 어디에서 만들어졌는지를 문제 삼는 것은 좀 과해 보입니다.

알고 보면 외국에서 들어온 말			
일본에서 온 말	クツ(Kutsu) 구두	なべ(Nabe) 냄비	孝行藷(Koukoimo) 고구마
서양에서 온 말	포르투갈어 / Pão 빵	네덜란드어 / Kabas 가방	영어 / Seesaw 시소

알고 보면 순우리말	멜빵	헹가래

▶ 외래어인데 고유어로 여겨지는, 고유어인데 외래어 느낌이 나는 단어들. 결국은 익숙함의 차이다.

일본에서 만들어진 한자어를 쓰지 말아야 한다면 오늘날 우리가 쓰고 있는 한자어의 상당수를 쓰지 못하게 됩니다. 근대에 들어 서양 문명과 접촉하게 되면서 새로운 어휘가 급격하게 많이 필요해졌습니다. 이때 중국과 일본에서 한자를 이용한 새로운 단어가 활발하게 만들어집니다. 이전에는 한자 한 글자가 곧 단어 하나였는데 새로이 만들어야 할 단어 가 많아지면서 한자 둘 또는 셋을 활용해 새로운 단어를 만들기 시작했습니다. 전기가 알려지자 번개를 뜻하던 '電(번개 전)'을 앞에 써서 '전기, 전선, 전보, 전신, 전주' 등의 단어를 만들었습니다. 새로운 학문이 많이 알려지자 배운다는 뜻의 '學(배울 학)'을 뒤에 써서 '철학, 과학, 문학, 사학, 화학' 등의 단어를 만들었습니다.

안타깝게도 새로운 한자어를 만드는 작업에 우리는 큰 역할을 하지 못했습니다. 중국과 일본이 서구의 문물을 활발하게 받아들이는 시기에 우리는 문을 닫아걸고 있었기 때문입니다. 그래서 근대에 만들어진 한자어의 반은 중국산, 반은 일본산이라고 봐도 무방합니다. 이렇게 만들어진 한자어를 우리는 아무런 거부감 없이 써 왔는데 이는 한자와 한자어를 써 왔던 전통 때문입니다. 한자를 알고 있고 한자어를 이미 써 왔으니 한자로 구성된 새로운 단어를 별 거부감 없이 받아들인 것입니다.

고유어에 대한 선호와 한자어에 대한 거부감이 있는 것은 사실입니다. 그러나 이미 많은 사람들이 한자어를 한국어의 일부로 생각하고 있습니다. 한중일 삼국이 오랜 기간 동안 한자와 한문을 공유해 온 것도 사실입니다. 이런 마당에 한자어의 원산지를 따지는 것은 무의미합니다. 특정한 국가 색이나 이념이 드러나는 한자어라면 문제가 될 수 있습니다. 그러나 '게양'이나 '택배'에서는 그런 냄새가 나지 않습니다. 깃발은 어느 나라에서나 달아야 하는 것이고 집집마다 물건을 배달해 주는 시스템은 누구나 감사하게 이용하고 있습니다. 굳이 다른 말로 바꿀 필요도 없고 바꾸려고 해도 마땅한 말이 있을지 의문입니다.

소금의 참된 맛

'국어 순화'는 꽤나 오랜 기간 동안 당위로서 우리들의 머릿속을 맴도는 말이었습니다. '순화'가 불순한 것을 제거해서 순수하게 한다는 뜻이니 이는 꼭 필요한 일입니다. 쓰지 말아야 할 말이 한국어에 포함되어 있다면 제거해야 합니다. 그런데 불순한 말, 혹은 쓰지 말아야 할 말이 무엇인지가 문제입니다. '순수한 우리말'은 무엇일까요? 외래어나 외국어에 기원을 두지 않고, 한자에 바탕을 두지 않은 것을 제시할 수도 있습니다. 그러나 그것은 쉽지도 않을 뿐만 아니라 꼭 그래야 할 이유를 찾기도 어렵습니다.

'순수'를 첫 번째 가치로 여기는 이들에게는 이것저것 잡스러운 것이 섞인 듯 보이는 우리말의 상황이 용납되지 않을 수도 있습니다. 그러나 애초에 '순수한 말'이란 존재하지 않습니다. 살아 있는 한국어는 방언의 집합체이지 규범집에 있는 표준어가 아닙니다. 각 지역, 온 세대의 말들이 뒤섞여 우리말을 이루는 것이지 백옥같이 흰 우리말이 존재하는 것은 아닙니다. 다른 나라 말에서 흘러 들어온 말도, 특정한 사람들 사이에서 쓰이는 말들도 우리말의 일부를 이룹니다. 이 말들이 그들 사이에서 효과적으로 쓰이고 있다면, 그리고 그 밖으로 흘러 나가 문제를 일으키지 않는다면 우리말의 일부가 될 자격은 충분합니다.

순화의 주된 목표물이 일본어에 한정되는 것은 바람직하지 않습니다. 일본과의 불행했던 과거는 반드시 청산해야 합니다. 그러나 자유롭게 오가는 말에 대해 유독 엄한 잣대를 들이대는 것은 시대에 뒤떨어진 것일 수도 있습니다. 요즘 젊은 세대들은 일본에 대해 무조건적인 악감정만을 가지고 있지는 않습니다. 잘못된 것은 비판하고 받아들일 만한 것

은 인정합니다. 젊은 세대들이 앞으로 함께 살아가야 하는 나라 중 하나
인 가까운 이웃 나라이지 무조건 배척해야 할 나라는 아닙니다. 일본어
에서 유래된 말 또한 수없이 많은 외국어의 하나이지 무조건 걸러 내야
할 말은 아닙니다.

소금의 맛은 짠맛으로 대표되지만 '맛있는 소금'은 마냥 짜기만 한 소
금이 아닙니다. 갯벌에서 만들어진 천일염에는 각종 '잡성분'이 섞여 맛
이 더해집니다. 심지어 봄날의 송홧가루가 염전에 내려앉아 만들어진
송화염을 최고로 치기도 합니다. 다른 성분을 제거하고 나면 오로지 짠
맛만 남습니다. 그렇다면 차라리 화학 공장에서 나트륨과 염소를 합성
해서 소금을 만드는 것이 나을 것입니다. 인쇄 골목의 도무송 씨나 재봉
골목의 나나인치 씨가 정겹게 느껴질 수 있는 이유이기도 합니다.

도무송 씨나 나나인치 씨도 바뀔 가능성이 있습니다. 지금의 인쇄 골
목 주인들이 후대에게 가게를 물려줄 때가 되면 '도무송 씨' 대신 '톰슨
씨'가 간판을 내걸게 될지도 모릅니다. 그리고 재봉 골목에는 'Singer
No. 71'과 'Singer No. 99'가 내걸릴 수도 있습니다. 이러한 변화는 일본
어의 잔재를 씻어 내려는 국어 순화 운동의 결과물은 아닙니다. 일본어
에 익숙한 세대들이 물러난 자리를 새로운 세대들이 채우면서 나타나는
변화들입니다. 그 분야의 전문가들이 익숙한 말, 쓰기에 편한 말로 바뀌
는 과정일 뿐입니다. 그들 스스로가 결정해야 할 문제에 남들이 끼어드
는 것도 바람직하지 않습니다. 소금에서 짠맛 이외에 다른 맛도 느껴져
야 한다는 것을 인정할 수 있다면 '도무송 씨', '나나인치 씨'와 함께 살
아가는 것도 한 방법입니다.

10

요오드와 나트륨의

엇갈린

운명

요오드와 나트륨의 엇갈린 운명

"아이오딘이 부족하면 임신이 잘 안될 수 있대요. 그니까 미역국 많이 드세요."

"아이오딘? 그게 뭐야?"

"미역이나 김에 많이 들어 있는 성분요."

"아, 요오드! 그걸 왜 아이오딘이라고 해?"

"선생님, 아이오딘 아네요? 언니가 잘못 알고 있는 거죠?"

"몰라. 나는 옥도정기나 아까징끼 세대라서."

"그건 또 뭐예요?"

열 살 정도 차이 나는 대학원생과 학부생의 대화가 재미있습니다. 교내 식당 메뉴에 미역국이 올라왔는데 후배가 신혼인 선배에게 덕담으로 건넨 말에 쓰인 원소 이름이 문제가 되었습니다. 같은 대상을 두고 다른 이름으로 부르고 있습니다. 금, 은, 구리, 철 등을 제외하면 원소 이름은 외래어가 많은데 세월이 흐르면서 바뀐 말이 문제입니다. 한국어에서 일어난 자연스러운 음운 변화 때문이 아니라 외래어 수입처가 바뀌면서 나타난 특이한 문제입니다. 이런 변화는 꽤나 많은데 이것들을 어떻게 받아들여야 할까요?

사라진 요오드와 건재한 나트륨

요오드가 사라졌습니다. 원자 번호 53번을 부여받은 원소가 사라졌다면 심각한 문제입니다. 우리 몸에 요오드가 부족하면 갑상선 호르몬이 충분히 분비되지 않아 갑상선 기능 저하증이 나타나고, 더 악화되면 목이 크게 부어오르는 갑상샘종으로 발전합니다. 꼭 필요한 원소 하나가 사라지면 건강에 심각한 위협이 되니 여기저기서 경고가 나올 법도 한데 아직 그런 경고가 들리지는 않습니다. 원소의 문제가 아니라 이름의 문제이기 때문입니다.

아이의 이름은 부모가 짓듯이 원소의 이름도 발견자가 짓는 경우가 많습니다. 그리고 그렇게 지어진 이름은 남들도 다 그렇게 부르고, 외국에서도 그렇게 부릅니다. 그런데 요오드는 사정이 조금 복잡합니다. 프랑스에서 발견된 요오드는 자주색을 뜻하는 그리스어 '이오데스(iodes)'에서 그 이름을 따왔습니다. 프랑스에서는 'iode'였던 것이 독일에서는 'Jod'로 표기되었고 이 독일어 표기와 발음이 일본으로 수입되어 '요오드'가 되었습니다. 우리는 일본을 통해서 이 이름을 받아들여 오랫동안 써 왔습니다.

요오드를 한자로 '옥소(沃素)'라고 쓰기도 했습니다. 지금은 이 말이 쓰이지 않지만 약 이름에 일부가 남아 있습니다. 나이가 지긋한 세대는 상처가 났을 때 바르는 '빨간약'에 대한 저마다의 추억이 있는데 이 약의 정식 명칭은 '머큐로크롬'입니다. 20세기 초부터 널리 쓰였던 소독약이지만 몸에 해로운 수은이 함유되어 있어 1980년대 이후에는 자취를 감추었습니다. 그 이후 소독약의 대명사가 된 것이 '요오드팅크 (Jodtinktur)'입니다. 이것이 일본과 우리나라에서는 묘한 이름을 갖게 되는데 '옥도정기(沃度丁幾)'가 그것입니다. 요오드팅크를 한자로 적어서 이런 이름이 된 것입니다.

이토록 쓰임새가 많은 원소가 사라질 리 없고, 사라져서도 안 됩니다. 이 원소가 사라진 것이 아니라 이 원소를 가리키는 이름이 사라진 것입니다. 요즘의 교과서에는 '요오드'가 사라졌고 그 자리를 '아이오딘'이 차지하고 있습니다. 어찌된 일일까요? 이는 독일과 영국이 치열하게 싸웠던 제2차 세계 대전과 비슷합니다. 독일어가 위세를 떨치다가 영어가 득세하는 시대가 된 것과 관련이 있습니다. 과거에 일본과 독일이 가까워 일본이 독일어에서 요오드라는 이름을 수입했고 우리도 오랫동안 써왔습니다.

그런데 상황이 바뀌었습니다. 독일어는 예전만큼의 위세를 떨치지 못하고, 미국이나 영국에서 공부하는 이가 늘어났습니다. 영어로는 '요오드'를 '아이오딘(iodine)'이라 하니 아이오딘이 익숙한 사람들이 많아진 것입니다. 이들이 교과서를 집필하면서 옛날 사람들이 쓰던 요오드를 밀어내고 그 자리에 아이오딘을 집어넣었습니다. 영어가 만국 공통어로 쓰이는 상황이니 이러한 변화가 당연해 보이기도 합니다.

영어가 득세하는 시류에 맞춰 요오드가 아이오딘으로 대체되었다면 다른 원소들도 그래야 한다고 생각할 수 있습니다. 그러나 현실은 다릅니다. 소금의 주성분인 나트륨은 여전히 나트륨입니다. 원자 번호 11번의 원소, 소금의 주성분인 이 원소는 '나트륨(Natrium)'이라 불리기도 하고 '소듐(Sodium)'이라 불리기도 합니다. 영어로 공부를 한 이들은 이 원소를 소듐이라고 하니 교과서에서도 나트륨을 밀어내고 소듐을 쓸 법도 한데 나트륨은 현실에나 교과서에나 모두 그대로 남아 있습니다.

소듐은 우리가 흔히 쓰는 '소다(Soda)'와 관련이 있는데 소다는 아랍어 '수다(Suda)'에서 온 것으로 추정됩니다. 최초 발견자인 19세기 영국의 화학자 데이비가 소듐이라 명명한 이후 이 명칭이 훨씬 더 널리 쓰여 왔습니다. 그런데 스웨덴의 화학자 베르셀리우스가 라틴어에 바탕을 둔 나트륨이란 이름을 짓고 원소 기호로도 Na를 제안한 것이 받아들여졌습니다. 원소 기호만 보면 소듐보다는 나트륨이 더 외우기 쉽기 때문일까요? 우리는 소듐 대신 나트륨을 써 왔고 지금도 굳건히 그 이름을 지키고 있습니다.

나트륨만 그런 것은 아닙니다. '칼륨(Kalium)'도 국제적인 관례를 따르자면 '포타슘(Potassium)'이 되어야 하는데 우리는 여전히 칼륨으로 쓰고 있습니다. 비록 외래어지만 칼륨은 우리말에서 꽤나 많이 쓰입니다. 산성과 알칼리성을 구분할 때의 '알칼리(Alkali)'가 바로 칼륨과 관련이 있습니다. 맹독성 물질의 대표 격인 '청산가리'의 '가리' 또한 칼륨과 관련이 있습니다. 소듐을 발견한 영국의 화학자 데이비가 이 원소도 발견하고 포타슘이라 이름을 지었지만 아랍어 알칼리에서 유래한 칼륨도 영어권에서 여전히 쓰이고 있습니다. 물론 우리의 일상에서는 칼륨만 쓰입니다.

나트륨과 칼륨, 요오드의 운명이 달라진 결정적인 요인은 무엇일까요? 물질 자체의 특성과는 전혀 관계가 없고, 누군가 정책적으로 결정한 것도 아닙니다. 영어로 된 책으로 공부하고, 실제 활동에서도 영어식 용어를 쓰는 전문가들 대부분은 나트륨과 칼륨도 소듐과 포타슘으로 바꾸고 싶어 할 것입니다. 그러나 아무리 전문가일지라도 일상의 용법과 싸워 이길 수는 없습니다. 요오드야 어떻게든 아이오딘으로 바꾸어 교과서에 쓸 수 있었지만 나트륨과 칼륨까지 바꾸었다가는 꽤나 큰 반발에 직면할 것이 분명합니다. 이미 나트륨과 칼륨에 익숙해진 사람들에게 소듐과 포타슘을 들이밀었다가는 욕을 먹기 십상입니다.

이는 결국 얼마나 많이 쓰이고, 얼마나 강하게 언중에게 각인되어 있는가와 관련이 있습니다. 원소를 다루는 것은 전문가들이지만 그 이름을 언중과 함께 쓰는 이상 아무리 전문가라고 해도 언중을 쉽사리 이기지는 못합니다. 단어의 주인, 나아가 말의 주인은 언중이지 전문가들이 아니라는 것이 다시금 확인되는 사례입니다. 그리고 사정이 이렇다 보니 같은 대상을 세대에 따라 다르게 부르게 되었습니다. 원자 번호 53번의 원소가 일제 강점기를 경험한 세대에게는 '옥소'나 '옥도'이고 그 이후의 세대에게는 '요오드'입니다. 그리고 최근에 중·고등학교에서 공부한 세대에게는 '아이오딘'입니다. 뭔가 혼란스러운 상황이 된 듯합니다.

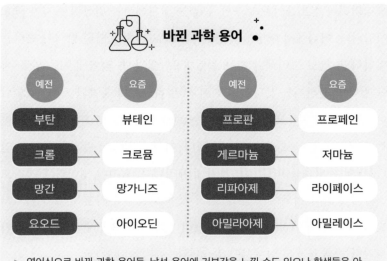

바뀐 과학 용어

예전	요즘	예전	요즘
부탄 →	뷰테인	프로판 →	프로페인
크롬 →	크로뮴	게르마늄 →	저마늄
망간 →	망가니즈	리파아제 →	라이페이스
요오드 →	아이오딘	아밀라아제 →	아밀레이스

▶ 영어식으로 바뀐 과학 용어들. 낯선 용어에 거부감을 느낄 수도 있으나 학생들은 아무렇지 않게 받아들인다.

원산지 표시의 의무

먹거리와 관련해서 '신토불이(身土不二)'라는 말을 많이 씁니다. 제 땅에서 난 것을 먹어야 몸에 좋다는 뜻입니다. 그렇다면 말은 어떤가요? 제 땅에서 난 순수한 말만 써야 한다고 굳게 믿는 이도 있지만 실제로 이를 실천하는 것은 어려운 일입니다. 대대로 전해져 내려오는 고유한 말만 쓰고 싶지만 인적, 물적 교류가 이루어지면 자연스럽게 말도 흘러 들어오게 됩니다. 우리말에서 상당한 비중을 차지하는 한자어를 과연 외래어로 봐야 할지 망설여질 정도로 한자어가 많습니다. 영어를 비롯한 서양의 언어에서 유래한 외래어를 쓰고 싶지 않더라도 원활한 의사소통을 위해서 꼭 쓸 수밖에 없기도 합니다.

먹거리의 신토불이를 고수할 수 없는 상황에서는 원산지 표기가 중요시됩니다. 어디에서 어떻게 생산된 먹거리인가를 분명히 밝혀야 한다는 것입니다. 말도 그러해야 하는 것일까요? 어쩔 수 없이 들어온 말을 써야 한다면 원산지를 분명히 밝혀서 써야 하는가가 문제가 될 수 있습니다. 웬만한 소리는 모두 적을 수 있는 한글 덕분에 요오드든 아이오딘이든 얼마든지 한글로 적을 수 있습니다. 다만 독일어식 발음을 따를 것인가, 영어식 발음을 따를 것인가가 문제입니다. 심지어 영어라 할지라도 영국식 발음과 미국식 발음 중 어느 것을 따를 것인가가 문제가 되기도 합니다. 그 기준이 바뀌어 표기가 달라지면 마치 다른 단어인 것처럼 인식된다는 데 문제의 심각성이 있습니다.

요오드와 아이오딘이 독일어와 영어의 문제이니 독일과 영국의 나라 이름을 이 문제와 관련지을 수 있겠습니다. 너무도 당연한 사실이지만 영국 사람이나 독일 사람은 자신들의 나라를 '영국'이나 '독일'이라고 하지 않고 각각 '잉글랜드(England)'와 '도이칠란트(Deutschland)'라고 합니다. 영국이란 이름은 동서양이 접촉하던 초기에 '잉글랜드'를 한자로 '英國(영국)'이라 적은 데서 유래한 것입니다. 이런 방식으로 한다면 '도이칠란트'는 '德國(덕국)'이어야 합니다. 그런데 일본에서 '獨逸(독일)'이라고 적고 일본식 음독으로 '도이치'라고 하는 것을 우리는 우리 한자음대로 '독일'이라고 한 것입니다.

우리가 나라 이름으로 쓰고 있는 독일과 영국은 원산지 표기도 엉망일 뿐만 아니라 중간 수입업자를 거친 것을 다시 우리말식으로 발음하면서 본래 이름과 아주 멀어져 버렸습니다. 이것이 뭐가 문제냐고 할 수도 있지만 스위스와 스웨덴, 그리고 프랑스 등의 사례를 보면 그렇지도 않습니다. 예전에는 스위스와 스웨덴을 '서사(瑞士)'와 '서전(瑞典)'이라고 썼고 그렇게 불렀습니다. 그러나 한자 대신 다른 외국어에 익숙한 사람들이 늘어나면서 비로소 요즘 익숙한 이름으로 대치되었습니다. 프랑스도 과거에는 '불란서(佛蘭西)'였지만 오늘날에는 이렇게 쓰고 말하는 사람들을 촌스럽다고 여기고 이렇게 쓰는 사람도 드뭅니다.

원산지를 정확히 밝히려면 영국과 독일은 각각 잉글랜드와 도이칠란트로 바뀌어야 합니다. 요오드가 아이오딘으로 바뀐 것을 감안하면 독일은 도이칠란트가 아닌 '저머니(Germany)'가 되어야 합니다. 그러나 결국은 모두 제각각입니다. 원산지 의무 표기를 지켜야 한다고 고집을 부리는 이도 없고, 원산지의 발음을 정확히 받아 적어야 한다고 우기는 이도 없습니다. 기존의 관습이 워낙 강하게 작용하기 때문입니다. 이 문제가 '미국'에까지 이르게 되면 더 복잡해집니다. 우리는 아름답다는 뜻의 한자가 포함된 '美國'을 쓰고 일본은 쌀을 뜻하는 글자를 써서 '米國'이라고 합니다. 이것을 '아메리카 합중국'이나 '유에스에이', 더 나아가 '유나이티드 스테이츠 오브 아메리카'로 바꿀 수는 없을 것입니다.

'헤더'와 '볼포'의 신세계

과거의 축구 애호가들이 숙적 일본과의 한일전을 봤다면 요즘의 '축덕'들은 EPL의 맨체스터 더비를 봅니다. 과거의 야구 팬들이 황금 사자기 쟁탈 고교 야구를 즐겨 보았다면 요즘 야구 마니아들은 MLB의 하이웨이 시리즈를 챙겨 봅니다. 해외에서 벌어지는 운동 경기가 실시간으로 중계되고, 각종 매체를 통해서 각국의 프로 리그도 자유롭게 볼 수 있게 되면서 운동 경기를 보는 양상이 많이 바뀐 것입니다. 그런데 바뀐 것은 이것만이 아닙니다. 사람들이 다양한 종목의 수준 높은 운동 경기를 직접 챙겨 보면서 경기 용어에도 새로운 변화가 나타나기 시작합니다.

손 이외의 모든 신체 부위를 쓸 수 있는 축구에서 머리는 발 다음으로 많이 쓰입니다. 머리로 공을 다루는 것을 과거에는 '헤딩'이라고 해 왔습니다. 머리를 뜻하는 '헤드(head)'를 변형시킨 이 말은 원산지인 영어권에서는 전혀 다른 뜻으로 쓰이고 축구 용어로는 쓰이지 않습니다. 일본에서 만든 엉터리 영어 용어인데 그동안 우리는 별 의심 없이 축구 용어로 써 왔습니다. 그런데 최근 들어 젊은 캐스터들이 '헤더(header)'라는 말을 쓰기 시작했습니다. 영어로 하는 축구 경기 중계를 보면 '헤딩' 대신 '헤더'를 쓰니 축구의 본고장 영국에서 쓰는 말로 바꿔야 한다고 말합니다. '센터링'도 엉터리 영어이니 '크로스'로 바꿔야 한다고 말하며 실제로 그렇게 합니다.

야구에서도 이와 유사한 변화가 일어나고 있습니다. 스트라이크 존을 벗어난 공이 네 개가 되면 타자가 1루로 걸어 나가는 것을 이전에는 '포볼(four ball)'이라고 했습니다. 그런데 야구의 원산지 미국에서는 '볼포(ball four)'라고 하니 그렇게 바꾸어 중계를 하는 경우가 잦아졌습니다. 단어의 순서만 바꾼 것인데 이왕 영어 용어를 쓸 것이라면 바로 쓰자는 생각입니다. 이와 함께 타자가 연속으로 홈런을 치는 것을 일컫는 '랑데부 홈런(rendez-vous home run)'이란 말도 바뀌어 가고 있습니다. 남녀가 밀회를 하는 것도 아니고 우주선이 도킹하는 것도 아닌데 엉뚱하게 '랑데부'를 쓰는 것은 잘못이니 본토에서 쓰는 '백투백 홈런(back to back home run)'으로 바꾸자는 것입니다.

이러한 변화에 대해서 세대별로 반응이 엇갈립니다. 일찍이 헤딩이나 포볼에 익숙해져 있는 세대는 헤더나 볼포가 뜬금없다고 느낍니다. 설사 틀린 영어 용어일지라도 이미 널리 쓰이고 있는 것을 굳이 바꾸어야 하는가 하는 의구심도 가지고 있습니다. 이에 비해 영어가 익숙한 세대, 그리고 해외에서 중계되는 스포츠 경기를 직접 볼 수 있는 젊은 세대들은 과거의 잘못된 용어가 귀에 거슬립니다. 이왕이면 국제적으로 통용되는 정확한 용어를 쓰자는 생각을 가지고 있습니다. 이 세대는 콩글리시나 일본식으로 잘못 쓰이고 있는 영어를 부끄러워하기도 하니 바꿀 수 있는 것부터 바꾸자고 말합니다.

여기에 또 다른 생각을 가진 이들이 의견을 보탭니다. 이왕 문제가 제기된 김에 이런 말들을 한국어로 바꿔 보자는 것입니다. 헤딩은 '머리받기'로 바꾸고 포볼은 '볼넷'으로 바꾸자는 의견이 제시되었습니다. 그런데 머리받기는 북한식 용어 냄새가 나고, 볼넷은 '볼(ball)'은 그대로 둔 채 '포(four)'만 바꾸어서 뭔가 어색한 조합이 되어 버렸습니다. 외국어를 모르더라도 누구나 알아들을 수 있는 용어로 바꾸는 것은 좋은 시도이기는 하지만 어차피 스포츠 경기를 보는 것은 규칙과 용어를 함께 알아 가는 과정을 거쳐야 하니 굳이 한국어로 바꿀 필요가 있는가 하는 반론도 제기됩니다. 더욱이 요즘과 같은 국제화 시대에 굳이 한국어를 고집하는 것은 시대착오적이라고 말하기도 합니다.

헤더와 볼포에 관한 논란은 시간이 흐를수록 자연스럽게 해결될 가능성이 높습니다. 이 문제를 둘러싼 세대 간의 의견은 큰 차이를 보이는데 이는 의외로 간단하게 풀릴 수 있습니다. 세월의 흐름에 따라 나이가 든 세대들은 자연스럽게 퇴장하고 젊은 세대가 사회의 중심이 됩니다. 당연히 헤딩이나 포볼을 기억하는 세대들은 줄어들고 헤더와 볼포에 익숙한 세대들이 늘어나게 됩니다. 이렇듯 세월이 어느 정도 지나게 되면 헤더와 볼포에 대한 논란은 줄어들거나 아예 사라질 것입니다. 물론 새로운 용어가 제시되기 전까지 말입니다.

말의 주인, 그리고 말의 운명

요오드를 아이오딘으로 바꾼 것은 교과서를 쓴 화학 선생님들입니다. 사실 원소 이름은 조금 전문적인 분야여서 일반인들은 여기에 별 관심이 없습니다. 미역과 다시마를 많이 먹어야 건강에 좋다는 것은 알지만 그것이 특정 원소 때문이란 것을 굳이 알 필요가 없습니다. 따라서 일반인들이 요오드를 아이오딘으로 바꾸라고 요구한 것은 아닙니다. 그저 전문가들이 자신들에게 익숙한 이름으로 바꾼 것입니다. 이런 사례를 보면 말의 주인은 선생님들이나 학자들로 보입니다. 원소 이름이니 화학자들이 주도를 한 것이고 일상적인 말은 국어학자들이 주도할 때가 많습니다. 어원이나 어법 등을 따지고 이것을 정책에 반영하기도 하는 것은 주로 국어학자입니다. 그러니 말의 주인은 말을 연구하는 사람이나 교육하는 사람일 듯합니다.

그러나 아닙니다. 나트륨의 사례에서 알 수 있듯이 이들이 마음대로 모든 것을 다 할 수 있는 것은 아닙니다. 자신들이 편한 용어로 바꾸고자 했다면 나트륨도 소듐으로 바꿨을 것입니다. 그러나 전문가들은 누군가의 눈치를 살폈습니다. 자신들이 내릴 결정이 미칠 영향과 그에 대한 반응을 생각했습니다. 결정은 이들이 하지만 고려해야 할 마지막 기준은 다른 데 있었던 것입니다. 요오드와 달리 나트륨은 너무나 많은 사람들에게 익숙해져 있으니 이를 소듐으로 바꾸자고 할 경우 저항이 만만치 않을 것입니다. 따라서 전문가들은 소듐으로 소통을 하지만 교과서는 그리 바꾸지 못했습니다.

이러한 사례는 이 땅에 등장한 지 백 년이 넘어서야 많은 사람들의 입맛에 맞는 '짜장면'이란 이름이 인정된 것에서도 찾을 수 있습니다. 이 음식을 '자장면'으로 표기해야 하는가 '짜장면'으로 표기해야 하는가를 두고 실로 오랜 기간 동안 논쟁이 있었습니다. 언어학적인 판단, 그리고 이 판단에 기초해서 만들어진 「어문 규범」에 따르면 당연히 '자장면'이 맞습니다. 그러나 이 음식을 사랑하는 수많은 사람들의 끊임없는 요구에 의해 결국은 둘 다 표준어로 인정이 되었습니다. 언어를 연구하는 이도, 언어 정책을 입안하고 시행하는 이도 결국은 손을 들 수밖에 없었습니다.

이러한 사례에서 알 수 있듯이 궁극적인 말의 주인, 그래서 말의 운명을 결정하는 이들은 우리 주변의 모든 이들입니다. 이들은 국어학자들만큼 많이 알지는 못합니다. 언어 정책을 좌지우지할 만큼의 힘도 없습니다. 그러나 일상에서 말을 쓰면서 그 말의 타당성을 스스로 검증하고 운명을 결정합니다. 이들만의 공식적인 기구가 있는 것도 아니고 따로 모여서 회의를 여는 것도 아닙니다. 이들의 집단 지성이 힘을 발휘해 말의 운명을 결정짓는 것입니다. 전면에 나서서 주도하는 것으로 보이는 전문가들은 이들의 집단적인 결정에 따라 이를 반영할 뿐입니다.

그렇다고 말의 주인이나 말의 운명이 고정불변인 것은 아닙니다. 특히 시간의 흐름은 이 주인들의 변화에 결정적인 영향을 미칩니다. 새로운 주인들이 끊임없이 태어나 합류하는가 하면 이전의 흐름을 주도하던 이들은 서서히 퇴장하게 됩니다. 주인들이 바뀜에 따라 새로운 의견들이 제시되고 그에 따라 말의 운명이 바뀌게 됩니다. 아무래도 운동 경기는 젊은 세대가 더 즐기기 때문에 헤더와 볼포는 이 세대의 입맛에 맞게 변해 가고 있습니다. 이 세대가 영어에 더 익숙해진다면 나트륨도 결국은 소듐으로 바뀔지도 모릅니다.

이러한 변화는 옳고 그름을 따질 문제가 아닙니다. 개인의 선호도, 전문가의 의견 등이 다양하게 제시될 수 있지만 결국은 말의 주인인 언중의 집단 지성에 의해 결정됩니다. 이 주인들에 대한 믿음이 중요합니다. 물론 주인들의 주인 의식 또한 중요합니다. 요오드와 나트륨이 사라지지는 않습니다. 그것을 가리키는 이름이 바뀔지라도 이 원소들은 변함없이 각각의 중요한 역할을 합니다. 의사소통에 필요한 대상 또한 사라지지 않습니다. 다만 그것을 일컫는 말이 달라질 뿐입니다. 그리고 그 말은 주인들의 선택에 따라 운명이 결정됩니다.

11

도련님부터

개저씨까지

"아버님, 어머님 무슨 일 때문에 오셨어요?"

"우리가 왜 아가씨 아버지, 어머니요?"

"아, 선생님, 죄송합니다. 적당한 호칭이 생각이 안 나서요."

"아니, 어르신이라 안 한 건 고맙지만 나이로 따지면 삼촌이나 이모뻘인 거 같은데……?"

"그래도 여긴 식당이 아닌데……."

"농담이에요. 마스크 벗으니 아버지뻘은 아니지요?"

"저도 아가씨 아네요."

병원에 서류를 요청하러 갔는데 앞에서 작은 소동이 생겼습니다. 중년 부부와 30대로 보이는 직원 간에 오간 말입니다. 전염병이 번지는 시기여서 모두들 마스크를 쓰고 있다 보니 오해가 생긴 듯합니다. 사실 평소에도 가끔씩은 보는 장면이기도 합니다. 얼굴을 붉히면서 목소리를 높인 것은 아니고 서로가 농담처럼 잘 넘어가서 다행입니다. 호칭과 지칭은 가끔 싸움거리가 되기도 하고 갈등의 이유가 되기도 합니다. 정해진 것은 있지만 쓰기 거북한 것도 많습니다. 늘 어려운 호칭과 지칭, 특히 시대가 급격히 바뀔 때 더 어렵습니다.

당신은 누구십니까?

I am a student.

Are you a teacher?

중학교에 들어가 영어를 배우기 시작할 때 맨 처음 배운 두 문장입니다. 첫 문장은 그대로 넘어갈 수 있는데 두 번째 문장의 번역이 문제입니다. 문장의 근간은 'you'와 'teacher'인데 "너는 선생이냐?"부터 "당신은 선생님이십니까?"까지 한국어의 어떤 번역도 마땅치 않습니다. 높임법의 문제이기도 하지만 호칭의 문제이기도 합니다. 한국어의 높임법은 말하는 이와 듣는 이는 물론 언급되는 이까지 고려해 정해집니다. 호칭과 지칭 또한 주체와 대상을 고려해서 정해지는데 기본적인 관계는 물론 성별이나 나이 등 매우 다양한 조건까지 따져야 해서 어렵습니다.

"당신은 누구십니까?"라는 질문에 대한 답은 한없이 다양합니다. 우리는 태어나는 순간 어머니와 아버지, 형제와 자매 등 자신보다 먼저 태어난 이들과 자동적으로 관계가 맺어집니다. 결혼을 하면 배우자의 친인척과도 자연적으로 관계가 맺어지고 자녀를 결혼시키면 조금 멀기는 하지만 훨씬 더 복잡한 관계가 맺어집니다. 성장하는 과정에서 집 주위의 골목은 물론 학교에서도 다양한 관계를 맺고, 직업을 가지면 그 속에서도 다양한 관계를 맺습니다. 결국 이 모든 관계 속에서 자신의 정체가 결정되고 그에 따라 호칭과 지칭이 결정됩니다. 물론 자신이 부를 때뿐만 아니라 자신이 불릴 때도 적용됩니다.

호칭과 지칭 체계를 결정하는 요인에는 여러 가지가 있는데 한국어에서 가장 중요한 요인은 친족 관계입니다. 태어나는 순간부터 맺어지는 친족 관계는 자신의 힘으로 어찌할 수 없습니다. 여기에 나이와 성별이 중요한 요건이 됩니다. 같은 부모에게서 태어났더라도 세상에 나온 순서와 성별에 따라 형, 누나, 오빠, 동생 등이 정해집니다. 손위인가 아래인가도 따져야 하고 자신의 성별은 물론 대상의 성별도 함께 고려해야 합니다. 나이와 성별도 자신의 힘으로 어찌할 수 없습니다. 먼저 태어난 사람을 대우하는 것은 당연한 것으로 여겨지기도 하고, 성별에 따라 호칭과 지칭이 달라지는 것은 우리말의 특징일 뿐 잘잘못을 가릴 문제도 아닙니다.

이런 호칭과 지칭 체계를 결정하는 요인들은 서로 충돌하기도 합니다. 친족 관계가 가장 중요하다고는 하지만 공식적인 상황에서는 감춰야 하기도 합니다. 같은 회사에 근무할 경우 형제일지라도 회사에서는 형과 동생으로 부를 수 없습니다. 나이가 우선시된다고 하더라도 공식적인 자리에서는 직급을 따져야 합니다. 직장 상사가 학교 후배라고 해도 공식 석상에서는 상사에 대한 예를 갖추어야 합니다. 이런 충돌은 충분히 예측하고 대응할 수 있는 것이기 때문에 태도만 올바로 갖추면 문제를 일으킬 일은 없습니다.

우리나라 호칭의 다양성

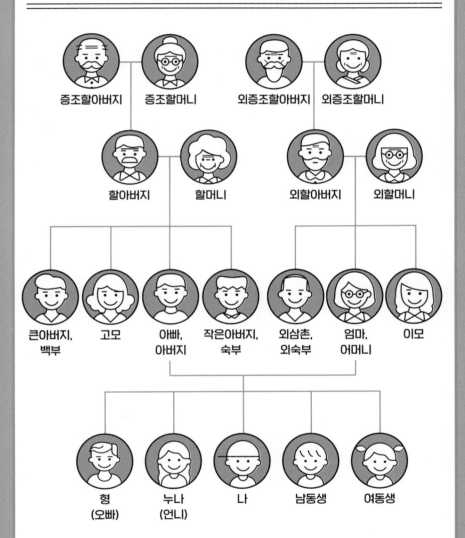

증조할아버지　증조할머니　　외증조할아버지　외증조할머니

할아버지　할머니　　외할아버지　외할머니

큰아버지,
백부　　고모　　아빠,
아버지　　작은아버지,
숙부　　외삼촌,
외숙부　　엄마,
어머니　　이모

형
(오빠)　　누나
(언니)　　나　　남동생　　여동생

▶ 우리의 호칭 체계는 꽤나 복잡하다. 촌수를 따져야 하는 것은 기본이고 손위와 손아래, 성별, 친
가와 외가 등까지 고려해야 한다.

그런데 시대의 변화에 따라 호칭과 지칭이 문제나 갈등을 일으키기도 합니다. 결혼 전에는 '○○ 씨'라고 부르다가 결혼 후에는 '여보'나 '○○ 아빠'라고 부르던 세대는, '오빠'와 사귀다가 결혼하고 아이를 낳고 살면서도 여전히 '오빠'라고 부르는 것이 영 못마땅합니다. 결혼 후 아내의 형제는 그저 '처남'일 뿐인데 남편의 형제는 '도련님'이나 '서방님'이라 불러야 하는 것이 납득되지 않기도 합니다. 자신의 의지나 바람과 상관없이 '총각-아저씨-할아버지'나 '아가씨-아줌마-할머니'로 싸잡아 불릴 때는 몹시 불쾌하기도 합니다. 게다가 '아저씨'가 '개저씨'로 둔갑하고, '아줌마'에 특별한 캐릭터가 부여되기도 합니다.

호칭과 지칭은 어렵습니다. 한국어에서 조금 더 어렵게 느껴질 수도 있겠지만 개별 언어의 특성과 관계없이 늘 어렵습니다. 오죽하면 최선의 호칭은 눈맞춤이라고 할까요? 적절히 부르기도 어렵고 부르는 순간 모든 관계가 정해지니 차라리 눈이 마주칠 때까지 기다렸다가 해야 할 말을 하는 것이 낫다는 말입니다. 따져야 할 조건도 많고 고려해야 할 변수도 많은 호칭과 지칭, 이에 대한 가장 정확한 답은 "당신은 누구십니까?"라는 질문에 스스로 답해 보는 것입니다. 그것은 결국 "나는 누구인가?"와 같은 질문이기도 합니다. 스스로의 위치를 가늠하여 내가 불리고 싶은 호칭과 지칭을 남에게 적용하면 해결할 수 있습니다. 물론 그 역지사지가 잘 안되니 어렵긴 합니다.

아저씨와 아줌마의 변신은 유죄

'아저씨'라는 단어에서는 어떤 냄새가 나나요? 2010년에 개봉한 영화

「아저씨」 속 주인공에게서는 혹시 '향기'를 맡을 수 있을지 몰라도 현실에서는 '냄새'가 어울릴 듯합니다. 세련되지 않은 매너로 재미없는 개그 아니면 꼰대 같은 소리나 하는 남자의 냄새가 납니다. '아줌마'란 단어에서는 어떤 소리가 들리나요? 2000년에 방영된 드라마 「아줌마」에서는 멋진 성품에도 불구하고 대접받지 못하는 아줌마의 안타까운 목소리가 들리지만 현실에서는 한바탕 수다가 들립니다. 버스나 전철에 자리가 나면 가방부터 던져 놓고 뛰어가는 모습으로, 혹은 운전을 잘 못해 엉뚱한 사고를 내는 모습으로 그려지기도 합니다.

그러나 아저씨와 아줌마는 결코 이런 냄새나 소리가 나는 말이 아닙니다. 본래 부모님의 사촌, 그러니까 자신에게는 오촌이 되는 피붙이들을 부르는 말입니다. 오늘날에는 꽤 멀게 느껴질 수 있지만 과거에는 아주 가까운 친척이었습니다. 가까움과 친근함을 담은 이 말이 어느 순간 피를 나누지 않은 이웃사촌에게도 쓰이기 시작합니다. 이웃의 어른들을 부를 말이 딱히 없었는데 아저씨와 아줌마의 용법이 확대되면서 비로소 마음 편하게 그들을 부를 말이 생긴 것입니다. 그 후 아저씨와 아줌마는 중년의 남자와 여자를 통틀어 가리키는 말로 의미가 확장됩니다.

무색무취였던 아저씨와 아줌마란 말에 냄새와 시끄러움이 배게 된 것은 순전히 편 가르기와 그에 따른 차별의 결과입니다. 나이에 따른 편 가르기가 먼저 이루어집니다. 나이가 어느 정도 차야 결혼을 하는 것이 보통이니 나이의 많고 적음, 혹은 결혼의 유무가 아저씨와 아줌마의 조건이 됩니다. 총각과 아저씨 그리고 아가씨와 아줌마의 의미상 대응 관계가 생긴 것입니다. 아저씨와 아줌마로 불리는 순간 나이 든 기혼자가 되니 이 말을 듣기 좋아할 사람이 별로 없습니다. 여기에 남녀에 대한 차별이 가미됩니다. 무례한 성인 남성을 '개저씨'라 부르는 것, 무언가 모자라는 성인 여성을 '김여사'라 부르는 것이 그 예입니다. 결국 아저씨와 아줌마는 나이를 헛먹어 제멋대로 구는 무례한 이들과 동의어 취급을 받게 됩니다.

누구에게나 두루 쓸 수 있다는 점은 듣는 사람의 반감을 불러일으킬 만합니다. 세상 모든 사람들이 아저씨와 아줌마이니 그렇게 불리면 왠지 대접을 받지 못한다는 느낌이 듭니다. 그래서 호출되기 시작한 것이 선생님과 사장님, 그리고 사모님과 여사님입니다. 가르치는 것이 직업인 사람에나 쓰이는 선생님, 어느 정도 규모가 되는 기업을 이끄는 사람에게나 쓰이는 사장님이 누구에게나 쓰이게 됩니다. 선생님이나 사장님, 혹은 높은 지위에 있는 이의 부인에게나 쓰이던 사모님이나 여사님도 모두에게 쓰이게 됩니다. 듣는 사람이 싫어하니 어떻게든 대접할 말을 찾다가 여기에까지 이르게 된 것입니다.

이웃사촌을 친근하게 부르기 위해 소환된 단어 '아저씨'나 '아줌마' 자체는 죄가 없습니다. 죄는 편 가르기나 차별에 있습니다. '아버지'와 '어머니'의 의미를 구성하는 요소와 '아저씨'와 '아줌마'의 그것을 비교해 보면 거의 같습니다. 비슷한 나이 또래이며 당연히 결혼도 했고 한쪽은 남자이고 다른 한쪽은 여자입니다. 딱 한 가지 차이가 있다면 '나'입니다. 즉 나를 낳고 키워 주었는가 아닌가의 차이만 있을 뿐입니다. 아버지와 어머니는 편 가르기와 차별의 대상이 될 수 없으나 나와 직접적인 관련이 없는 아저씨와 아줌마는 얼마든지 가능한 것입니다.

결국 아저씨와 아줌마라는 호칭과 지칭이 문제가 된다면 그 책임은 그 말을 쓰는 모든 이에게 있습니다. 친족 명칭을 끌어내 이웃사촌에게 확대한 것은 좋았지만 그 후에 편 가르기와 그에 따른 차별을 했다면 그 책임에서 자유롭지 못합니다. 진정한 말의 주인 행세를 하려면 이러한 책임도 감내해야 합니다. 일부 국어 선생들은 사장님과 사모님의 남용에 대해 나무라지만 그 속을 들여다보면 그럴 일도 아닙니다. 아저씨와 아줌마라는 호칭이 채우지 못한 허기를 채우기 위한 시도일 뿐입니다. 듣는 이들이 아저씨와 아줌마보다 사장님과 사모님을 선호한다면 맞고 틀리고의 문제를 굳이 거론할 필요는 없습니다. 그리고 누구나 결국 아저씨와 아줌마가 되니 혹시라도 나이로 편을 가른다면 반성할 일입니다.

집 나간 오빠와 아버님

친족 명칭이 호칭과 지칭으로 확장되는 것은 아저씨와 아줌마에서 그치지 않습니다. 오빠와 누나, 아버지와 어머니까지 일반적인 호칭으로 쓰이게 됩니다. 아저씨와 아줌마라는 두 다리 건너의 친척과 달리 직계 가족 명칭이 가족 울타리를 넘어 확장되는 것은 다소 어려움이 있습니다. 이런 이유 때문에 직계 가족 명칭을 일반적인 호칭으로 쓰는 것에 여전히 거부감을 가지는 이들도 있습니다. 그러나 일단 쓰이게 되면 그 효과는 꽤나 크고 아저씨와 아줌마에서 느껴지던 거부감도 잘 느껴지지 않습니다. 이러한 흐름은 할아버지와 할머니에서 먼저 시작된 듯합니다. 그 뒤를 오빠가 주도하고 다시 그 뒤를 누나가 뒤따라 큰 파문을 일으키다가 급기야 마지막에 아버지와 어머니까지 합류합니다.

할아버지와 할머니는 아저씨와 아줌마의 경우와 마찬가지로 그 용법이 확장되었습니다. 아버지와 어머니 또래의 이웃을 부르는 말이 필요하듯이 그보다 더 나이가 든 이웃을 부르는 말도 필요합니다. 결국 할아버지와 할머니 또래의 이웃들일 테니 자연스럽게 할아버지와 할머니가 호출됩니다. 할아버지와 할머니는 촌수로 따지면 삼촌이어서 아저씨와 아줌마보다 많이 가깝습니다. 직계 가족에게 쓰는 호칭을 이웃에게 쓰는 것에 거부감이 들 수도 있지만 친근감의 표현이라면 문제될 것이 없습니다. 실제로 할아버지와 할머니는 아주 자연스럽게 그 용법이 확대되어 사용되고 있습니다.

부모님 세대와 조부모님 세대의 이웃사촌 호칭이 해결되었다면 남은 것은 자신과 같은 세대의 호칭입니다. 또래 동성끼리의 호칭은 예전부터 크게 문제될 것이 없었습니다. 전통 사회에서도 접촉이 자유로웠고 그 과정에서 적절한 호칭이 만들어질 수 있었습니다. 이와 달리 접촉이 제한되어 있던 또래 이성 간에는 새로운 호칭이 필요해졌습니다. 자신보다 나이가 어린 경우에는 그저 이름만 부르면 되지만 나이가 많은 상대에게는 무언가 호칭을 붙여야 합니다. 이때 친족 명칭인 오빠와 누나가 호출되는 것은 어쩌면 당연한 과정일지도 모릅니다. 그러나 일촌 간인 친족 명칭을 그대로 쓰는 것은 꺼려질 만한 일이어서 지역이나 사람에 따라서는 아직도 오빠와 누나의 사용을 어색해하기도 합니다.

이 과정에서 가장 뜨거운 감자는 역시 '오빠'였습니다. 통상적인 남녀 배우자의 나이를 감안하면 '오빠'라 부르는 이와 불리는 이는 연인이 될 수도 있고 부부가 될 수도 있습니다. 남자와 여자가 만나 교제를 할 때 여자가 남자보다 나이가 어리면 이때에도 '오빠'가 적절한 호칭으로 사용될 수 있습니다. 서로가 '○○ 씨'를 쓸 수도 있지만 '오빠'

를 쓰면 더 친근하게 느껴지는 효과가 있습니다. 그 결과 '오빠'와 교제하다가 결혼하고서도 여전히 '오빠'라 부르는 일도 잦아졌습니다. 진짜 오빠나 진짜 오빠를 낳은 시부모님으로서는 못마땅할 수도 있지만 당사자들이 그리 쓰니 말릴 수도 없는 노릇입니다. 왁스의 「오빠」나 박현빈의 「오빠만 믿어」를 들으며 자란 세대에게 오빠는 너무도 자연스러운 호칭입니다.

그런데 '오빠' 또한 왜곡을 겪게 되고 '누님'도 같은 길을 걷게 됩니다. 오빠와 혹은 누나와의 나이 차이는 정해진 바가 없지만 통념상 10년을 넘기 어렵습니다. 더욱이 요즘처럼 아이를 적게 낳는 시대에는 10년 차이의 남매는 상상하기 어렵습니다. 그런데 어느 순간 '철없는 오빠'들이 등장하기 시작합니다. 자신보다 나이가 적은 여성들에게 늘 '오빠'라고 불리고 싶어 하는 이들이 그들입니다. '누님' 역시 마찬가지여서 '누님'으로 불리기를 원하는 이들이 생겨나더니 '사모님'을 대체하여 쓰이기도 합니다. 문제는 이렇게 한정된 공간에서 쓰이던 '오빠'와 '누님'이 일상의 언어에까지 확산되었다는 것입니다.

그런데 이 또한 부르는 이들의 책임이 아닌 불리는 이들의 책임입니다. 오빠라고 불리던 이가 나이가 듦에 따라 '아저씨'나 '할아버지'라고 불리면 서러울 수도 있겠습니다. 나이는 들었더라도 젊다고 믿고 싶으니 '오빠'를 고집하는 것인가 싶기도 합니다. 듣는 이가 원한다면 딱히 쓰지 못하게 막아야 할 일인가 하는 생각도 듭니다. '오빠'만큼은 아니더라도 '누님'들 또한 원한다면 그렇게 부를 수도 있습니다. 나이 든 '꼰대'나 깐깐한 국어 선생들이 싫어하더라도 말의 주인들이 그렇게 선택한다면 그것이 결국 새로운 길이 됩니다.

'오빠'와 '누님'에 이어 '이모'와 '삼촌'도 울타리 밖을 나가기 시작했습니다. 이들이 가장 많은 곳은 역시 음식점입니다. '아저씨'나 '아줌마'가 꺼려지기는 음식점도 마찬가지입니다. 일하는 분이 주인인 것 같으면 "사장님!" 하고 부르면 되겠지만 그게 아니면 그냥 "여기요!"라고 할 수밖에 없습니다. 이런 난감한 상황에서 누군가가 어머니의 여자 형제를 호출했습니다. 용돈도 잘 주고 여러모로 챙겨 주는 이모에 대한 기억이 있으니 많은 사람들이 동조해서 널리 퍼지게 됩니다. 이모 덕분에 음식점에서 일하는 남자들도 '삼촌'이란 호칭을 얻게 됩니다. 왜 '고모'가 아닌 '이모'일까, 왜 오촌인 '아저씨'를 '삼촌'으로 대체했을까를 생각해 보면 재미있습니다. 이 모든 것이 말의 주인들의 선택이었는데 그리 나쁘지 않은 선택으로 보입니다.

아버지와 어머니만은 끝까지 집을 지키고 있었는데 결국 부모님도 집 밖으로 나가게 되었습니다. 친한 친구의 부모님을 '아버님'이나 '어머님'으로 부르는 경우를 이야기하는 것이 아닙니다. 학교 선생님들이 '○○ 어머님'이라고 부르다 학생 이름을 빼고 부르는 사례도 아닙니다. 생판 모르는 남이 다짜고짜 '아버님'이나 '어머님'으로 부르는 경우입니다. 여러 사람을 상대해야 하는 일에 종사하는 사람들이 쓰기 시작한 것으로 보입니다. 자신의 부모님은 아니지만 누군가의 부모일 것이라는 전제하에 그리 부르는 것입니다. 40~50대의 중년들은 이렇게 불리면 기분이 나쁠 수도 있지만 할아버지나 할머니로 불려 온 60대 이상에게는 기분 좋은 일이기도 합니다.

가족과 친족 명칭이 세상 밖으로 나가 쓰이는 일은 꾸준히 증가하고 있습니다. 이러한 추세는 그리 써도 된다는, 혹은 그리 쓰는 것이 좋다는 인식이 반영된 것이기도 합니다. 그런데 정작 가족과 친족 내에서의 호칭과 지칭은 여전히 문제가 되고 심각한 갈등을 초래하기도 합니다. 핵가족이 일반화되어 사돈의 팔촌을 만날 일은 드물어졌지만 삼촌 이내의 친인척은 여전히 가까이 지내며 자주 만나게 됩니다. 삼촌 이내면 조부모님, 부모님, 부모님의 형제자매 정도인데 이들 사이에서 호칭이나 지칭이 꼬이거나 문제를 일으킬 일은 없습니다. 다만 성인이 되어서 갑자기 가족이 된 경우, 즉 결혼으로 맺어지는 친인척의 호칭이 문제가 됩니다.

결혼을 하면 부부에게는 각각 시부모와 처부모가 생깁니다. 과거에는 이들을 '시아버님'과 '시어머님' 그리고 '장인어른'과 '장모님'으로 불렀습니다. 그런데 앞에 '시'를 붙이는 것이나 '장인'과 '장모'로 구별해서 부르는 것에 구별, 혹은 차별의 소지가 있었습니다. 말의 주인들은 '아버님', '어머님'이란 호칭으로 통일해 이 문제를 극복했습니다. 배우자의 부모도 결국 자신의 부모이니 굳이 구별해서 부를 이유가 없기도 합니다. 남들과 얘기할 때 쓰는 지칭에서는 구별이 필요하지만 호칭은 통일하는 것으로 해결했습니다. 시어머니를 '엄마'라고 부르는 며느리와 장인을 '아버지'라고 부르는 사위도 있습니다. 이 모두 친근함의 표현이니 나쁠 것은 없습니다.

그런데 배우자의 형제자매 호칭은 여전히 껄끄럽습니다. 특히 졸지에 '도련님', '아가씨', '서방님', '형님'을 모시게 된 여자 배우자들의 불만이 많습니다. 남편이 자신의 형제자매를 부를 때의 호칭은 그저 '처남', '처제', '처형'일 뿐인데 남편의 형제자매 호칭은 옛날 하인들이나 쓸 법한 것들입니다. 게다가 '도련님'이 결혼을 하면 남편에게만 쓰는 것으로 알고 있는 '서방님'을 써야 하니 민망하기도 합니다. 확실히 여자 배우자가 불평을 할 만한 호칭 체계입니다. 옛날부터 써 오던 것을 바꾸기도 쉽지 않고 바꿀 말도 마땅치 않으니 더욱더 난감합니다.

이 호칭 중 '아가씨'는 남편의 손아래 여자 형제를 부를 때 쓰는데, 이 말이 참 복잡하고도 묘합니다. '아기씨'와 마찬가지로 '아가씨'는 본래 높은 지위에 있는 사람의 딸을 가리키던 말로서 '도련님'과 짝을 이룹니다. '아가씨'가 결혼을 하면 '아씨'가 되는데 이 역시 대상을 높이는 말이어서 하인들이나 지체가 낮은 사람들이 주로 쓰는 호칭입니다. 남편의 형제자매를 이런 호칭으로 부르게 하는 것은 그들을 그만큼 대우해야 한다는, 혹은 대우해 주라는 의미였을 것입니다.

그런데 '아가씨'라는 말이 오늘날에는 시집갈 나이의 여자를 가리키는 말로 쓰입니다. 더 나아가 사회적으로 낮게 여겨지는 직업에 종사하는 젊은 여자들을 부르는 말로 쓰이게 됩니다. '도련님'은 세상 밖으로 나와 이리 쓰이지 않는데 '아가씨'만 그런 것입니다. 이에 대응할 만한, 장가들기 전의 남자를 가리키는 말로는 '총각(總角)' 정도가 있는데 이에 대응하는 '처녀(處女)'라는 단어가 따로 있습니다. '총각'과 달리 '처녀'는 '처녀비행'이나 '처녀지'처럼 적절하지 않은 용법으로 쓰이기도 합니다. 극단적으로 보면 처녀 때에는 '아가씨'로 불리며 홀대받다가 결혼을 한 뒤에는 '아가씨'를 모시며 다시 홀대받아야 하는 상황입니다.

두 얼굴의 '아가씨', 즉 이러한 상반된 용법은 시대의 흐름에 따른 단어의 변화를 잘 보여 줍니다. '아가씨'가 울타리 밖으로 처음 나왔을 때에는 비하하는 용법으로 쓰이지 않았을 것입니다. 그런데 사회에 팽배한 여성에 대한 비하 의식이 점차 가미되어 새로운 의미가 덧보태진 것입니다. 늘어나기 시작한 제조업이나 서비스업 직종에 상대적으로 임금이 싼 여성들이 많이 고용되다 보니 저소득층에 대한 차별과 비하의 의미도 더해졌습니다. 본래의 뜻이야 어떠하든 오늘날의 집밖에서는 '아가씨'란 호칭을 써서는 안 되는 상황입니다.

'아가씨'가 두 얼굴이듯 여성 배우자도 시댁과 친정에서 결국 두 얼굴이니 밑질 것 없지 않냐는 엉뚱한 산수를 할지도 모르겠습니다. 시댁에서는 올케로서 아가씨를 모셔야 하지만 친정에서는 올케에게서 아가씨로 모셔지니 비긴 것 아니냐는 생각입니다. 혹시나 이런 생각을 한다면 이 문제는 근본적으로 해결이 안 됩니다. 도련님이나 처남들은 할 필요가 없는 이런 산수를 아가씨나 올케들은 해야 한다는 것 자체가 문제입니다. '반반의 산수'를 적용해야 한다면 남자와 여자 모두가 이 문제를 해결해야 한다는 것에 적용해야 합니다. 올케나 아가씨들은 반반의 경험 때문에 이 문제를 잘 알고 있는데 셈이 느린 도련님과 처남들만 모르고 있으니 더더욱 서둘러야 합니다.

"당신은 누구십니까?"라는 질문에 쓰인 '당신'에는 꽤나 여러 가지 뜻이 있습니다. 그중 하나가 부부가 서로를 부르는 호칭입니다. 부부 사이의 호칭은 오래전부터 큰 숙제였고 지금도 물밑 전쟁이 한창입니다. 호칭이나 지칭으로 '여보'나 '당신'이 어색한 이들은 '자기'나 '자기야'를 개발했습니다. '집사람'이나 '안사람'이 여전히 쓰이고, 영어에서 유래한 '와이프'도 한자리를 차지하고 있습니다. 늙어서도 여전히 '신랑'을 쓰는 사람도, 겁 없이 아직까지도 '마누라'를 쓰는 사람도 있습니다. '남편'

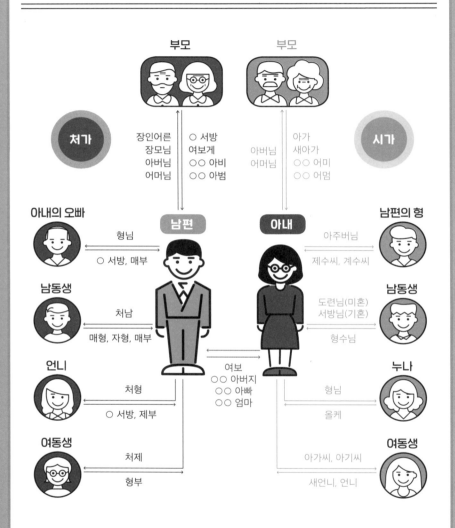

▶ 여성에게는 더 복잡하고도 불리하게 적용되는 호칭 체계. 모두가 노력해서 바꿔 나가야 한다.

은 진작부터 쓰였는데 젊은 사람들 사이에서 이 말에 대응하는 '아내'의 쓰임이 늘어나고 있습니다. 최종 승리자가 무엇일지 모르겠지만 최대한 서로를 존중하는 호칭이 무엇일까 고민하며 답을 찾는 과정입니다.

'도련님'이나 '아가씨'가 시대의 흐름에 맞지 않는다면 이 땅의 반반이 부부 사이의 호칭처럼 답을 찾아 나가야 합니다. 국어 선생이나 공식 기관에 답을 달라고 해 봐야 좋은 답이 안 나와 소용이 없습니다.『표준 언어 예절』이라는 제목하에 호칭과 지칭을 안내하는 책도 있지만 결국 원칙과 기원을 따지는 이들이 만든 책이어서 변화하는 시대에는 맞지 않는 것이 많습니다. 이들에게 기대기보다 말의 주인들 스스로가 답을 찾아 나가야 합니다. 자녀의 이름을 넣어서 '○○ 엄마'라고 부르는 방법, 자녀가 부르는 호칭을 가져다 '고모'라고 부르는 방법 등 여러 가지가 시도되고 있습니다. 이마저도 어려울 때는 눈이 마주칠 때까지 지긋이 기다리는 수밖에 없습니다.

적절한 호칭은 관계의 시작이자 지속을 위한 장치입니다. 누구나 아이로 태어나 소년과 소녀, 총각과 아가씨, 아저씨와 아줌마를 거쳐 할아버지와 할머니가 됩니다. 각각의 성별로 태어나 저절로 나이를 먹어 가면서 오빠와 누나가 되기도 하고 아빠와 엄마가 되기도 합니다. 누군가의 아가씨는 누군가를 또 아가씨라고 불러야 하기도 합니다. 관계라는 것이 어느 일방으로만 맺어질 수 없는 것이니 이 모든 그물 속에서 호칭과 지칭을 결정해야 합니다. 대화 또한 말하는 이와 듣는 이가 모두 있어야 이루어지고 그 관계는 계속 순환됩니다. 듣는 이를 배려해 기분을 좋게 하는 호칭은 늘 어렵지만 이 관계의 그물 속에서 생각해 보아야 할 것입니다.

12

아버지는
가방에
들어가지
않으신다

아버지는 가방에 들어가지 않으신다

"선생님, 커플과 솔로의 차이를 아세요?"

"그냥 말해. 내가 그런 걸 어떻게 알아."

"'사랑해보고싶어'의 차이예요."

"아재 개그도 아니고 뭔 소리야?"

"'사랑해! 보고 싶어.'라고 하면 커플이고 '사랑 해 보고 싶어.'라고 하면 솔로래요."

"국문과 원생 개그구먼. 그래도 '아버지가방에들어가신다.'보다는 낫네."

'아재 개그'라고 폄훼되는 일이 많긴 하지만 말장난은 우리가 가장 쉽게 할 수 있는 우스갯소리입니다. "3월이나 9월에 대학생들은 무척 힘이 세져, 개강해서."와 같은 말장난은 아저씨 세대가 지어낸 우스갯소리가 아닌 것이 분명하니 굳이 아재 개그라고 할 이유도 없어 보입니다. 말장난의 방법에는 여러 가지가 있지만 우리말과 글에서는 띄어 읽기나 쓰기도 흔히 사용되는 방법입니다. '사랑해보고싶어'를 어떻게 띄어 읽거나 쓰느냐에 따라 뜻이 달라지는 것도 그 예입니다. 그러나 이 문제는 그저 웃어넘기고 말 수 있는 것이 아닙니다. 띄어쓰기와 관련한 우리 「어문 규범」의 골치 아픈 부분을 건드리는 문제이기 때문입니다. 말도 많고 탈도 많은 띄어쓰기, 도대체 어떻게 해야 할까요?

눈도 숨을 쉬어야 한다

인쇄본인 『훈민정음언해』나 필사본인 『완월회맹연』 같은 책은 꽤나 깔끔하게 잘 만들어진 책이지만 오늘날 사람들이 읽기에는 꽤 어렵습니다. 요즘은 안 쓰는 글자도 있고, 필사본은 흘려 썼기 때문이기도 하지만 무엇보다도 띄어쓰기가 안 되어 있기 때문입니다. 문장이 어디에서 끝나는지, 단어의 시작과 끝은 어디인지 안다면 그나마 찬찬히 읽을 만할 텐데 옛날 책에는 구두점이나 띄어쓰기가 없기 때문입니다. 우리의 글에서 띄어쓰기가 처음 시도된 것은 영국인 목사 존 로스(John Ross)가 펴낸 한국어 회화서 『Corean Primer(코리안 프라이머)』나 『독립신문』이니 이전에는 누구나 구두점이나 띄어쓰기가 없는 글을 읽어야 했습니다.

띄어쓰기는 꼭 해야 하는 것일까요? 띄어쓰기는 문자 언어와 관련된 문제, 즉 글과 관련된 문제이지만 결국 언어의 문제이므로 음성 언어, 즉 말을 먼저 따져 볼 필요가 있습니다. 글에서는 띄어쓰기라고 하지만 말에서는 '끊어 말하기' 정도로 표현할 수 있습니다. 그렇다면 질문은 "끊어 말하기를 꼭 해야 하는 걸까요?"로 바뀌게 됩니다. 우리는 말을 할 때 숨이 허락하는 한 끊지 않고 길게 말할 수 있지만 적당한 단위에서 끊어서 합니다. 한 문장이 끝나면 조금 길게 쉬고, 문장 내에서도 정확한 의사 전달을 위해 필요하다면 단위별로 잠깐 끊어서 말을 하기도 합니다. 분명한 것은 글에서의 띄어쓰기와 비교해 보면 끊어 말하기의 빈도가 상대적으로 낮다는 것입니다. 말에서는 끊어 말하기를 많이 하지 않으니 글에서도 말과 같은 수준 정도의 띄어쓰기만 해도 될 것 같기는 합니다.

끊어 말하기와 띄어쓰기의 문제는 소통성이나 효율성과 밀접한 관련이 있습니다. 말을 할 때 끊어 말하기를 많이 하지 않는 것은 그래도 소통이 되기 때문이고 필요 이상으로 끊어서 말하는 것이 오히려 효율적이지 못하기 때문입니다. 대국민 연설이나 법원의 판결문처럼 단어 하나하나가 중요할 때는 또박또박 끊어서 말을 하기도 하지만 일상의 대화에서는 적당한 단위에서 끊어 말해도 이해하는 데 별로 어려움이 없습니다. 대화에 사용되는 언어를 잘 아는 사람들은 연달아 귀로 들어오는 말소리를 적당한 단위로 스스로 끊어서 받아들입니다. "나는 한국어를 사랑한다."와 같은 문장을 끊지 않고 연속적으로 말을 하더라도 우리는 '는', '를', '-ㄴ다'와 같은 요소에서 적절하게 끊어서 받아들입니다.

읽기의 효율성을 감안하면 띄어 쓰는 것이 훨씬 더 경제적입니다. "나는한국어를사랑한다."와 같이 붙여 쓰면 종이값을 아낄 수는 있겠지만 빠르게 읽기는 어려워집니다. 문자는 본래 기록을 위한 것이지만 일단 기록이 되고 난 뒤에는 읽기 위한 것이니 읽기에 효과적인 방법을 찾는 것이 합리적입니다. 한글로 쓸 때 적당한 단위로 띄어 쓰면 읽는 이가 문장을 분석해야 하는 시간을 줄이거나 없앨 수 있습니다. 띄어쓰기가 되어 있으면 우리의 눈이 잠시 쉬는 사이 우리의 머리는 더 빠르게 의미를 파악합니다. 더 정확하고 빠르게 문장의 의미를 전달할 수 있다면 띄어쓰기는 선택이 아닌 필수입니다. 눈이 숨을 쉬지 못하면 우리의 머리도 숨을 쉬지 못합니다.

언어와 문자, 그리고 띄어쓰기

띄어쓰기는 언어의 유형과 사용하는 문자의 특성에 따라 그 필요성이 결정됩니다. 띄어쓰기는 여러 언어와 문자의 특성상 띄어쓰기가 필수였던 서양에서 개발되었습니다. 서양의 언어는 중국어처럼 의미를 지닌 요소가 자유롭게 배열되면서 문장이 이루어지는 것도 아니고, 한국어처럼 문법적인 관계를 나타내는 다양한 요소가 덧붙여야 말이 되는 것도 아닙니다. 영어의 "I love English."를 보면 어순은 정해져 있되 문법적인 관계를 나타내는 요소는 없습니다. 따라서 이것을 "IloveEnglish."와 같이 쓰면 읽기가 쉽지 않습니다. 따라서 영어를 비롯한 서양의 언어권에서는 띄어쓰기가 당연한 것으로 받아들여지고 있습니다.

이러한 띄어쓰기는 서양에서 널리 쓰이는 로마자와 밀접한 관련이 있습니다. 로마자는 소리글자인데 각각의 글자를 순차적으로 씁니다. 그래서 긴 문장을 띄어쓰기 없이 붙여 쓴다면 읽기 어렵습니다. 독일에서는 복합어는 모두 붙여 쓰는데 가장 길다고 알려진 'Rindfleischetikettierungsüberwachungsaufgabenübertragungsgesetz(쇠고기와 가축 백신 및 라벨의 감시 의무의 양도에 대한 법률)'를 제대로 읽어 낼 사람은 없을 것입니다. 중국어와 유형이 비슷한 베트남어는 오늘날 로마자를 받아들여 표기를 하는데 언어의 특성과 로마자의 약점을 모두 감안해 음절 단위로 띄어 씁니다. '나는 베트남어를 사랑한다'를 뜻하는 "Mình yêu tiếng Việt."을 "MìnhyêutiếngViệt."과 같이 붙여 쓰면 역시 읽기 어렵습니다.

한국어는 의미를 가진 요소에 문법적인 관계를 나타내는 요소가 붙어서 문장이 구성됩니다. "나는 한국어를 사랑한다."를 예로 들면 이 문장은 '나', '한국어', '사랑하-'에 '는', '를', '-ㄴ다'가 더해져서 완전한 문장이 된 것입니다. 따라서 어느 부분이 의미를 가진 요소이고 어느 부분이 문법적인 관계를 나타내는지 알아야 비로소 문장의 의미를 정확하게 이해할 수 있습니다. 비슷한 뜻의 중국어 문장은 "我爱中文。"인데 '나[我]', '사랑[爱]', '중국어[中文]'처럼 실질적인 의미를 가진 단어가 배열되면서 문장이 만들어집니다. 한국어와 비슷한 특성의 일본어는 "私は日本語を愛する。"에서 알 수 있듯이 '私(나)', '日本語(일본어)', '愛する(사랑하다)'에 문법적인 관계를 나타내는 요소가 붙어 문장이 만들어집니다.

이러한 언어 유형적인 특징은 각각의 언어를 표기하는 문자의 특징과 결합되면서 흥미로운 양상을 보여 줍니다. 과거의 한문이나 오늘날의 중국어는 한자로 기록됩니다. 한자는 본래 글자 하나가 하나의 단어이므로 문법적인 관계를 나타내는 요소가 극히 적은 중국어와 궁합이 잘 맞습니다. 글자 하나하나가 단어이고 문법적인 관계를 나타내는 요소가 거의 없으니 한자를 군이 띄어 쓸 필요도 없습니다. 따라서 과거의 한문이나 오늘날의 중국어 모두 띄어쓰기 없이 간단한 구두점만 더해 한자로 적고 있습니다. 읽고 쓰는 이들도 띄어쓰기가 없다고 해서 딱히 불만을 표하지는 않습니다.

일본어는 언어 유형상 한국어와 유사하므로 띄어쓰기가 필요해 보입니다. 일본어를 적을 때 쓰는 문자인 가나는 뜻글자인 한자와 달리 한글과 유사한 소리글자이니 더더욱 그래 보입니다. 실제로 "私は日本語を愛する。"를 히라가나로만 적으면 "わたしはにほんごをあいする。"가 되는데 띄어쓰기가 없으면 읽기가 쉽지 않습니다. 그럼에도 불구하고 일본어를 표기할 때 띄어쓰기를 거의 하지 않는데 그 이유는 한자에 있습니다. 일본에서는 한자와 가나를 섞어 쓰는데 의미를 나타내는 부분은 한자로 쓰고 문법적인 관계를 나타내는 부분은 가나로 씁니다. 따라서 한자와 가나가 자연스럽게 띄어쓰기와 같은 역할을 합니다. 일본의 초등학교 1학년 교과서에는 한자가 80자 정도만 쓰이고 나머지는 가나로 쓰여 있는데 이때는 띄어쓰기가 되어 있습니다.

한국어를 한글로 쓸 때는 상황이 조금 더 복잡해집니다. 음절 단위로 모아쓰는 한글의 특성상 "나는한국어를사랑한다."와 같이 붙여 써도 한국어를 아는 사람이 주의 깊게 읽으면 그 뜻을 파악할 수 있습니다. 만약 "ㄴㅏㄴㅡㄴㅎㅏㄴㄱㅜㄱㅓㄹㅡㄹㅅㅏㄹㅏㅇㅎㅏㄴㄷㅏ."와 같이 풀어쓰되 띄어쓰기를 하지 않으면 읽어 내기가 쉽지 않습니다. 세종 대왕께서는 소리글자를 만드셨지만 그것을 음절 단위로 모아쓰게 했기 때문에 띄어쓰기가 필수는 아닙니다. 일본처럼 한자를 섞어 쓰지 않더라도 가나로만 쓴 것보다는 읽기가 더 수월합니다. 조선 후기에 크게 유행했던 필사본 소설이나 방각본 소설은 띄어쓰기가 전혀 안 되어 있었는데 전기수들은 이를 아무런 어려움 없이 술술 읽어 냈던 것도 이런 이유입니다.

세상에서 가장 어려운 띄어쓰기?

우리의 띄어쓰기는 세상에서 가장 어려운 것일까요? 세상에서 가장 어려운 것인지 쉽사리 판단하긴 어렵지만 우리의 띄어쓰기가 어려운 편에 속하는 것은 사실입니다. 띄어쓰기는 언어의 유형 및 그 언어를 적는 문자와 밀접한 관계가 있습니다. 앞에서 살펴보았듯이 한국어는 의미를 가진 요소에 문법적 요소가 붙어서 문장이 구성이 됩니다. 그리고 한글은 소리글자이되 음절 단위로 모아쓰는 문자입니다. 한글은 어느 모로 보나 가장 과학적인 문자이지만 그렇다고 한국어의 유형적 특징 때문에 나타나는 띄어쓰기의 어려움을 완전히 극복할 수 있는 것은 아닙니다. 그러니 우리의 띄어쓰기가 어렵게 느껴지는 것은 사실입니다.

무엇인가 계속 덧붙여져 말이 만들어진다는 것은 덧붙는 요소의 띄어쓰기 여부를 결정해야 한다는 어려움이 있을 수 있다는 것을 의미합니다. "사랑한다, 사랑하신다, 사랑하시겠다, 사랑하시겠습니다, 사랑하시었겠습니다만……."에서 알 수 있듯이 '사랑'에 '-하다'가 붙기도 하고 그 뒤에 매우 다양한 요소들이 다닥다닥 붙을 수 있는 것은 띄어쓰기를 어렵게 만드는 요소이기도 합니다. 영어에서는 기껏 'love, loves, loved, loving' 정도로 모습이 변하거나 약간 덧붙기만 하니 한국어의 띄어쓰기가 확실히 어렵게 느껴지기도 합니다.

그러나 한국어를 아는 사람들은 '사랑'과 '-하다'를 붙여야 하는가 아니면 떼어야 하는가 잠시 고민하기는 해도 나머지 요소는 붙여야 한다는 것을 직관적으로 압니다. "내가 너를 사랑한다."에서 의미를 가진 핵심적인 요소는 '나, 너, 사랑하-'이니 나머지는 각각의 핵심적인 요소에 붙여 쓰면 된다는 것을 알 수 있습니다. 한국어의 유형적 특징 때문에 띄어쓰기가 조금 복잡해질 수는 있지만 이것 때문에 띄어쓰기가 견딜 수 없을 만큼 복잡한 것은 아닙니다. 더욱이 한글은 음절 단위로 모아쓰기 때문에 "ㅅㅏㄹㅏㅇㅎㅏㄴㄷㅏ, ㅅㅏㄹㅏㅇㅎㅏㅅㅣㄴㄷㅏ……."와 같이 더 복잡해지지 않은 것이 얼마나 다행인지 모릅니다.

한국어의 띄어쓰기를 어렵게 느껴지게 하는 예는 다음과 같은 것들입니다.

너는 나를 사랑할 수밖에 없을 거야.

돌아서면 보고 싶고 눈 감으면 떠오를 테니까.

그때는 언제든 불러 줘, 바로 달려갈게.

위 문장에서 "사랑할 수밖에"와 "없을 거야"는 왠지 하나의 단위처럼 느껴져 붙여 쓰고 싶습니다. "수밖에"에서 '밖에'는 띄어 써야 할 것 같기도 합니다. '돌아서다'는 띄어 써야 할 것 같기도 하고, "보고 싶고"는 붙여 써야 할 것 같기도 합니다. "눈 감으면"은 띄어 쓰는 것이 맞을 듯한데 사전을 보면 '눈감다'가 하나의 단어로 올라가 있어 붙여 쓰는 경우도 있는 것이 문제입니다. "그때"는 '그 때'처럼 띄어 쓰는 경우도 있습니다. "달려갈게"는 '달려 갈 게'와 같이 띄어 써야 할 것 같기도 합니다. 이 짧은 구절 속에 띄어쓰기를 고민해야 할 것이 한두 개가 아니고 전문가마저도 헷갈려 하니 우리의 띄어쓰기가 어려운 것이 분명해 보입니다.

그러나 위에 예로 든 문장은 일부러 헷갈리는 것만 모아 놓은 것입니다. 대부분 의미상 하나의 단위로 보아도 될 것 같은데 더 분석하면 그이상으로 나눌 수도 있어 보이는 것들입니다. 사실 전문가들도 똑같은 한국어를 쓰고 있으니 헷갈리는 것은 마찬가지입니다. 결국 몇 가지 원칙을 정해서 사전에도 올리고 규범도 정하는 것일 뿐입니다. 말을 할 때는 '사랑할 수밖에'를 대부분 붙여서 하니 띄어쓰기를 하지 않아도 되지만 띄어쓰기가 되어 있는 편이 더 정확하고도 빨리 읽을 수 있어 띄어서 쓰기로 한 것입니다. '돌아서다'는 '돌다'와 '서다'가 결합된 것이어서 띄어 쓸 수도 있지만 워낙 많이 쓰이며 한 단어처럼 굳어져서 붙여 쓰도록 한 것입니다.

위의 예들을 하나하나 분석해 보고 규범과 맞춰 보면 현재의 띄어쓰기 규범이 그럴 수밖에 없다는 것을 인정하게 됩니다. 규범을 정하기로 한 이상 원칙을 정하고 그 원칙을 일관되게 적용해야 하니 어쩔 수 없는 것입니다. 예외를 인정하지 않으면 현실과 어긋날 수도 있기 때문에 현실에 맞게 예외를 정하기도 한 것입니다. 언어의 유형상 어쩔 수 없는 상황에서 원칙과 현실의 균형을 최대한 잡아서 만든 것이 우리의 띄어쓰기 규정입니다. 더 많이 띄어 쓰게 하든 경우에 따라서는 더 붙여 쓰게 하든 둘 다 문제가 됩니다. 적당한 선에서 규범을 정하고 그 규범을 견지해야 하는 상황입니다.

사정을 이해한다고 해도 앞의 예를 보면 우리의 띄어쓰기는 너무 어려워 보입니다. 그런데 아닙니다. 서울 북쪽의 북한산은 서울에서 가깝기도 하고 높이도 적당해서 남녀노소 누구나 쉽게 오를 수 있는 산입니다. 그런데 북한산의 세 봉우리 중 하나인 인수봉은 화강암 암벽으로 되어 있어서 아무나 오를 수 없습니다. 인수봉이 있음에도 사람들은 북한

산을 등산하기 어려운 산으로 여기지는 않습니다. 굳이 인수봉을 오르려 하지 않고 편안한 다른 등산로를 즐깁니다. 우리의 띄어쓰기도 마찬가지입니다. 오르기 힘든 봉우리가 몇 있기는 하지만 전체적으로는 꽤나 완만한 능선, 그래서 만만하게 즐길 수 있는 산입니다.

그럼에도 불구하고 많은 사람들이 우리의 띄어쓰기를 어렵다고 여기는데, 그 책임의 상당 부분은 국어 선생님들에게 있습니다. 띄어쓰기와 관련된 시험 문제로 어려운 것만 골라서 내다 보니 그리되었습니다. 대부분의 사람들이 북한산의 다른 능선을 거닐 듯 일상적인 띄어쓰기만 물으면 될 텐데 인수봉급의 시험 문제를 내니 많은 학생들이 미리 겁을 먹습니다. 시험의 목적이 점수대로 줄을 세우는 데 있다고 한다면 어려운 문제도 있어야겠지만 모든 사람들이 반드시 알아야 하는 것은 아닌 띄어쓰기 문제 때문에 많은 사람들이 외려 띄어쓰기로부터 멀어지기도 했습니다.

띄어쓰기와 말장난

띄어쓰기에 대한 이야기가 나올 때면 누구나 가장 먼저 떠올리는 문장이 하나 있으니 "아버지가 방에 들어가신다."입니다. 띄어쓰기를 달리해 "아버지 가방에 들어가신다."라고 쓰면 엉뚱하게 오해될 소지가 있다는 것입니다. 누가 처음 만들어 낸 문장인지 몰라도 띄어쓰기의 중요성을 말하기에 적절한 예는 아닙니다. 버릇없는 아이들이 아니라면 '아버지가'를 쓸 리가 없으니 이 문장은 잘못된 문장입니다. 게다가 이 문장의 띄어쓰기가 잘못되었다고 하더라도 아버지께서 가방에 들어가는 상황을 떠올릴 이는 없을 것입니다. 이러한 이상한 상황을 설정하고 어법에 맞지 않는 문장을 써서 띄어쓰기의 어려움을 토로할 필요는 없어 보입니다.

웃자고 하는 것이겠지만 인터넷상에서 '아버지 가방'의 자리를 노리는 다른 사례들도 그리 적합한 사례는 아닙니다. 제일 먼저 발견되는 것이 '서울시어머니합창단'입니다. 고유 명사는 모두 붙여 써도 되는데 이것을 어떻게 띄어 쓰느냐에 따라 '서울시 어머니 합창단'이 될 수도 있고 '서울 시어머니 합창단'이 될 수도 있다는 것입니다. 하지만 상식이 있는 사람이라면 이것을 보고 '시어머니 합창단'을 떠올리지는 않을 것입니다. 띄어쓰기와 끊어 읽기 모두 문제가 될 수 있는 사례이기는 하지만 누군가 일부러, 혹은 장난스럽게 시어머니를 끌어들이지 않는 한 헷갈릴 만한 소지는 없습니다.

이와 함께 '안동시체육회'와 '동시흥분기점'도 자주 떠도는데 이 또한 그저 한번 웃고 넘길 수 있는 예들입니다. 누가 보더라도 앞의 것은 '안동시의 체육회'일 텐데 이를 '안동 시체 육회'로 오해할 수도 있다는 것입니다. 잘라 말하지만 그렇게 삐딱하게 보려고 억지를 부리는 사람은 있을 수 있지만 오해할 사람은 없습니다. '동시흥분기점'은 띄어쓰기를 해 놓지 않아서 오해의 소지가 있어 보이기도 합니다. 그런데 이정표의 특성상 띄어쓰기를 하지 않는 경우가 많으니 운전자들은 알아서 표지판을 이해합니다. 따라서 이 표지판을 본 운전자들은 시흥 동쪽에 있는 분기점을 떠올립니다. 이 표지판을 보고 동시에 흥분해야 하는 시작점이라고 생각하는 사람은 없습니다.

▶ 언뜻 보면 엉뚱하게 받아들여질 수도 있는 표기들. 그러나 상식에 기대어 읽어 내면 잘못 읽어 낼 일은 없다.

띄어쓰기와 관련한 이러한 사례들은 띄어쓰기에 대한 관심을 보여 주는 것이기는 하지만 띄어쓰기에 대한 오해를 불러일으킨다는 데 문제가 있습니다. 일상에서 띄어쓰기 때문에 의미가 혼동되는 일은 없습니다. 잠시 혼동되기도 하지만 모두가 가지고 있는 언어 지식으로 다 해결할 수 있습니다. 우리는 일상적인 대화를 나눌 때 눈에 보이는 띄어쓰기도 없고 잠시 쉬어 가는 마디가 없을지라도 별 어려움 없이 소통을 합니다. 이와 마찬가지로 띄어쓰기를 물 흐르듯이 자연스럽게 이해하기도 합니다. 학생들을 골탕 먹이려는 국어 선생님, 그리고 말도 안 되는 예를 끌어들여 편견을 조장하는 이들만 없다면 띄어쓰기는 참 쉽습니다.

70자로 제한된 문자 메시지 시대를 기억하시나요? 지금은 문자 메시지를 쓸 때 글자 수 제한이 거의 없어졌고 다른 소통 도구도 많으니 이 제한에 얽매일 필요가 없습니다. 그런데 그 시기의 글자 수 제한은 띄어쓰기에 대한 새로운 시도로 이어졌습니다. 바로 띄어쓰기를 하지 않거나 꼭 필요한 곳에만 하는 것입니다. 이렇게 해도 대부분 잘 소통이 되었습니다. '아버지 가방'처럼 엉터리로 읽으려는 사람도 없었습니다. 이러한 사례는 우리의 띄어쓰기가 꼭 지켜져야 하는 절대적인 것은 아님을 방증합니다.

읽기의 효율을 위해서 띄어쓰기는 필요합니다. 그러나 이 규정을 지나치게 강요하거나 이 규정에 얽매이는 것은 바람직하지 않습니다. 엄격한 규정보다 편안한 소통이 먼저입니다. 아버지께서 가방에 들어가지 않으시듯 쓸데없이 복잡한 띄어쓰기의 봉우리에 오르지만 않으면 띄어쓰기는 참 쉽습니다. 그 어려운 곳은 전문가들만 오르면 됩니다. 읽기에 편하자고 만들어 놓은 띄어쓰기 규정에 말의 주인들이 겁을 먹게 하는 상황은 바람직하지 않습니다. 물론 말의 주인들도 지나치게 겁을 먹을 필요가 없습니다.

13

한글,

기계와

싸워 이기다

한글, 기계와 싸워 이기다

"프로그램 언어를 한글로 바꾸려고 하는데 연구에 참여하실래요?"

"세종 대왕님은 왜 한글을 풀어쓰지 않았을까요? 그랬더라면 우리나라 컴퓨터 산업이 훨씬 더 빨리 발전할 수 있었을 텐데……."

"한글 풀어쓰기 한번 개발해 보시죠? 그러면 제가 영문 폰트만큼 예쁘고도 다양한 폰트를 개발해 볼게요."

한국어를 연구한다고 하면 달콤하지만 씁쓰름한 제안을 많이 받습니다. 말소리, 혹은 방언이 전공이지만 말이나 문자와 관련된 모든 것을 알고 있고, 무엇이든 할 수 있을 거라 믿고 질문과 제안을 하는 이들도 있습니다. 프로그램 언어를 한글로 바꾸려는 시도는 프로그램을 조금 해보면 그 한계를 알 테니 굳이 답할 필요는 없습니다. 컴퓨터 산업의 발전을 위해서 한글 풀어쓰기를 주장하는 컴퓨터 공학자라면 머잖아 스스로 도태될 운명이니 함께할 이유가 없습니다. 셀 수 없을 정도로 무한히 만들 수 있는 변화무쌍한 한글 폰트 디자인을 멋지게 하려 하기보다 알파벳 26자에 갇히기를 원하는 디자이너라면 역시 신뢰가 가지 않습니다.

그러나 이들의 말을 모두 귀담아들을 필요도 있습니다. 프로그램 언어가 '한국어'로 되어 있다면, 컴퓨터가 '한글'을 쓰는 이 땅에서 처음 개발되었다면 하지 않을 고민들을 많은 이들이 해 왔기 때문입니다. 풀어쓰면 자음과 모음 다 합쳐 봤자 몇 자 되지 않는데 이것들을 조합해 셀 수 없이 많은 글자를 만들어 내야 하니 폰트 개발자들은 말 그대로 죽을 맛입니다. 이들의 고민, 그에 대한 한글의 반격, 그 치열했던 싸움의 세계로 들어가 볼까요?

동양에서 컴퓨터가 탄생했다면?

역사에서 가정은 의미가 없지만 그래도 상상을 해 보는 것은 자유입니다. 근대 이후에도 동양이 문명의 발달을 주도했다면 컴퓨터도 동양에서 먼저 선을 보였을까요? 당연히 그랬을 것 같지만 넘어야 할 산이 하나 있어서 쉽지 않았을 것으로 생각됩니다. 가장 높은 산은 문자의 문제입니다. 0과 1밖에 모르는 컴퓨터와 인간이 소통을 하려면 인간이 이해할 수 있는 문자를 컴퓨터가 처리할 수 있어야 합니다. 따라서 이에 꼭 필요한 문자를 정해야 하는데 그 숫자를 무한정 늘릴 수는 없습니다. 더욱이 컴퓨터 개발 초기에는 기술적 한계 때문에 문자가 적으면 적을수록 좋습니다. 그런데 한중일 세 나라에서 쓰는 문자는 그 수가 너무 많아 초기의 컴퓨터로는 감당하기 어렵습니다.

초기의 컴퓨터는 128개의 문자만 처리할 수 있었습니다. 컴퓨터는 0과 1만 알아들으니 이 둘만의 조합으로 일곱 자리를 나열하면 0000000

부터 1111111까지 2^7개가 되니 128자입니다. 여기에는 숫자와 로마자 그리고 몇 개의 부호 정도만 포함될 수 있습니다. 컴퓨터가 영어를 쓰는 지역에서 개발되었으니 이 정도의 문자만 있어도 충분했습니다. 그러나 세상에는 숫자와 로마자만 있는 것이 아니니 128개의 문자만으로는 부족합니다. 컴퓨터가 처리할 수 있는 문자의 숫자를 늘리면 되겠지만 기술적으로 어려움이 있습니다. 컴퓨터에서 처리할 수 있는 문자의 숫자를 늘리려면 필요한 숫자만큼 멋대로 늘릴 수는 없고 2^8개, 2^{16}개, 2^{24}개…… 단위로 늘려야 합니다. 오늘날에는 2^{16}개, 즉 65,536자의 문자를 쓸 수 있는데 이렇게 되기까지 많은 시간이 걸렸습니다.

위의 숫자 놀음을 이해하기 어렵다면 타자기를 생각해 보면 됩니다. 타자기는 로마자를 쓰는 미국에서 최초로 개발되었습니다. 영어는 알파벳 대소 문자, 숫자, 몇 개의 기호만 있으면 타자가 가능합니다. 즉 이 수만큼 글쇠를 만들어 배치하면 타자기로 글을 쓸 수 있습니다. 그렇다면 한자는 어떨까요? 그 많은 수의 글쇠를 만들 수 없으니 불가능합니다. 일본어의 경우 가나로만 쓴다면 제한된 수의 글쇠만 만들면 되지만 일본어를 가나로만 쓰기에는 많은 불편함이 있습니다. 따라서 일본의 경우 타자기가 개발되기는 했지만 한자를 쓰기 위해 한자 글자를 따로 마련해 놓고 일일이 타자기에 끼워 넣으면서 쳐야 했으니 얼마나 불편할지 가늠할 수 있을 것입니다.

여기에 한글은 묘한 자리를 차지하고 있습니다. 한글의 글자 수는 몇 자일까요? 「한글 맞춤법」에는 스물넉 자라고 하고 있으나 쌍자음과 이중 모음도 있으니 조금 더 많습니다. 그런데 'ㅎㅏㄴㄱ_ㄹ' 각각도 글자라고 하고 '한글'도 글자라고 하니 혼란스럽습니다. 글자를 앞의 뜻으로 쓰면 스물넉 자에 조금만 더하면 되니 영어의 경우와 별반 다르지 않습니다. 그러나 글자를 뒤의 뜻으로 쓰면 도대체 몇 자가 될지 알 수가 없습니다. 게다가 한자까지 섞어 쓰니 한자만 쓰는 중국보다 우리는 훨씬 더 많은 수의 문자를 쓰는 셈입니다.

그러나 중국이나 일본과는 다르게 우리는 타자기를 썼습니다. 'ㅎㅏㄴㄱㅡㄹ'의 글쇠를 치되 '한글'처럼 자모가 모이게 하면 되기 때문입니다. 이를 감안해 보건대 우리의 전기·전자 기술이 발달했다면 풀어쓰기 방식으로 한글을 써서 컴퓨터를 개발할 수도 있었을 것입니다. 우리나라에서 컴퓨터는 발명하지 못했지만 다른 나라에서는 유례를 찾아보기 어려울 정도의 다양한 타자기가 만들어졌습니다. 컴퓨터에서 한글을 어떻게 쓸 것인가를 두고도 치열한 싸움이 벌어졌습니다. 그 싸움의 중심에는 한글이 있는데 한글이 기계의 도움을 받기도 하고 기계를 이기기도 했습니다.

타자기 전쟁의 엉뚱한 승자

동 해물 과 백두산 이 마르고 닳도록
하느 님 이 보우하사 우리나라 만세

한글 타자기로 작성한 문서를 보면 글자체가 뭔가 어색하다는 느낌이 듭니다. 한 행의 글자들을 보면 위는 맞는데 아래는 받침이 있는 경우와 없는 경우가 다릅니다. 받침도 왠지 자리를 잘못 잡은 듯한 느낌이 듭니다. 영문 타자기는 이런 경우가 없는데 어찌된 일일까요? 타자기에 대해서는 우리가 가장 많은 고민을 해 왔기 때문에 우리의 기술이 부족해서가 아닙니다. 한글 자모를 알파벳처럼 풀어쓰면 아무런 문제가 없는데 초성, 중성, 종성을 모아서 다시 한 글자를 만들어야 하니 이런 문제가 발생한 것입니다.

한글은 자음과 모음으로 나눌 수 있는데 한 글자는 초성, 중성, 종성으로 구성되니 글쇠의 수와 배치를 어떻게 할 것인가를 두고 맹렬한 다툼이 벌어졌습니다. '국가'와 '꺾꽂이'에 쓰인 'ㄱ'을 예로 들어 볼까요? '국가'에는 'ㄱ'이 셋인데 위치에 따라 그 모양이 다릅니다. '꺾꽂이'에는 'ㄱ'이 여섯이나 있는데 'ㄲ'을 'ㄱ' 두 개로 봐야 할지 별도의 글자로 봐야 할지도 문제이고 위치에 따라 그 모양이 다른 것도 문제입니다. 이렇게 위치에 따라 글자의 모양이 제각기 다른 상황에서 몇 개의 글쇠를, 어떻게 배치할 것인가를 두고 여러 가지 방법이 제안되었습니다.

가장 먼저 생각할 수 있는 방법은 자음과 모음으로 나누어 두 세트의 글쇠를 만드는 것입니다. 이렇게 하면 글쇠의 수가 많지 않아도 되고 외우기도 쉽습니다. 또 다른 방법은 초성, 중성, 종성으로 나누어 세 세트의 글쇠를 만드는 것입니다. 이는 한글의 한 글자가 구성되는 원리와도 맞아떨어지고 속도도 빠르지만 글쇠가 많아져서 외우기 힘들다는 단점이 있습니다. 앞의 것은 두벌식 타자기, 뒤의 것은 세벌식 타자기라 불리는데 여기에 두벌식 타자기에 바탕을 둔 네벌식 타자기가 가세합니다. 자음과 모음으로 나눈 뒤 초성과 종성에 쓰이는 자음을 각각 한 벌씩 만들고, 받침이 없는 경우의 모음과 받침이 있는 경우의 모음을 또 한 벌씩 만드니 네벌식이 됩니다. 네벌식은 글자가 예쁘게 찍히는 편이어서 많이 쓰이기도 했습니다.

쉽게 익히고 빠르게 글자를 칠 수 있으면 몇 벌식인가는 중요하지 않습니다. 여기에 글자까지 예쁘면 더 좋습니다. 그런데 타자기의 표준을 정하면서 많은 다툼이 있었습니다. 익히기 쉬운 것, 빠르게 글자를 칠 수 있는 것, 글자가 예쁜 것, 한글의 원리에 맞는 것 등등 다양한 기준이 제시되었습니다. 세벌식이 한글의 원리에 맞고 속도도 빠르다는 것이 주장되었으나 두벌식으로 물줄기의 흐름이 잡히고 나니 되돌리기가 어려웠습니다. 영문 타자기에서도 쿼티(QWERTY) 자판의 문제를 개선한 드보락(Dvorak) 자판이 표준으로 제정되기도 했으나 여전히 더 불편한 쿼티 자판이 쓰이고 있는 것과 마찬가지입니다.

그런데 타자기를 둘러싼 싸움의 승부는 엉뚱한 데서 결정지어졌습니다. 바로 컴퓨터의 등장이 그 계기가 되었습니다. 이전에는 글자가 예쁘게 찍히는 것도 중요한 문제였는데 컴퓨터의 등장에 따라 워드 프로세서가 쓰이게 되니 글자 모양은 더 이상 타자 방식의 문제가 아니었습니다. 키보드로 글자를 입력하면 그것을 컴퓨터가 받아들여 알아서 글자 모양을 결정해 주니 하드웨어의 문제가 아닌 소프트웨어의 문제가 된 것입니다. 컴퓨터 키보드는 손가락으로 톡톡 건드리기만 해도 되니 입력 속도도 빨라져서 글자를 칠 때의 빠르기도 별로 문제가 되지 않았습니다. 사실 전문 타자수나 속기사가 아니라면 타자가 느려서 기록을 못 할 일은 없습니다. 풀리지 않는 고르디우스의 매듭을 알렉산더 대왕이 단칼에 잘랐듯이 컴퓨터가 등장해 타자기를 둘러싼 싸움을 일시에 잠재웠습니다.

컴퓨터의 등장으로 키보드만 남고 타자기는 사라졌지만 타자기가 큰 공헌을 한 것이 하나 있습니다. 바로 '한글 전용'을 완성했다는 것입니다.

글을 쓸 때 한글만 쓸 것인가, 한자를 섞어 쓸 것인가는 꽤나 큰 논쟁거리였습니다. 오늘날 신문을 보면 알 수 있듯이 이 싸움은 한글 전용의 완승으로 끝났습니다. 이를 두고 한글 전용 운동의 승리, 세종 대왕의 승리, 자주정신의 발로 등등으로 포장하려는 이들이 있을지도 모르겠습니다. 그러나 이 싸움의 일등 공신은 타자기입니다. 타자기로 한자를 입력할 방법이 없으니 한자를 손으로 채워 넣지 않는 한 모두 한글로 쓸 수밖에 없었습니다. 타자기로 작성한 문서를 통해 한글로만 써도 아무런 문제가 없다는 사실이 증명되고, 사람들도 이에 익숙해짐에 따라 한글 전용이 되었습니다. 타자기가 한자를 밀어내고 한글의 손을 들어 준 것입니다.

풀어쓰기의 달콤한 유혹

한글이 많은 이들에게는 축복이지만 몇몇 부류의 사람들에게는 고문의 도구입니다. 특히 공학자나 디자이너와 같이 많은 글자와 그것의 처리를 놓고 고민해야 하는 이들에게 그렇습니다. 컴퓨터를 다루다 보면 한글이 문제를 일으키는 경우가 많습니다. 문서를 읽어 들이면 글자가 깨지기 일쑤이고 프로그래밍을 할 때 한글이 포함되어 있으면 예상치 못한 문제들이 나타납니다. 문서를 편집하다 보면 다양하고도 예쁜 영문 폰트에 놀라게 됩니다. 한글 폰트도 꽤나 많지만 영문 폰트와는 비교가 되지 않습니다. 이게 다 너무 많은 글자 수 때문입니다. 우리가 한글을 쓰지 않았다면 좋았을 것이라는 생각, 한글을 쓰더라도 풀어쓰기를 하고 싶은 유혹을 많이 느낍니다.

풀어쓰기에 대한 논의는 주시경 선생이 활동하던 시대까지 거슬러 올라갑니다. 이 시기에 국한문 혼용, 가로쓰기 등에 대한 논의가 많이 이루어지는데 한글 풀어쓰기에 대한 논의도 꽤 많이 이루어졌습니다. 풀어쓰는 것에서 그치는 것이 아니라 대문자와 소문자, 그리고 필기체에 대해 고민한 흔적도 보입니다. 한글을 풀어쓰면 얻는 장점이 몇 가지 있기는 하나 이 시기의 논의를 보면 알게 모르게 서양의 문자와 필기 체계에 경도되어 있다는 느낌을 지울 수 없습니다. 풀어쓰기까지는 어찌어찌 이해할 수 있으나 대문자와 소문자, 그리고 필기체까지 생각했다는 것이 그 증거입니다. 이후 풀어쓰기에 대한 시도는 간간이 이어졌지만 실제로 풀어쓰기가 공식적으로 시도되지는 않았습니다.

국어학자나 관련자들에 의해 이루어진 풀어쓰기 논의는 자취를 감추었으나 전혀 다른 부류의 사람들에 의해 풀어쓰기 논의가 이어집니다. 초기에 이루어졌던 풀어쓰기 논의가 자취를 감춘 가장 큰 이유는 그래봤자 얻는 이득이 없기 때문입니다. 시도는 해 볼 수 있으나 실질적인 이득이 없으니 하라고 떠밀어도 더는 못 합니다. 그런데 공학자들이나 디자이너들의 요구는 꽤나 실용적인 면이 있습니다. 한글을 풀어쓰면 알파벳 개수와 비슷한 정도의 문자만 필요하니 컴퓨터나 타자기 개발은 날개를 달 수 있습니다. 폰트 개발자들도 하룻밤이면 뚝딱 새로운 폰트를 개발할 수 있습니다. 컴퓨터와 기계 산업이 발전하고, 디자인 산업이 활성화될 수 있다면 귀를 기울여 볼 법도 합니다.

그러나 이런 주장을 펼치는 공학자나 디자이너가 있다면 그 자질을 의심해 보아야 합니다. 이러한 주장을 조금 극단적으로 비유하자면 곡선은 그리기 어려우니 모두 직선으로 바꾸자고 하거나 세상의 모든 색을 구현하기 어려우니 흰색과 검정색의 조합으로만 표현하자는 것과 다름없습니다. 세상을 편리하고도 아름답게 하는 것이 목표인 사람들이 자기 일만 편하자고 세상을 제멋대로 바꾸려 하는 것과 같습니다. 이런 공학자와 디자이너들은 자신의 꿈을 펼치기도 전에 도태되기 쉽습니다. 반대로 가능한 한 많은 수의 한글을 자유롭게 컴퓨터상에 구현할 수 있도록 노력한 공학자, 복잡해 보이는 한글에 새로운 질서를 부여해서 독특하고도 아름다운 폰트를 개발한 디자이너는 살아남았습니다.

극단적인 풀어쓰기를 추구해서 한글의 장점을 최대한 끌어올린 사례가 많은 참고가 됩니다. 휴대폰이 개발된 이후 한정된 숫자의 키패드로 문자를 입력하는 것이 큰 숙제가 되었습니다. 영어는 딱히 해결 방법이 없어서 하나의 키에 여러 개의 문자를 배당한 후 순서대로 눌러서 입력하는 것으로 끝이었습니다. 그런데 우리의 몇몇 뛰어난 엔지니어와 디자이너들은 세종 대왕의 아이디어에 착안해 한글을 낱낱이 분해해 버립니다. 그 결과 'ㆍ, ㅡ, ㅣ' 세 문자로 모든 모음을 입력하는 방법, 획을 더해 자음과 모음을 만드는 방법을 고안해 냅니다. 그 결과 우리는 가장 쉽고도 빠르게 문자를 입력할 수 있게 되었습니다.

이렇게 현실에 맞게 혁신을 이루어 낸 이들은 세상을 바꿉니다. 반대로 자신의 구미에 맞게 세상을 바꾸려고 한 이들은 도태됩니다. 불편을 감수하려 하지 않고 극복하려 할 때 세상이 발전합니다. 한글이 컴퓨터나 폰트 디자인의 세계에서 관련자들을 불편하게 하는 것은 사실입니다. 그러나 많은 사람들이 편하게 한글을 쓰고 있는 상황에서 그들을 바꾸려고 하는 것은 앞뒤가 뒤바뀐 것입니다. 기술로 세상을 바꾸는 이들이라면 기술을 발전시켜 혁신해야 하고 디자인으로 삶을 편리하게 하는 이들이라면 더 편리한 방법을 찾아내야 합니다.

컴퓨터상에서 한글이 당한 끔찍한 테러는 또 있습니다. 0과 1밖에 모르는 순진한 컴퓨터가 그랬을 리는 없으니 몇몇 공학자와 정부 담당자에게 당한 테러입니다. 컴퓨터에서 한글을 사용하기는 해야겠는데 도대체 몇 자일지 알 수 없는 한글은 골칫거리가 아닐 수 없습니다. 숫자가 많기는 한자도 마찬가지입니다만 한글은 자모를 어떻게 조합하느냐에 따라 글자의 수가 매우 유동적이니 한자와는 상황이 다릅니다. 어쨌든 한글을 컴퓨터에서 사용하기 위해서는 모든 글자에 코드 값을 부여해야 합니다. 이 코드를 무한정 배정할 수 없으니 정부에서는 1987년에 화끈한 방법을 제시합니다. 2,350개의 한글을 정해서 이 글자만 컴퓨터에서 쓸 수 있도록 한 것입니다.

이것을 비유적으로 이야기하자면 수없이 많은 사람 중에 잘사는 사람 2,350명에게만 집과 주소를 부여하고 나머지는 거리로 내쫓은 것과 같습니다. 빈도순으로 글자를 추렸다지만 여기서 빠진 글자는 손으로는 쓰고 눈으로는 읽을 수 있되 컴퓨터의 세계에서는 유령 글자가 된 것입니다. 대표적인 사례가 고유어 '뙤방'과 상표 '펩시'였습니다. '뙤방'은 아예 쓸 수 없었고 '펩시'는 '펩시'로 바꾸어야 했습니다. 게다가 새롭게 태어나는 사람에게는 아예 집과 주소를 줄 수 없다는 것이어서 한글 자모의 다양한 조합에 따른 새로운 글자는 컴퓨터에서 쓸 수 없게 되었습니다.

우리 정부와 기술자들이 가한 폭력은 엉뚱하게도 해외로부터 뻗쳐 온 은혜의 손길(?)에 의해 해소되었습니다. 한글 코드의 문제점은 여러 차례 지적이 되었고 이를 우회적으로 해결할 수 있는 방법도 제안이 되어 실제 쓰이기도 했습니다. 그러나 정부에서 '표준'을 꽉 움켜쥐고 있는 한

문제를 근본적으로 해결하기는 어려웠습니다. 그런 상황에서 해외의 세계적인 컴퓨터 제조 회사 및 관련 회사들이 한글 11,172자를 쓸 수 있도록 해 준 것입니다. 갑자기 다섯 배 가까이 집과 주소가 생긴 셈이니 한글의 처지에서는 큰 은혜가 아닐 수 없습니다. 그 결과 '똠방'과 '꿳시'도 컴퓨터에서 자유롭게 쓸 수 있게 되었습니다.

그런데 이러한 조치가 고마운 것이기는 하지만 결코 '은혜'는 아닙니다. 컴퓨터가 영어를 쓰는 세계에서 개발되고 발전되었으니 로마자 이외의 문자들은 큰 골칫거리였습니다. 다른 언어를 쓰면서도 컴퓨터가 필요한 이들은 영어로만 쓰거나 자신들의 문자를 제한적으로나마 컴퓨터로 구현해서 쓸 수밖에 없었습니다. 이러한 상황은 컴퓨터를 전 세계에 파는 데에도, 전 세계적인 네트워크를 구축하는 데에도 장애가 됩니다. 미국에서 만든 컴퓨터를 중국에 팔 수 없고 중국어로 된 웹사이트에 접근하면 글자가 모두 깨져 버리는 것입니다. 이래서는 돈벌이가 안되니 뭔가 획기적인 조치가 필요했습니다.

이래서 등장한 것이 소위 유니코드(unicode)입니다. 세상의 모든 문자에 단 하나의 코드를 부여해서 어떤 컴퓨터에서든 세상의 모든 문자를 쓸 수 있도록 하자는 것입니다. 이 코드는 0과 1을 16자리까지 배치하니 2^{16}개, 즉 65,536자의 문자를 쓸 수 있게 해 줍니다. 이 중에서 한자에 가장 많은 코드가 배정되어 있고 그다음으로 한글에 많은 코드가 배정되어 있습니다. 우리는 한글은 물론 한자까지 쓰고 있으니 사실 유니코드의 가장 많은 영역을 쓰고 있는 셈입니다. 이 덕분에 대부분의 한글과 한자를 컴퓨터에서 자유롭게 쓸 수 있게 되었습니다. '뷁'이나 '뿱'처럼 입력이 안 될 것 같은 글자도 입력이 됩니다.

그러나 이것으로 충분한 것은 아닙니다. 세종 대왕의 의도에 맞게 모든 글자를 컴퓨터에서 구현할 수 있도록 하려면 160만 개 이상의 코드가 필요하다는 계산이 제시되기도 했습니다. 이는 어디까지나 조합만 따진 것이니 이 중에는 존재하기 어려운 글자나 필요 없는 글자가 많기는 합니다. 그러나 고어나 특수한 소리를 자유자재로 표현하고자 한다면 못 할 것도 없습니다. 2^{16}개의 코드로 부족하다면 그다음인 2^{24}개의 코드를 쓰면 1,600만 자 이상을 쓸 수 있으니 160만 개는 가볍게 처리할 수 있습니다.

어쩌다 보니 문자의 문제가 숫자 놀음으로 바뀐 듯합니다. 그러나 기계와 한글을 둘러싼 이 싸움은 세상이 돌아가는 원리를 이해하는 데 많은 도움이 됩니다. 우리의 전기·전자 기술이 가장 앞서 있더라도 문자의 수 때문에 최초의 컴퓨터를 개발하는 것이 어려웠을 수 있습니다. 그러나 공학자들이 일단 풀어쓰기로 이 문제를 해결했을지 모릅니다. 그리고 컴퓨터의 하드웨어와 소프트웨어를 발전시켜 한글을 자유자재로 쓸 수 있도록 했을 것입니다. 글자 수가 많아 타자기를 개발하기 어려울 수도 있었지만 자모를 모아쓸 수 있도록 개발하고 다양한 방식을 치열하게 고민해 타자기를 만들기도 했습니다. 이처럼 막히면 돌아가고, 일단 돌아가서는 뒤돌아서서 다시 큰길을 개척하는 것이 결국 기술 발전의 과정입니다.

타자기가 대중화되면서 의도치 않은 한글 전용이 완성된 것도 재미있습니다. 한글 전용은 애국심이나 자주정신으로 이루어 내야 할 것 같은데 현실에서는 기계에 의해 이루어졌습니다. 세상을 움직이는 힘이 머릿속이 아니라 손끝에서 나오는 것을 입증하는 사례이기도 합니다. 세종 대왕이 한글을 만든 원리를 되짚어 보면서 휴대 전화에서 편리한 입력 방법을 고안하기도 했습니다. 세종 대왕이 한글을 만든 원리를 구현하고자 애쓴 결과 유니코드에서 많은 영토를 확보하기도 했습니다. 물론 '쓸데없이' 많은 문자를 쓰는 한중일 세 나라 때문에 다국적 기업의 어쩔 수 없는 '은혜'를 이끌어 내기는 했지만 이 또한 현실이 기술을 이끌어 낸 사례이기도 합니다.

한글과 기계의 싸움이라 표현했지만 한글은 싸우지 않았습니다. 한글을 쓰는 우리가 싸워 온 것입니다. 이 일련의 싸움에서 한글은 늘 승리를 거두었습니다. 물론 한글을 쓰는 이들, 곧 말의 주인들이 거둔 승리이기도 합니다. 말의 주인들이 한글을 편하게 쓸 수 있게 하려고 노력하다 보니 한글이 이긴 것입니다. 이는 한글을 쓰는 우리 모두는 물론 공학자와 디자이너들이 눈여겨보아야 하는 것입니다.

14

한자와 한자어의

소리 없는 전쟁

한자와 한자어의 소리 없는 전쟁

"신난타? 본명이야? 신난다 아니고?"

"난타라니까, 불경에 나오는 팔대 용왕 중 하나야."

"한문으론 어떻게 써?"

"한글 이름이야. 한문으론 안 써."

"아무리 그래도 이름이 너무 웃긴 거 아냐?"

"뭐가 웃겨. 신데렐라, 신밧드 남매도 있다는데……."

이름으로 사람을 놀리면 안 되겠지만 이 친구는 평생 놀림을 받아 온 지라 웃으면서 응대를 해 줍니다. 이름을 짓는 것은 개인의 취향에 따른 선택이니 뭐라 할 문제는 아닙니다. 그런데 위 대화에서 틀린 것이 있는 데 무엇일까요? 우리들의 일상적인 말에서 아무런 의심 없이 쓰는 것이라 문제로 느껴지지 않을 수도 있겠지만 '한문'과 '한글'이 문제입니다. 더 정확하게 지적하자면 '한문 이름'과 '한글 이름'이 문제입니다. 세상에 이런 이름은 존재할 수 없는데 우리는 너무도 흔하게 씁니다. 이는 한자와 한문, 그리고 한글에 대한 혼동에서 비롯한 것입니다. 이름에 관한 사례로 시작했으니 역시 이름에 대한 이야기로 시작해 볼까요?

'한글 이름'과 '한문 이름'

어릴 적 살던 마을에 '이쁜이'라고 불리던 이가 있었습니다. 나이가 어린 여자아이들이 그렇게 불리는 일이 많으니 대수로운 것이 아닐 수도 있는데 결혼을 하고 아기를 낳고 나서도 그렇게 불려서 의아했습니다. 좀 듣기 거북한 이름인데 '똥녜'라고 불리던 아주머니도 있었습니다. 거짓말 같은 이야기이긴 하지만 이분의 어머니가 볼일을 보려고 힘을 주다가 애기가 나오는 바람에 '똥숫간에서 태어난 애'라는 뜻의 이름을 지었다고 들었습니다. 그런데 한자를 좀 읽을 수 있게 된 뒤 두 분의 주민 등록상 이름을 볼 기회가 있었는데 놀랍게도 그 이름이 각각 '立粉(입분)'과 '東禮(동례)'였습니다.

'이쁜이'가 '立粉'과 같이 한자로 기록된 예는 '어진이 – 於辰(어진)', '얌전이 – 岩田(암전)', '고만이 – 古萬(고만)' 등 옛날 이름에서는 꽤나 많이 확인됩니다. 각각 '어질다', '얌전하다', '딸은 고만 낳고 아들을 낳아라'라는 의미를 담고 있습니다. '똥녜'는 본래 이름이 '동례'였는데 'ㄷ'을 된소리로 바꿔 '똥녜'로 부르다가 '출생 설화'가 만들어진 것인지 이 출생 설화 때문에 '똥녜'로 불리다가 한자로 이렇게 기록된 것인지 알 수는 없습니다. 호랑이 담배 피우던 시절의 이야기이긴 하지만 이런 이름들을 '한글 이름'이라 해야 할지 '한문 이름'이라 해야 할지 헷갈리긴 합니다.

그런데 '한글 이름'이나 '한문 이름'은 근본적으로 잘못된 용어입니다. 글자와 문장은 다른데, 한글은 글자이고 한문은 문장이라는 데에 첫 번째 문제가 있습니다. 이름을 글자로 쓰는 것은 맞지만 이름이 문장 혹은 글은 아닙니다. 한글은 대부분의 소리를 적을 수 있으니 모든 이름은 한글 이름이 될 수 있습니다. 사람의 이름은 문장이나 글이 아니니 한문 이름은 있을 수 없습니다. 우리가 '한글 이름'이라고 하는 것은 고유어로 지은 이름, 그래서 한자로 적지 않는 이름을 뜻합니다. 그리고 '한문 이름'이라고 하는 것은 우리의 이름을 한자로 적은 것을 가리킵니다.

대부분의 한국인 이름은 한자를 써서 지으니 그 이름의 '한글 표기'와 '한자 표기'라고 해야 맞습니다. 그리고 한자를 쓰지 않은 이름은 '고유어 이름'이라고 해야 맞습니다. 때로는 고유어가 아니더라도 굳이 한자를 쓰지 않겠다는 사람들도 있으니 이때에는 한자를 쓰지 않는 이름이라 할 수밖에 없습니다. 덧붙여서 여권 등에는 우리의 이름을 로마자로 표기해야 하는데 이를 흔히 '영어 이름'이라 합니다. '영어'는 글자가 아니라 말이니 이런 이름은 있을 수 없습니다. '영문' 또한 본래 영어 문장을 가리키는 말이니 '영문 이름'도 맞지 않습니다. '로마자 표기'라고 해야 하는데 현실에서는 '영문 표기'가 '로마자 표기'의 뜻으로 쓰이고 있습니다. 따라서 공식 문서에 이름을 표기하는 난은 다음과 같이 고쳐야 합니다.

이름
한글: 홍길동
한문: 洪吉童
영어: Hong Gildong

→

이름
한글: 홍길동
한자: 洪吉童
로마자: Hong Gildong

이러한 혼란은 이름을 짓는 우리의 방법과도 관련이 있지만 오랫동안 한자를 써 오다가 15세기에 한글이 창제된 것과도 관련이 있습니다. 옛날 사람들은 이름을 어떻게 짓고 어떻게 기록했을까요? 오늘날처럼 한자로 된 성과 이름을 갖게 된 것은 그리 오래되지 않았습니다. 성과 한자 돌림자를 쓰는 전통은 족보가 대중화된 이후에 정착되었습니다. 돌림자를 쓰면 같은 항렬끼리의 구별을 위해서 다른 글자가 필요하니 이름은 최소 두 글자가 되어야 합니다. 그래서 보통은 한자 한 글자로 된 성과 한자 두 글자로 된 이름을 갖게 되었습니다. 족보나 호적에 이렇게 이름이 오르다 보니 이것이 곧 우리가 이름을 짓는 전통으로 자리를 잡았습니다.

이렇게 정형화된 한자 이름을 짓기 전, 또는 이러한 정형화 이후에도 한자 이름을 갖지 못한 사람들은 어떤 이름을 가졌을까요? 그리고 한자 이름을 두고도 굳이 한자 이름이 아닌 다른 이름을 쓸 경우에는 어떤 이름을 썼을까요? '막둥이, 개똥이, 마당쇠'나 '끝순이, 언년이, 꽃님이' 등의 이름은 흔히 '한글 이름'이라 부르는 고유어 이름입니다. 한자가 아닌 일상의 말을 바탕으로 지었으니 고유어 이름이고 굳이 한자로 기록할 일이 없었고 기록하기도 어려우니 한글로 기록할 수밖에 없는 이름입니다. '돌'과 관련지어 '돌석이'라고 부르다가 굳이 한자로 기록을 하려니 새로운 한자를 만들어 '乭石'이라 쓰기도 했습니다.

이런 과정을 살피고 나면 '한글 이름'과 '한문 이름'이라는 말을 쓴 이유를 알 수 있게 됩니다. 그리고 그것이 각각 '고유어 이름' 및 '한자 이름'에 대응한다는 사실도 알 수 있습니다. 따라서 한자 이름과 고유어 이름에 대해 호불호를 논하는 것, 그리고 특별한 가치를 부여하거나 폄훼

하는 것 모두 별 의미가 없다는 것도 알 수 있습니다. 우리가 전통이라고 믿는 것의 상당수는 에릭 홉스봄이 말했듯이 '만들어진 전통'이고 그 연원도 그리 오래지 않은 경우가 많습니다. 그저 시대의 흐름에 따라 이름을 짓는 방식이 변화한 것뿐인데 한글에 대한 자부심과 사랑, 그리고 한자에 대한 거부감이 결합되어 이름에 대해서도 복잡한 생각을 표출하게 된 것뿐입니다.

한자를 읽는 두 가지 방법

우리나라 이름을 '韓國'이라고 써 놓으면 우리는 '한국'이라고 읽고 중국에서는 '한궈'라고 읽으며, 일본에서는 '칸코쿠'라고 읽습니다. 세 나라 모두 한자를 쓰지만 한자의 음은 각 언어의 말소리 체계나 역사적인 변화에 따라 다를 수 있습니다. 그렇더라도 세 나라의 발음은 같은 소리에서 기원했기 때문에 공통점이 있습니다. 즉 소리는 조금씩 다르지만 같은 한자를 같은 방법으로 읽었다는 것을 알 수 있습니다.

그런데 비슷한 구조로 된 '雪國'을 읽을 때는 사정이 다릅니다. 우리는 '설국'이라고 읽고 중국에서는 '쉐궈'라고 읽습니다. '韓國'과 마찬가지로 발음은 조금 다르지만 결국 같은 방법으로 읽었다는 것을 알 수 있습니다. 그런데 일본에서는 '유키구니'라고 읽습니다. 일본에서는 '雪'을 '유키'라고 읽기도 하고 '세쓰'라고 읽기도 합니다. 또한 '國'은 '쿠니'라고 읽기도 하고 '코쿠'라고 읽기도 합니다. 이런 점을 감안해서 '雪國'을 '세쓰코쿠'라고 읽으면 한국이나 중국과 같은 방식으로 읽는 것이 될 텐데 전혀 다른 방법으로 읽는 것입니다. 일본에서는 한자로 써 놓고도 음이 아닌 뜻으로 읽기도 하기 때문입니다. 즉 쓰기는 한자를 썼지만 일본어의 고유어로 읽는 것입니다.

같은 한자를 보고서 한국, 중국, 일본 세 나라 사람들이 각각 다르게 반응한다는 사실은 매우 흥미롭습니다. 한자는 소리와 관련된 정보는 전혀 제공하지 않은 채 오로지 뜻에 대한 정보만 제공합니다. 따라서 우리는 한자를 통해서 의미만 파악할 수 있고, 소리는 오랜 기간 동안 이어져 내려온 것을 암기하고 있다가 떠올려 내뱉는 것입니다. 즉 한자 '雪'에는 '❅'이란 뜻 정보만 있고 소리 정보는 없습니다. 하지만 한자 '雪'을 보면서 우리는 '눈'이라는 뜻과 '설'이라는 소리를 떠올립니다. 중국 사람들은 '❅'이란 뜻과 '쉐'라는 소리를 떠올립니다. 그리고 일본 사람들은 '유키'란 뜻을 떠올리며 '세쓰'란 소리도 동시에 떠올립니다.

이러한 차이는 한자를 읽는 방법이 음으로 읽는 것과 뜻으로 읽는 것 두 가지가 있는 데서 나타나는 것입니다. 중국과 한국에서는 오로지 음으로만 읽지만 일본에서는 뜻으로 읽기도 하고 음으로 읽기도 합니다. 한자를 음으로 읽는 것은 '음독(音讀)'이라 하고 뜻으로 읽는 것은 '훈독(訓讀)'이라 합니다. 훈독은 그 의미가 조금 헷갈릴 수 있는데 쉽게 설명하면 한자 '雪'을 '눈'으로 읽고 '國'을 '나라'로 읽는다는 것입니다. 따라서 '雪國'을 '설국'이 아닌 '눈나라'라고 읽는 것입니다. 이리하면 봉준호 감독의 영화 '雪國列車'는 음독하면 '설국열차'인데 훈독하면 '눈나라이은수레'가 됩니다.

오늘날 우리는 한자를 음으로만 읽지만 과거에는 뜻으로도 읽었습니다. 신라를 세운 박혁거세의 이름은 한자로 '赫居世'라고 쓰는데 오늘날의 음으로 읽으면 '혁거세'이지만 당시에는 '불거누리, 불그누리, 불그

뉘' 정도로 읽었을 것이라 추정하고 있습니다. 『왕오천축국전』을 쓴 신라의 혜초 스님이 남긴 기록을 보면 '頭(머리 두)'와 '髮(머리 발)'을 혼동해서 쓴 것도 있습니다. 한자의 뜻으로 보면 당연히 다른 글자인데 우리말로는 모두 '머리'입니다. 결국 서로 다른 글자를 써 놓고 읽을 때는 모두 '머리'라고 읽다 보니 이러한 오류가 나타난 것으로 추측됩니다. 삼국 시대의 지명이나 인명 등 고유 명사 등에서도 음독과 훈독을 겸한 표기가 많이 발견됩니다. 음과 뜻으로 읽는 향찰로 기록된 향가도 결정적인 증거입니다.

중국에서 만들어진 한자를 가져다 쓰는 처지는 한국과 일본이 같은데 훈독의 전통이 일본에만 남은 이유는 무엇일까요? 여러 가지 요인이 있겠지만 말소리의 체계와 구조가 중요한 영향을 미친 것으로 보입니다. 한국어는 일본어에 비해서 자음과 모음의 수가 많은 편입니다. 그리고 한국어는 받침, 즉 종성이 있는 말소리도 가능한데 일본어는 불가능합니다. 우리가 '雪國'을 '설국'으로 읽는 데 비해 일본어로 이것을 음독하려면 '세쓰고쿠'가 되는 이유도 일본어에는 종성이 우리의 'ㄴ, ㅇ' 등에 해당하는 'ん'밖에 없기 때문입니다. 따라서 음으로만 쓰면 길어질 뿐만 아니라 동음이의어도 많이 나올 수밖에 없습니다.

일본어에 비해 한국어는 한자음을 보다 정확하고도 다양하게 적을 수 있습니다. 오늘날의 한자음을 기준으로 비교해 보면 한국어에서는 한자를 470여 개의 서로 다른 소리로 읽습니다. 그리고 일본어에서는 400여 개의 서로 다른 소리로 읽습니다. 이게 별 차이가 아닌 것처럼 보일 수 있지만 우리의 470여 개는 한 음절, 즉 한 글자입니다. 그런데 일본어에서는 60여 개만 한 글자이고 나머지는 두 글자 혹은 세 글자입니다. 우리는 한자를 470여 개의 다양한 소리, 그것도 한 글자로 구별해서 적을 수 있는 반면 일본에서는 그리할 수 없는 것입니다. 일본어에서는 길어지기도 할 뿐만 아니라 두 글자 세 글자로 늘려 써도 결국은 60여 개의 글자를 돌려쓰는 것이니 눈으로 봐도 잘 구별이 되지 않습니다.

이는 단순한 숫자 놀음으로 보일 수도 있으나 이름이나 고유어 및 한자어 문제에 지대한 영향을 미칩니다. 우리는 한자를 음으로만 읽어도 별 지장이 없으나 일본에서는 음으로만 읽기에는 어려움이 있습니다. 우리는 한자를 바탕으로 이름을 짓고 음으로만 읽는 데 비해 일본에서는 한자로 이름을 쓰되 음독과 훈독을 제각각 섞어 씁니다. 세월이 흐를수록 한국어에서는 한자어가 고유어를 대체하는 경향이 나타났습니다. 반면에 일본어에서는 한자어와 고유어라는 개념조차 없어졌습니다. 나아가 최근 들어 우리는 한자를 거의 쓰지 않아도 별문제가 없는 상황이 되었지만 일본에서는 한자를 쓰는 것이 더 이득이기 때문에 여전히 한자를 쓰고 있습니다.

한자어, 현명함과 게으름의 사이

우리는 단어를 원산지에 따라 고유어와 외래어로 나눕니다. 말 그대로 고유어는 예전부터 있었던 말, 혹은 그것들을 재료로 해서 만든 말이고 외래어는 다른 나라의 말인데 우리말에 들어온 말입니다. 그런데 이러한 두 부류 중 어느 쪽에 넣기도 애매한 것이 있으니 바로 한자어입니다. 한자어는 한자를 바탕으로 만들어진 말입니다. 한자의 원산지는 중국이지만 아주 오래전에 이 땅에 들어와 널리 쓰여 왔습니다. 한자로 한문도 썼지만 한자를 바탕으로 여러 단어도 만들어 썼습니다. 중국에서 단어를 들여오기도 했지만 우리 스스로가 한자로 만든 단어도 많습니다. 따라서 한자어는 외래어라는 인식이 상대적으로 약한 편입니다.

한자가 오랜 기간 동안 우리말의 일부처럼 쓰이다 보니 새로운 단어를 만드는 과정에서도 매우 활발하게 쓰였습니다. 한자는 뜻글자이기 때문에 새로운 단어를 만드는 데 매우 편리합니다. 한자 하나가 곧 하나의 단어이기 때문에 새로운 단어가 생길 때마다 한자를 만들어야 한다는 불편함이 있으나 기존의 한자 두세 자를 조합하면 매우 편리합니다. '소'와 '젖'은 한자로 각각 '牛'와 '乳'로 쓰는데 소에서 짠 젖을 가리키는 말로 새로운 단어를 만드는 대신 두 글자를 결합해 '牛乳(우유)'라고 쓰는 방식입니다. 양이나 말에서도 젖을 짤 수 있는데 각각 '양유(羊乳)'와 '마유(馬乳)'라고 쓰면 뜻도 빨리 전달되고 단어끼리의 유사성도 금세 파악할 수 있습니다.

이러한 방식은 근대에 들어서 큰 위력을 발휘합니다. 서양의 근대 문물이 대거 쏟아져 들어옴에 따라 새로운 단어를 대량으로 만들어야 했습니다. 이런 문물에 대해 새로운 한자를 만드는 것은 거의 불가능했고 별로 도움이 되지 않았습니다. 그때 활성화된 것이 바로 두세 자의 한자를 결합해서 새로운 단어를 만드는 것입니다. 새롭게 들어오는 많은 학문 뒤에 '學(배울 학)'을 붙여 '철학, 문학, 사학, 과학, 화학, 물리학, 생물학'과 같은 단어를 만드는 것입니다. 또한 새롭게 소개된 에너지와 관련된 것 앞에 '電(번개 전)'을 붙여 '전기, 전자, 전선, 전구, 전화, 전자기'와 같은 단어를 만드는 것입니다. 이 방식으로 만들어진 단어는 한자에 대한 기본적인 정보가 있으면 새로운 단어일지라도 그 뜻을 쉽게 파악할 수 있고 단어들 간의 유사성도 쉽게 파악할 수 있다는 장점이 있습니다.

이 시기에 다른 방법을 모색할 수도 있었을 것입니다. 즉, 고유어와 한자어의 이분법을 적용해 고유어로 모든 단어들을 만드는 것입니다. 그러나 이렇게 하려고 해도 쉽지가 않습니다. '우유'나 '마유'를 각각 '소젖'과 '말젖'이라고 하는 것과는 다른 차원의 문제입니다. 새롭게 소개되는 문물의 개념도 알아야 하고 그것에 맞는 고유어도 찾아야 합니다. 설사 이 과정을 거쳤다 하더라도 새롭게 만들어진 단어의 길이가 너무 길어진다는 문제가 있습니다. '비행기'를 '날틀'이라고 하면 글자 수가 줄지만, '대학교'를 '큰배움집'이라고 하면 길어집니다. '소학교'와 '중학교'는 '작은배움집'과 '가운데배움집'이 되니 더 길어집니다. 게다가 떼어 써야 할지 붙여 써야 할지 헷갈리기도 합니다.

이러한 상황에서 한자어로 새로운 단어를 만드는 것은 매우 현명한 선택이었습니다. 근대에 한자를 조합해 새로운 단어를 만드는 것은 주로 중국과 일본에서 이루어졌는데 우리도 한자를 널리 써 왔기 때문에 이 방법으로 만들어진 단어를 받아들이는 데에 전혀 거부감이 없었습니다. 또한 같은 방법으로 새로운 단어를 만들기도 했습니다. 더 좋은 방법, 더 효율적인 방법, 더 편리한 방법이 있으니 다른 방법을 고민해야 할 이유도 없었습니다. 고유어와 한자어, 혹은 우리의 것과 남의 것을 구별하려는 이분법만 없으면 별로 문제될 것도 없었습니다. 한자가 오랫동안 동아시아의 공통 자산이었던 만큼 식민지 시기의 아픈 경험만 없었더라면 문제 제기를 할 사람도 없었을 것입니다.

한자로 단어를 만드는 일이 잦아지다 보면 문제도 발생합니다. 한자로 단어를 만드는 것이 편리하기는 하지만 전제되어야 할 것이 있습니다. 한자에 대한 기본적인 지식이 있어야 한자어의 뜻을 파악할 수 있고 새로운 단어도 이해할 수 있다는 것입니다. 예를 들어 물을 끓이거나 간단한 설거지를 할 수 있는 공간인 '탕비실(湯沸室)'은 '湯(끓일 탕)', '沸(끓을 비)'라는 한자도 어려울 뿐만 아니라 이 한자를 알더라도 뜻이 잘 파악되지 않습니다. 모두가 쉽게 이해할 수 있는 단어를 만들 수도 있을 텐데 한자로 단어를 만드는 데 익숙해지다 보니 이런 문제가 나타난 것입니다.

그리고 한자로 새로운 단어를 만드는 것이 너무 편리하다 보니 고유어 단어를 만드는 데 너무 게을러지는 문제도 생겼습니다. 일상적으로 쓰는 고유어는 누구나 알 수 있다는 장점이 있습니다. 여름철 논 위에 동동 떠다니는 작은 식물의 이름을 '개구리밥'이라고 하면 누구나 그 뜻을 이해할 수 있습니다. 그런데 이것을 '부평초(浮萍草)'라고 하면 웬만한 사람은 알 수 없습니다. '횡단보도(橫斷步道)'가 일반화되기는 했지만 '건널목'으로 쓰면 훨씬 더 이해하기 쉽습니다. 뜻도 잘 통하고 이해하기도 쉬운 한자어를 만드는 것은 현명한 선택이기는 합니다. 그러나 그것에 너무 익숙해져 고유어로도 쉽게 만들 수 있는 단어를 굳이 한자로 만드는 것은 바람직하지 않습니다. 좀 더 부지런을 떨어 누구나 뜻을 쏙쏙 이해할 수 있는 단어를 만들려 노력하는 이들이 줄어들었습니다.

'한글 세대'의 새로운 도전

'한글 세대'는 적절한 용어는 아닙니다. 표면적으로는 한글을 사랑해 한글만 쓰려는 세대로 보일 수 있지만 그 이면을 살펴보면 한자를 모르는 세대일 가능성이 높습니다. 의도적으로 한자를 배우지 않았을 수도 있고, 한자 교육에 대한 정책이 오락가락하는 통에 한자를 배우지 못했을 수도 있습니다. 어쨌든 한자를 잘 모르거나 꺼리는 세대, 그래서 어쩔 수 없이 한글을 선호하는 세대가 바로 한글 세대일 수 있습니다. 한자를 잘 알고 한자에 익숙한 세대들은 한글 세대를 부정적으로 보기도 합니다. 그러나 이 한글 세대들이 새로운 도전을 하고 있다는 사실, 그것이 어쩌면 한국어 어휘 역사의 새로운 장을 열지도 모른다는 사실을 간과하고 있습니다.

고유어와 한자어, 그리고 한자어를 어떻게 표기해야 할 것인가에 대해 꽤 많은 논쟁이 있었습니다. '소젖'은 당연히 한글로 적어야 하지만 '우유'는 '牛乳'로도 '우유(牛乳)'로도 적을 수 있습니다. 각각 한글로만 쓰는 한글 전용, 한자로만 쓰는 한자 전용, 한글 뒤 괄호 안에 한자도 적는 한자 병용의 표기법입니다. 한자에 익숙한 사람들은 한자로만 쓰자고 하고, 한자를 싫어하거나 잘 모르는 사람들은 한글로만 쓰자고 합니다. 이 둘에 대한 절충안으로 꼭 필요한 경우에 괄호 안에 한자를 쓰자고 하기도 합니다. 어느 것이든 일장일단이 있고, 세대나 한자에 대한 지식 정도에 따라 의견이 갈리니 논쟁이 있을 수밖에 없었습니다.

요즘의 표기를 보면 알 수 있듯이 이 논쟁은 한글 전용 쪽으로 승부가 났습니다. 아주 가끔씩 꼭 필요한 경우에는 괄호 안에 한자를 적어 주지만 전체적으로는 한글 전용입니다. 이러한 결과는 자주정신, 민족애, 한글 사랑 등에 의한 것이 아니라 지극히 실용적인 판단에 의해 나타났습니다. 한자로 쓰지 않아도, 한자를 병기하지 않아도 큰 문제가 없기에 사람들이 자연스럽게 한글 전용을 택한 것입니다. 더욱이 한자는 손으로 쓰기도 어렵지만 요즘과 같이 타자를 통해 입력할 때도 여간 불편한 것이 아닙니다. 배우기, 쓰기, 읽기 모두가 어려운 한자를 굳이 쓰지 않아도 큰 문제가 없으니 사람들이 자연스럽게 한글로만 표기를 하게 되어 오늘에 이르렀습니다.

이러한 결과는 '한자의 불편함' 때문이 아니라 '한글의 충분함' 때문입니다. 사전에서 '공정'을 찾아보면 11개의 서로 다른 단어가 나옵니다. 한글로는 같은데 '工程, 公正, 公廷, 公定……' 등과 같이 다른 한자를 쓰니 뜻이 다릅니다. 한자 사용의 필요성을 주장하는 이들은 이런 사례 때문에 한글만 써서는 안 된다고 합니다. 그러나 실제 언어생활에서 이러한 혼동이 나타날 가능성은 매우 낮습니다. "공정은 공정에서 공정하게 공정해야 한다."와 같은 이상한 문장을 쓰는 이도 없겠지만 설사 썼더라도 맥락을 통해 '공정(工程)은 공정(公廷)에서 공정(公正)하게 공정(公定)해야 한다'로 파악할 수 있습니다. 이런 극히 드문 예를 제외하고는 한글로 써도 충분했기 때문에 자연스럽게 한글로의 전환이 이루어졌습니다.

한글의 충분함은 한글 '한 글자'가 담고 있는 정보가 꽤 많다는 것으로도 뒷받침됩니다. 한자는 배우기, 쓰기, 읽기 모두가 어렵긴 하지만 글자를 보면 뜻이 바로 보이는 장점이 있습니다. 우리나라를 '韓國'으로 쓰든 '한국'으로 쓰든 모두 두 글자입니다. 한자는 더 이상 나눌 수 없지만 '한국'은 'ㅎㅏㄴㄱㅜㄱ'으로 나눌 수 있기 때문에 글자의 수로는 여섯이라고 할 수도 있습니다. 이 여섯 개의 글자를 '한국'과 같이 다시 두 글자로 모아쓰니 '한 글자'가 가지고 있는 정보가 꽤 많은 것입니다. 우리나라를 로마자로 'KOREA'라고 쓰면 다섯 글자인데 로마자는 더 나눌 수도 없고 모아쓸 수도 없습니다. 각각의 한 글자 '韓', '한', 'ㅎ', 'K'를 비교해 보면 '한'은 '韓'에 미치지는 못하지만 꽤나 많은 정보를 담고 있습니다. 게다가 한자가 가지고 있지 못한 소리에 대한 정보도 가지고 있습니다.

한글의 이러한 특성을 활용하여 요즘 젊은 세대들은 새로운 시도를 하고 있습니다. 옛날이라면 한자로 단어를 만들었을 법한데 요즘에는 한글만으로 단어를 만드는 것입니다. '집에서 먹는 밥'이란 뜻의 단어를 만들어야 한다면 한자에 익숙한 사람들은 '家食(가식)' 또는 '家飯(가반)' 정도로 만들었을 텐데 요즘 사람들은 '집밥'으로 간단히 줄여 쓰고 있습니다. '혼자서 먹는 밥'이나 '혼자서 가는 여행'도 예전 같으면 각각 '獨飯(독반)'과 '獨行(독행)' 정도로 표현했을 텐데 요즘에는 간단히 '혼밥'과 '혼행'으로 쓰고 있습니다. 굳이 한자를 쓰지 않아도 한글 두 글자에 충분한 정보를 담을 수 있기 때문에 가능한 것입니다. 한자를 모르는 세대의 무식한 행태가 아니라 한글의 장점을 잘 파악한 영리한 선택입니다.

줄임말에 대해서는 좀 더 자세히 논할 필요가 있습니다. 그래도 한 가지 분명한 것은 한자와 한글의 싸움에서 한글이 소리 없이 승리를 거두고 있다는 것입니다. 한자어도 한글로 쓸 수 있다는 것은 큰 장점입니다. 한글로 쓰면 소리에 대한 정보와 함께 시각적으로도 한자에 못지않은 정보를 담고 있다는 것도 큰 장점입니다. 이런 이유로 한글과 한자의 싸움에 대해서는 걱정할 필요가 없습니다. 말의 주인들이 선택하고 시험한 결과이기 때문입니다.

15

세인트 엑서페리의 쁘띠 프항스

세인트 엑서페리의
쁘띠 프항스

"선생님, 왜 파리만 로마자 'Paris'로 적어 놓으셨어요?"

"그게, '파리'로 적어야 할지 '빠리'로 적어야 할지 헷갈려서요."

"제가 적어 드릴게요. 이거 어때요?"

"이런 글자가 있어요? 이걸 어떻게 읽어요."

"'빠르희이'를 빨리 읽으시면 되잖아요. 어때요, 본래 발음하고 비슷한가요?"

"장난 그만 치세요. 그냥 규범에 맞게 '파리'로 쓸게요."

프랑스 파리에서 학위를 받은 동료 교수님이 방학 동안에 파리를 다녀와서 쓴 기행문 원고를 보여 주셨습니다. 그런데 유독 파리만은 로마자로 'Paris'라고 써 놓은 것이 궁금해서 그 이유를 여쭤봤습니다. 이 도시의 한글 표기 '파리'나 '빠리' 모두가 마음에 들지 않았던 듯합니다. 그래서 이 도시의 한글 표기를 손으로 써서 건넸습니다. 뭐라고 썼을까요? 책을 만들 때 고생깨나 하겠지만 '빠를'이라고 썼습니다. 써 놓고 보니 자칭 말소리 전문가인 제 마음에 들었습니다. 그러나 이 선생님은 물론 많은 이들이 아마도 얼굴을 찌푸릴 것입니다. 이런 글자가 있나 하는 생각부터 꼭 이렇게까지 써야 하는 생각까지 별생각을 다 하면서 말입니다. 외래어 혹은 외국어 표기가 이래서 어렵습니다. 그 답을 찾긴 찾아야 하는데, 모두의 마음속에 있는데 파랑새처럼 찾기 쉽지 않을 것입니다.

전통과 현실의 갈림길

'묵서가(墨西哥), 서반아(西班牙), 불란서(佛蘭西), 독일(獨逸), 영국(英國)'이란 나라를 아시나요? 이 중에서 맨 처음 나라부터 안다면 구세대이거나 지식이 풍부한 사람일 것입니다. 앞의 세 나라는 차례대로 '멕시코, 스페인, 프랑스'인데 각 나라의 이름을 본래의 발음에 가까운 한자로 쓴 것입니다. 그런데 요즘도 쓰고 있는 '독일'이나 '영국'에 가서는 고개가 갸우뚱해집니다. '독일'은 영어의 '저머니(Germany)'나 독일어의 '도이칠란트(Deutschland)'와도 관련이 없습니다. '영국'은 '잉글랜드(England)'와 관련이 있을 것 같은데 '英國'의 중국식 발음과는 꽤나 거리가 있습니다.

위의 예는 외래어나 외국어 표기의 복잡함을 보여 주는 대표적인 사례이지만 사실 이 문제는 그리 복잡하지 않습니다. 중국이 서양과 접촉하면서 각 나라의 이름을 한자로 적었던 전통의 문제이기 때문입니다. 뜻글자인 한자로는 여러 나라의 이름을 정확히 적을 방법이 없어서 이리된 것이고 초기에 우리는 이것을 그대로 받아들여서 썼을 뿐입니다. '영국'은 '미국'과 마찬가지로 한 글자의 한자로 간단히 적었기 때문에 그리된 것입니다. 당시에는 프랑스와 독일도 각각 '법국(法國)'과 '덕국(德國)'이었습니다.

한자를 통해 이미 굳어진 이름을 받아들여서 써야 했던 우리는 과거에 받아들였던 것을 그대로 쓰기도 하고, 현지의 발음을 한글로 다시 적어 쓰기도 했습니다. 이 중에서 '독일'만은 의외입니다. '獨逸'의 중국식 발음은 '두이[dúyi]'이니 중국에서 만든 이름도 아닙니다. 일본에서 '逸'을 '이치(いち)'로 읽으니 '도이치'를 일본의 한자 발음대로 '獨逸'로 쓴 것을 그대로 받아들인 뒤 우리식 한자 발음으로 읽는 것입니다. 일본어의 잔재를 청산해야 한다는 주장에 기댄다면 이 또한 바꿔야 할 텐데 과거의 관습대로 쓰고 있습니다.

이상의 문제는 전통이나 관습을 따를 것인가 말 것인가의 문제입니다. 한글은 외래어나 외국어를 비교적 정확하게 적을 수 있기 때문에 과거에 멕시코를 '묵서가'라고 했을지라도 그대로 따를 필요는 없습니다. 서반아나 불란서도 이러한 이유로 각각 스페인과 프랑스로 대체되었습니다. 독일, 영국 등은 굳이 바꿀 필요를 못 느껴서 그대로 쓰고 있습니다. 영국 프로 축구를 보는 사람들은 'EPL(English Premier League)'에 익숙한데 이런 사람들이 늘어나게 되면 '영국'도 '잉글랜드'로 바뀌게 될지 모릅니다. 실제로 '그레이트 브리튼(Great Britain)'에서 'England'만 콕 집어 언급해야 할 때는 '잉글랜드'라고 쓰기도 합니다.

중국의 인명이나 지명도 마찬가지입니다. 중국과 우리는 한자를 같이 쓰고 있는데, 같은 한자를 중국식으로 읽을 수도 있고 우리식으로 읽을 수도 있습니다. 그래서 '孔子'를 우리는 '공자'라고 하지만 중국에서는 '쿵쯔'라고 합니다. 어떻게 읽어도 아무 문제가 없다고 생각할 수도 있지만 우리는 친절하게 규범을 정했습니다. 1911년 중국의 신해혁명으로 중화민국이 탄생했는데 이를 기점으로 그 이전의 고유 명사는 한국어식 한자음으로 읽고 그 이후는 중국어식 발음으로 읽는 것입니다. 이에 따라 '蔣介石'은 이전 방식으로는 '장개석'이라 쓰고 읽으며 이후의 방식으로는 '장제스'라고 쓰고 읽습니다.

어느 쪽을 선호하는가, 어떤 방식을 선택할 것인가는 개인의 취향과 목적의 문제이니 크게 시비를 삼는 일은 없습니다. 서양의 고유 명사에 대해 전통적인 표기를 따를 것인가 변화된 현실을 고려해 바꿀 것인가도 역시 선택의 문제입니다. 한자로 표기된 고유 명사도 굳이 한국어식 한자음으로 읽겠다면 딱히 뭐라 할 수도 없습니다. 따라서 중국의 지도자 '毛澤東'을 '모택동'이라 하든 '마오쩌둥'이라 하든 역시 별문제가 없습니다. 가고자 하는 길이 왼쪽인가 오른쪽인가는 그저 정하면 됩니다. 심각한 문제는 그다음입니다. 어느 한쪽으로 길을 정한 뒤 세세하게 그 길을 정해야 할 때 문제가 나타납니다.

말소리의 결여와 잉여

모든 인간은 똑같은 소리를 내고 똑같은 소리를 들을 수 있습니다. 체구의 크기와 성대의 크기가 비례하기 때문에 사람에 따라서 목소리의 높낮이는 다르지만 사람의 귀는 같은 소리를 들을 수 있게, 사람의 발음 기관은 같은 소리를 낼 수 있게 만들어져 있습니다. 그러나 어떤 언어를 배우는가에 따라 들을 수 있는 소리와 낼 수 있는 소리가 정해집니다. 말을 익혀 감에 따라 그 언어에서 사용하는 소리만 구별해서 듣고 말하다 보니 그 외의 소리들은 귀로는 들어오지만 머리에서 구별해 듣지 못합니다. 머리에서 소리를 구별하지 못하니 발음 기관에 정확하게 명령을 내리지 못해 그 소리를 똑바로 내지 못합니다. 그래서 똑같은 귀와 발음 기관을 가진 일란성 쌍둥이가 어쩌다 한국인 가정과 미국인 가정에 입양되었다면 둘은 서로 다른 체계의 소리를 듣고 내게 됩니다.

우리가 영어를 배우기 시작할 무렵 'f'나 'v'의 발음을 처음 접했을 때를 생각해 보면 됩니다. 'five'나 'very'의 발음을 무심코 들으면 그저 '파이브'나 '베리'로 듣고 적습니다. 그런데 영어 선생님의 성화에 못 이겨 자세히 들어 보면 뭔가 소리가 다르다는 것을 알게 되고, 정확하게 발음하는 방법도 배우게 됩니다. 그렇더라도 이런 소리를 명확하게 듣고 발음하는 것은 쉽지 않습니다. 오랫동안 영어를 배웠는데도 'part'와 'fart'를 귀로 구별하지 못하고 발음할 때 혼동하기도 하는데 이는 그리 이상한 것은 아닙니다. 영어의 'something'을 한글로 적을 때 '섬딩, 섬띵, 섬싱, 섬씽' 중 뭘로 적어야 할지 난감한 것도 같은 이유입니다. 모두 우리말에 없는 소리이니 정확히 듣지도, 발음하지도 못합니다.

언어에 따라 말소리의 목록이 다른 것을 고려하여 가장 합리적인 「외래어 표기법」을 정합니다. 다른 언어를 적기 위해서 한글을 고칠 수도 없고 그럴 필요도 없습니다. 우리의 말과 글에서 외래어나 외국어를 우리가 어떻게 쓰고 발음할 것인가의 문제이기 때문에 본래의 발음과 달라져도 할 수 없습니다. 「외래어 표기법」은 한국어를 쓰는 사람들을 위한 것이기 때문에 본래의 발음에 최대한 가깝게 정하되 본래 그 말을 쓰는 사람들의 눈치를 볼 필요는 없습니다. 해당 외국어를 가르치는 선생님들은 불만이 있을 수 있겠지만 그것들의 발음을 정확하게 할 수 있도록 지도하는 것이 외국어 선생님들의 역할이니 더 열심히 가르치면 되는 것입니다.

영어에서 'f, v, th' 등으로 표시되는 말소리는 한국어에 없기 때문에 'f'와 'v'는 각각 'ㅍ'과 'ㅂ'으로 적고 'th'는 'ㅅ'이나 'ㄷ'으로 적습니다. 그래서 'file'과 'violin'은 각각 '파일'과 '바이올린'이라 적습니다. '화일'이나 '봐이올린'으로 적고 싶은 사람도 있겠지만 그래 봤자 본래의 발음과는 여전히 다르니 그럴 필요는 없습니다. 'think'나 'this'는 각각 '싱크'와 '디스'로 적습니다. 'think'를 '띵크'라고 적는 사람도 있지만 본래의 발음과는 더 멀어지니 역시 헛수고입니다. 영어에서는 'l'과 'r'이 구별되지만 한국어에서는 그렇지 않기 때문에 모두 'ㄹ'로 적습니다. 그래서 영어에서는 구별되는 'lice'와 'rice'가 모두 '라이스'로 적혀 구별이 되지 않습니다. 그래도 할 수 없습니다. 외래어는 한국어의 일부이니 한국어의 말소리로 적어야 합니다.

외래어의 발음은 표기대로 하는 것이 원칙입니다. 영어를 배운 덕에 'file'의 'f' 소리를 'ㅍ'이 아닌 본래의 소리대로 윗니를 아랫입술에 얹어 발음할 수 있더라도 한국어의 일부로 쓸 때는 'ㅍ'으로 하는 것이 원칙입니다. 외국어 교육이 철저하게 이루어진 덕에 요즘에는 이런 외래어를 표기와 상관없이 본래의 발음에 가깝게 하는 이들이 많아졌습니다. 원칙에는 맞지 않지만 이를 굳이 탓할 필요는 없습니다. 그렇게 정확하게 발음하고 싶어 한다면, 그렇게 발음하더라도 듣는 사람이 알아들을 수 있으면 됩니다. 외국어 좀 한다고 재는 듯해서 조금 아니꼽게 생각될 수도 있겠지만 그래 봤자 몇몇 소리만 그렇게 하고 나머지는 결국 한국어의 발음대로 하거나 할 수밖에 없습니다.

언어에 따른 말소리 목록의 차이는 결국 결여와 잉여의 문제입니다. 두 언어를 비교했을 때 말소리가 더 많은 언어는 잉여의 상황이고 말소리가 더 적은 언어는 결여의 상황입니다. 이는 상대적인 문제이기 때문에 잉여와 결여는 늘 유동적입니다. 한국어의 말소리는 그리 적은 편은 아니어서 결여의 상황이 그리 많이 나타나지는 않습니다. 또한 말소리를 자유자재로 적을 수 있는 한글 덕분에 본래의 소리와 가깝게 적을 수도 있습니다. '트위터(twitter)'에 글을 많이 쓰는 미국 대통령 '도널드 트럼프(Donald Trump)'를 중국에서는 '推特(투이터)'와 '唐纳德 特朗普(탕나더 터랑푸)'로 적고, 일본에서는 'ツイッタ(츠잇타)'와 'ドナルド·トランプ(도나루도 토란프)'로 적습니다. 우리의 외래어나 외국어 표기가 본래의 발음에 얼마나 가까운지 확인할 수 있는 사례입니다.

귀와 뇌, 그리고 발음 기관의 마술

언어에 따른 말소리의 결여와 잉여는 어쩔 수 없는 것이어서 이와 관련된 「외래어 표기법」 문제는 논란이 그리 크지 않습니다. 더 헷갈리고 더 논쟁을 불러일으키는 것은 언어에 따라 구별해서 쓰는 소리의 체계가 다른 경우입니다. 한국인이 '고구마'를 발음하면 미국인은 'koguma'라고 적습니다. 앞의 두 음절에 모두 'ㄱ'이 있으니 'k'나 'g'로 통일해서 적어야 할 것 같은데 미국인들은 막무가내입니다. 외려 달리 발음해 놓고 왜 같은 글자로 적느냐고 우리에게 되묻기도 합니다. 미국인이 'pin'과 'spin'을 발음하면 우리의 귀에는 '핀'과 '스삔'으로 들리는데 표기는 모두 'p'입니다. 미국인에게 'p'로 적은 두 소리를 달리 발음했다고 지적하면 무슨 소리냐는 듯이 쳐다봅니다.

　구별하는 말소리의 체계가 다르기 때문에 발생하는 이러한 문제는 말소리 전문가에게는 쉽지만 그렇지 않은 사람들에게는 설명하기가 꽤 어려운 문제입니다. 발음 기관의 어딘가에서 공기를 막았다가 터뜨리는 소리는 거의 모든 언어에 있습니다. 한국어에는 'ㄱ, ㄷ, ㅂ'과 같은 소리가 있고 영어에도 'k, t, p'와 같은 소리가 있습니다. 그런데 한국어에서는 'ㄱ-ㅋ-ㄲ, ㄷ-ㅌ-ㄸ, ㅂ-ㅍ-ㅃ'과 같이 예사소리, 거센소리, 된소리의 체계로 구별합니다. 반면에 영어에서는 'k-g, t-d, p-b'와 같이 성대의 울림이 있는 소리와 그렇지 않은 소리로 구별합니다. 이렇게 구별하는 체계가 다르기 때문에 우리의 'ㄱ, ㅋ, ㄲ'은 미국인에게는 모두 'k' 소리로 들립니다. 반대로 영어의 'k-g'는 우리에게는 'ㅋ'과 'ㄱ'으로 들립니다.

　혹시나 음성학이나 음운론 관련 강의를 듣는 대학생이라면 이 설명을 억지로라도 이해하려 노력해야 하지만 다른 분들은 이런 설명이 이해가 안 된다고 해도 염려할 필요는 없습니다. 오히려 이해가 안 되는 편이 「외래어 표기법」 규정을 이해하는 데 도움이 될 수 있습니다. 외국어나 말소리의 체계를 잘 모르는 이들은 관습이나 규범에 따라 「외래어 표기법」을 받아들입니다. 문제는 외국어나 말소리를 좀 안다는 사람들이 많이 제기합니다. 그러나 언어마다 말소리의 체계가 다르기 때문에 귀로 들리는 것, 귀로 듣는다고 생각하는 것, 입으로 내는 소리 어느 하나만을 고려해 「외래어 표기법」을 결정할 수는 없습니다. 특히 그때그때 귀에 들리는 대로 표기를 했다가는 큰 혼란이 올 수도 있습니다.

　'France Paris'를 예로 들어 볼까요? 'f'와 'p'가 모두 'ㅍ'으로 적히는 것은 잉여와 결여의 문제이므로 이견이 별로 없습니다. 그런데 'Paris'를 '파리'가 아닌 '빠리'로 적어야 한다는 의견을 제시하는 사람도 있습니다. 실제로 프랑스 사람들의 발음을 들어 보면 '빠리'가 맞을 듯합니다. 'p'뿐만 아니라 't'와 'k'도 발음을 들어 보면 'ㅌ'과 'ㅋ'이 아닌 'ㄸ'과 'ㄲ'으로 들립니다. 들리는 대로 적어야 한다면 '빠리'가 맞을 듯한데 프랑스 사람들이 자신들이 발음한다고 믿는 소리를 생각하면 '파리'가 맞습니다. 'p'와 'b' 소리만 구별하는 프랑스 사람들은 'p'를 'ㅍ'이 아닌 'ㅃ'처럼 발음하지만 'ㅃ' 소리를 알지 못합니다. 그래서 우리가 'ㅍ'으로 발음하든 'ㅃ'으로 발음하든 그들에게는 모두 'p'로 들립니다. 프랑스 사람들이 'p'로 생각하는 발음이 우리 귀에 'ㅃ'으로 들리니 'ㅃ'으로 적자고 하는 것인데 이것은 아무런 도움이 되지 않습니다.

비슷한 예를 중국어 표기에서도 찾을 수 있습니다. 중국의 성 중 하나인 '廣東(광동)'의 중국식 발음은 'guǎngdōng'인데 중국 사람들의 발음을 들어 보면 'g'와 'd'의 발음이 각각 'ㄲ'과 'ㄸ'으로 들립니다. 그래서 이것을 한글로 표기할 때 '광둥'이 아닌 '꽝뚱'으로 해야 한다는 사람들도 있습니다. 중국 사람들은 'g-k, d-t, b-p'의 체계로 소리를 구별하니 우리 귀에 들리는 대로 'ㄲ-ㅋ, ㄸ-ㅌ, ㅃ-ㅍ'의 체계로 적자는 것인데, 이렇게 하기로 결정하면 이를 모든 경우에 적용해야 합니다. 그러면 '北京(북경)'은 '베이징'이 아닌 '뻬이찡'으로, '中國'은 '중궈'가 아닌 '쭝꿔'로, '炸酱面(작장면)'은 '자장몐'이 아닌 '짜짱몐'으로 적어야 합니다. 결국 모든 소리를 다 된소리로 적어야 하니 된소리 천지가 되는 것입니다.

말소리의 체계가 달라 우리가 어떻게 쓰고 발음하든 현지의 사람들에게는 똑같이 들리는데 굳이 우리 귀에 그렇게 들린다고 말소리의 대응 체계를 무시할 필요는 없습니다. 프랑스 사람들이 'p-b'의 말소리 체계를 쓴다면 우리는 'ㅍ-ㅂ'의 표기 체계를 적용하는 것이 합리적입니다. 중국 사람들이 'b-p'의 말소리 체계를 쓴다면 우리는 'ㅂ-ㅍ'의 표기 체계를 적용하는 것이 합리적입니다. 사실 프랑스 사람과 중국 사람의 말소리 체계를 적기 위해서 알파벳 'p'와 'b'를 썼는데 글자만 같을 뿐 소리의 구별 체계는 다릅니다. 이렇듯 복잡한 상황 속에서 귀에 들리는 대로 적겠다고 한다면 큰 혼란이 야기될 수밖에 없습니다.

그럼에도 불구하고 귀에 들리는 대로 적어야겠다면 'France Paris'의 'r'과 'an' 발음도 정확하게 적어야 일관성이 있습니다. 프랑스 사람의 'r' 발음에서는 'ㅎ' 소리가 느껴집니다. 'an'의 발음을 잘 들어 보면 '아'도 아니고 '앙'도 아닌 '아'에 콧소리만 조금 섞은 소리로 들립니다. 그러니 'France Paris'는 '프ㅎ아으스 빠ㅎ'로 적어야 일관성이 있습니다. 이렇게 한들 누구한테 도움이 될까요? 한글을 쓰고 읽는 우리는 불편할 뿐이고, 현지 사람들의 발음과 같아지는 것도 아닙니다. 그저 외국어나 말소리를 조금 안다는 사람들의 고집스러운 주장일 뿐입니다. 말소리가 언어에 따라서 귀, 머리, 발음 기관에서 조화를 일으키는 것을 안다면, 말소리의 체계와 그 대응에 대해서 조금 더 안다면, 규범은 체계적이고 합리적이어야 한다는 것을 고려한다면 이런 주장을 펴서는 안 됩니다.

어린 왕자를 위한 배려

우리는 『어린 왕자』라고 하고 일본에서는 『별의 왕자님』이라고 하는 소설은 프랑스 사람 생텍쥐페리가 썼습니다. 본래의 제목은 『Le Petit Prince』인데 이것을 영어로 『The Little Prince』라고 하든 한국과 일본에서 다르게 하든 결국 번역의 문제이니 중요하지 않습니다. 문제는 이 소설을 쓴 사람의 이름인데 여러 면에서 골치가 아픕니다. 이 프랑스 작가의 본명은 'Antoine Marie Jean-Baptiste Roger de Saint-Exupéry'인데 보통은 'Antoine de Saint-Exupéry'로 부릅니다. 프랑스의 발음에 따라 한글로 쓰면 '앙투안 드 생텍쥐페리'이고 성만 쓰자면 '드 생텍쥐페리'입니다. 잘 알려진 프랑스 대통령 'de Gaulle'을 '골'이라 하지 않고 '드골'이라 하니 이 작가의 성 앞에도 '드'를 붙여야 합니다.

이 작가의 성을 자세히 들여다보면 왠지 '세인트엑쥐페리'라고 해야할 듯한데 프랑스어의 발음법에 따라 '생텍쥐페리'로 씁니다. 실제로 영어권에서는 자신들의 발음법에 따라 이 작가를 '세인트 엑서페리'나 이와 유사하게 발음합니다. 프랑스어나 영어 모두 같은 로마자를 쓰니 이런 현상이 나타나는 것입니다. 한자를 공유하고 있는 한중일 세 나라에서 한자로 이름을 쓸 경우 자신들의 한자음으로 이름을 읽을 수 있는 것과 마찬가지입니다. 문자는 공유하되 각각의 발음법이 다른 경우에 이런 복잡한 상황이 발생하는데 어떻게 읽든 자유입니다. 잘 모를 경우에는 자신들의 발음법에 따라 읽을 것이고 고유 명사의 원산지와 그 언어를 아는 사람이라면 본래의 발음대로 읽으려고 노력할 것입니다.

이런 문제에 대해서 우리는 본래의 발음을 존중하려 노력하고 있습니다. 포르투갈의 축구 선수 'Cristiano Ronaldo'의 성은 포르투갈어의 발음대로 '호날두'로 쓰고 읽습니다. 미국 프로 야구단 엘에이다저스에서 뛰고 있는 네덜란드 국적의 마무리 투수 'Kenley Jansen'의 성은 '얀선'이라고 씁니다. 우리는 이렇게 고민을 하는데 정작 영어권에서는 그저 '로날드'와 '잰슨'으로 발음합니다. 어차피 로마자로 표기되어 있으니 자신들의 발음법대로 쉽게 읽는 것입니다. 물론 이들의 국적이나 출신지를 존중하는 이들은 본래의 발음대로 읽으려 노력하기도 합니다. 둘 중에 어느 것이 맞다고 딱 잘라 말하기는 어렵습니다. 본래의 발음을 배려하는 것이 더 좋아 보이기는 하지만 반드시 그렇게 해야 한다고 강요하기는 어렵습니다.

세계 여러 나라의 『어린 왕자』 제목, 작가 표기

1. ANTOINE DE SAINT-EXUPÉRY
Le Petit Prince

2. 어린 왕자
생택쥐페리

3. サン テグジュペリ
星の王子さま

4. ANTOINE DE SAINT-EXUPÉRY
The Little Prince

5. 小王子
・圣埃克苏佩里・

1. 프랑스
2. 한국
3. 일본
4. 미국
5. 중국

▶ 책 제목과 작가 이름 표기가 모두 문제가 되는 '생텍쥐페리'의 『어린 왕자』 표기나 발음에 정답은 없으나 엉뚱한 주장을 펴는 이들은 종종 있다.

한중일 세 나라에서도 이 문제는 조금 복잡합니다. 중국의 주석 '習近平'을 중국어의 발음대로 읽으면 '시진핑(Xí Jīnpíng)'인데 한국어의 발음대로 읽으면 '습근평'이고, 일본어의 발음대로 읽으면 '슈긴페이(しゅうきんぺい)'입니다. 하지만 우리는 중국어의 발음을 존중한다는 원칙을 세워 '시진핑'이라고 하고 일본에서도 중국어의 발음대로 하고자 할 때는 '시진핑(シ―ジンピン)'이라고 합니다. 그런데 중국에서는 한국의 '문재인(文在寅)' 대통령은 '원짜이인(Wénzàiyín)'으로 읽고 일본의 '아베신조(安倍晋三)' 수상은 '안베이진산(Ānbèijìnsān)'으로 읽습니다. 가는 정이 있으면 오는 정이 있어야 할 텐데 중국에서 유독 자신들의 발음법만 고집하는 것이 문제가 있어 보일 수도 있습니다.

그러나 중국에서는 현지의 발음대로 쓰고 싶어도 쓰지 못합니다. 뜻글자인 한자로 본래의 발음을 정확하게 적는 것은 불가능합니다. 게다가 없는 소리도 많아 여러 가지 우회적인 방법을 써야 합니다. 한자로도 이름을 쓰는 한국 사람과 일본 사람은 한자 발음대로 읽으면 되지만 그마저도 불가능한 서양 사람은 최대한 비슷하게 쓸 수밖에 없습니다. 그래서 'Ronaldo'는 '罗纳尔多(루오나얼두오)'가 되고, 'Saint-Exupéry'는 '圣埃克絮佩里(성아이커쉬페이리)'가 됩니다. 중국이 오만해서 그런 것이 아니라 한자로는 본래의 발음대로 쓰기가 어려워 그리하고 있는 것이니 이해해 줄 필요가 있습니다.

본래의 발음을 중시한다는 원칙을 세우고 나서도 문제가 되는 것이 꽤 많습니다. 미국 프로 야구단 세인트루이스 카디널스의 마무리 투수 'Trevor Rosenthal'이 그 사례 중 하나입니다. 이 선수의 성은 관습적인 표기로 하면 '로젠탈'이고 현지의 발음을 중시하면 '로즌솔'입니다. 현지의 발음을 존중한다는 원칙에 따르면 '로즌솔'이 맞지만 '로젠탈'에 익숙한 이들 사이에서는 꽤나 말이 많았습니다. 이미 '로젠탈'로 알려졌는데 왜 발음도 이상한 '로즌솔'로 바꾸냐는 것이었습니다. 전통과 관습에 기대면 '로젠탈'도 받아들일 수 있고 본래의 발음에 충실해야 한다는 원칙을 따르자면 '로즌솔'도 괜찮습니다. 그런데 격렬하게 반대하는 이들이 제시하는 기준은 '나에게 익숙하지 않다'는 것 단 하나입니다.

「외래어 표기법」 문제를 바라볼 때에는 어린 왕자의 마음이 되어 볼 필요가 있습니다. 중절모에만 익숙한 사람들의 눈에는 코끼리를 삼킨 보아뱀 그림이 도저히 이해되지 않습니다. 그러나 어린 왕자처럼 순수한 눈으로 본다면 중절모뿐만 아니라 보아뱀도 보입니다. 프랑스에 익숙해져 있더라도 불란서를 알아서 나쁠 것은 없습니다. 자신의 눈에는 세인트 엑서페리로 보이더라도 우리는 생텍쥐페리로 쓰는 것을 알고 그렇게 불러 주는 것도 좋습니다. 옛날 사람들은 로젠탈이라고 하지만 요즘 사람들은 로즌솔이라고 한다면 그것 또한 그렇게 받아들이면 됩니다. 반드시 자신이 알고 있는 것, 익숙한 것만이 맞다고 우길 필요는 없습니다.

「외래어 표기법」, 나아가 「어문 규범」은 필요한 것이지만 그 눈높이는 말의 주인에게 맞추어야 합니다. 외국어에 익숙한 전문가들은 보통 사람들이 듣지 못하는 소리를 들을 수도 있고 그것을 정확하게 표기하고 싶다고 생각할 수도 있습니다. 그러나 그것이 보편적이라면 모두에게 도움이 될 수 있지만 특정 외국어에만 적용되는 것이라면 오히려 혼란을 초래할 수 있습니다. 외래어는 외국어가 아니라 한국어의 일부이고 한국어의 일부로 들어온 순간 한국어 전체의 체계에 맞게 표기해야 합니다. 맑고 깨끗한 영혼을 가진 어린 왕자들은 규범대로, 배우는 대로 모두를 흡수합니다. 그런 미래를 살아갈 말의 주인들에게 구세대의 고집스러운 폭력을 가해서는 안 됩니다.

16

우리는
깡패의
총소리
부부가 아니다

우리는 깡패의
총소리 부부가 아니다

"저희가 왜 깡패와 총소리 부부가 돼야 하죠? '갱(Gang)'이나 '뱅(Bang)'
이 뭐냐구요."

"본래 쓰던 대로 쓰셔도 돼요. 근데 그러면 놀란 개 소리나 코 푸는 소리
가 될 텐데요?"

"그건 또 무슨 말인가요?"

"'Kang'나 'Pang'로 써 놓고 우리와 비슷하게 발음해 주길 바라시겠지만
대부분 '캥'이나 '팽'으로 발음할 걸요?"

"그러게요. 미국 사람들이 그렇게 발음하더라고요. 뭐 좋은 방법 없나
요?"

"없어요. 두 분이 세계적으로 유명해지기 전까지는요."

여권에 기재된 로마자 이름에 대한 이야기가 나오자 '강' 씨와 '방' 씨
성을 가진 부부가 볼멘소리를 합니다. 2000년에 고시된 「국어의 로마자
표기법」에 따르면 이 부부의 성은 각각 'Gang'과 'Bang'이 되니 이런 말

이 나올 법도 합니다. 그러나 규범을 보면 원칙은 정해 놓되 관례적으로 써 오던 표기도 인정한다고 되어 있으니 두 분이 그리 불만을 가질 사안은 아닙니다. 그럼에도 불구하고 불만이 쏟아지는 것은 가끔씩 우리의 눈에도 이상하게 보이고, 이 표기를 보고 외국인들이 정확하게 발음하지 못하기 때문입니다. 좀 더 합리적인 표기, 외국인들이 정확하게 발음할 수 있는 표기는 없는 것일까요?

키몬레, 개갈비달, 그리고 야탭동

대학교 시절, 은사님께서 아주 오래전에 국제 학술 대회에 참석했을 때의 일화를 들려주셨습니다. 한 외국 학자가 알타이어와 관련된 발표를 하면서 계속해서 '키몬레'라는 사람의 견해를 인용했다고 합니다. 아무리 들어 봐도 당신께서 쓴 논문인데 엉뚱한 사람의 이름이 거론되니 의아한 생각이 들었답니다. 한참이 지나서야 외국 학자가 거론하는 사람이 당신임을 알아챘습니다. 국어 시간에 한 번쯤은 들어 봤을 '이기문' 선생님의 일화입니다. 당신의 이름을 로마자로 'Ki-Moon Lee'라고 쓴 것이 문제였습니다.

선생님께서는 당신의 이름을 로마자로 쓸 때 성을 뒤에 쓰는 서양의 관습을 따르되 두 음절로 된 이름 사이에 붙임표를 넣어 구별했습니다. 서양에도 'Lee'란 성씨가 있고 영어 단어 'Moon'의 발음은 '문'이니 '기문 리' 정도로 읽힐 수 있는 표기였습니다. 그런데 그 학자는 자신의 언어를 읽던 방식대로 '키몬레'라고 읽었던 것입니다. 무엇이 잘못된 것일까요? 아니면 누가 문제일까요? 잘못된 것도 없고 어느 누구의 잘못도 아닙니다. 이름을 어떻게 쓰든 언어에 따라, 사람에 따라 달리 읽을 수 있는 것이고 이는 아주 흔하게 있는 일이니 웃어넘길 수 있는 사안입니다. 혹시나 이 학자와 대화를 나눌 기회가 있으면 성과 이름의 정확한 발음을 알려 주면 되는 것입니다.

'개갈비달'을 아시나요? 당연히 모르실 겁니다. 하지만 서울 서대문구에 있는 독립문은 다들 아실 겁니다. 외국 사람들을 위해 이 문의 이름을 'Independence Gate'라고 표기하면 뜻은 통할 수 있겠지만 이렇게 알려 주면 외국 사람들은 독립문에 쉽게 찾아갈 수 없습니다. 고유 명사이니 본래의 발음과 가깝게 적어 줘야 하는데 누군가 장난스럽게 'Dog Rib Moon'을 제시한 적이 있습니다. 영어 단어 그대로 읽으면 '독 립 문'이니 발음은 꽤나 가깝습니다. 그러나 이렇게 적어 놓은 것을 보면 '개 갈 비 달'이란 영어 단어의 뜻이 먼저 들어올 테니 고개를 갸우뚱하게 될 것입니다.

이런 말장난은 잊더라도 '독립문'의 표기는 여러 가지 면에서 꽤나 어렵습니다. 성을 적을 때 '문'을 'Moon'으로 적는 것이 오랜 관습이었으나 이 경우에는 이 관습을 적용하는 것이 바람직하지는 않습니다. 글자 하나하나를 생각해서 표기하면 'Doklipmun'이 되는데 이리 써 놓으면 영어 화자들은 '도크리프문'처럼 발음하기 때문에 본래의 발음과 거리가 있습니다. 표기는 '독립문'이지만 발음은 '동님문'이니 'Dongnimmun'으로 적는데 이 또한 마음에 안 듭니다. 독립문을 모르는 우리나라 사람이 보면 어딘가에 '동님문'이란 문이 있다고 생각할 수도 있기 때문입니다.

번댕의 야탭동은 아시나요? 우리나라에 이런 동네는 없으니 눈치 빠른 분들은 분당의 야탑동을 떠올릴 수 있을 것입니다. '분당'은 'Bundang'으로 쓰도록 되어 있는데 이를 두고 외국인들은 불만이 많습니다. 우리의 발음을 들으면 앞 글자는 'Pun'으로 써야 할 것 같은데 왜 'Bun'으로 쓰냐고 묻습니다. 우리가 '부부'를 발음하면 미국 사람들에게는 'Pubu'로 들리는데 이는 말소리의 체계가 달라서 나타나는 문제입니다. 뒤의 글자는 'Dang'으로 쓸 수밖에 없는데 이리 써 놓으면 외국인들은 대부분 '댕'으로 읽습니다. 우리는 '분당'을 생각하고 쓴 것인데 외국 사람들은 '번댕'이라 하니 답답한 노릇입니다.

'야탑'도 문제입니다. 뒤의 글자 '탑'을 'Tab'으로 적어 놓으면 모두가 '탭'으로 읽습니다. 'Tom'이나 'Top'이 각각 '탐'과 '탑'으로 발음되니 'Top'으로 적으면 될 듯도 하지만 당장 뒤에 오는 '동'을 'Dong'으로 써야 하는 것이 마음에 걸립니다. 한국어의 모음 'ㅗ'를 적을 때는 같은 글자를 써야 할 것 같은데 'o'를 써 놓고 어떨 때는 'ㅏ'로 읽고, 어떨 때는 'ㅗ'로 읽으라고 하는 것은 문제가 있기 때문입니다.

이상의 몇몇 사례만 살펴봐도 우리의 「로마자 표기법」은 엉망인 듯이 보입니다. 외국인도 내국인도 모두 만족하지 못하는 상황이니 근본적으로 바꾸어야 할 것 같기도 합니다. 그런데 「로마자 표기법」은 당연히 이럴 수밖에 없습니다. 한국어의 말소리 체계와 음운 현상 때문이기도 하지만 부족한 알파벳과 종잡을 수 없는 외국어, 특히 영어의 표기와 발음 때문이기도 합니다. 본래 혼란스러울 수밖에 없는 문제를 두고 혼란스러우니 고치라고 하거나 일방적으로 거부하는 것은 바람직하지 않습니다. 혼란스러울 수밖에 없는 상황을 들여다보면서 어떻게 이해하고 적용해 나갈까를 따져 보는 것이 우선입니다.

누구를 위하여 로마자 표기를 하는가

헤밍웨이의 소설 『누구를 위하여 종은 울리나』의 제목만 보면 '종은 누구를 위해 울릴까?'라는 의문을 품게 됩니다. 본래 '누구의 죽음을 알리는 종소리인가?'라는 뜻인데 직역된 제목에서는 본래의 의미가 잘 드러나지 않습니다. 로마자 표기에 대해서도 똑같은 질문을 할 수 있습니다. 누구를 위하여 로마자 표기를 하는가? 답이 뻔한 질문이지만 막상 자세히 들여다보면 생각할 것이 많기도 합니다. 한글을 모르는 외국인들을 위해 널리 쓰이는 로마자로 한국어를 적는 것이 로마자 표기이니 당연히 외국인들을 위한 것입니다.

그런데 어떤 말을 쓰는 외국인일까요? 로마자는 서양의 여러 언어를 표기하는 데 쓰이고 터키어나 베트남어를 표기하는 데에도 쓰입니다. 소리를 나타낼 수 없는 한자의 특성상 한자의 발음을 표시하기 위해서 '병음'이라는 로마자 표기를 쓰기도 합니다. 이처럼 로마자는 세상에서 가장 널리 쓰이는 문자이니 외국인들을 위한 표기라면 로마자를 쓰는 것이 당연한 이치이기도 합니다. 그런데 문자는 같더라도 언어는 제각각 다르니 같은 표기를 보고 저마다 다르게 읽을 가능성이 높습니다. 따라서 로마자로 적되 가장 널리 쓰이는 영어의 표기법이나 발음 방법을 고려해 「로마자 표기법」을 정합니다.

영어를 기준으로 로마자 표기를 한다고 정하더라도 세부적으로 결정해야 할 복잡한 문제들이 많습니다. 먼저 한글 표기를 기준으로 할 것인가 그것의 발음을 기준으로 할 것인가를 정해야 합니다. 「로마자 표기법」 제1장 1항에 "국어의 로마자 표기는 국어의 표준 발음법에 따라 적는 것을 원칙으로 한다."라고 되어 있으니 한글 표기가 아닌 발음이 기준입니다. 따라서 '독립문'은 'Doklipmun'이 아닌 'Dongnimmun'으로 적습니다. 외국인들이 말을 할 때를 생각해 보면 소리대로 표기하는 것이 맞을 듯한데 우리의 머릿속에 들어 있는 '독립문'이란 글자와 로마자 표기가 잘 맞아떨어지지 않는 것이 문제입니다. '문독립'이란 이름을 가진 사람이 있다면 자신의 이름을 'Mun Dongnip'이라고 쓰기를 꺼릴 것입니다.

발음을 기준으로 하더라도 더 큰 문제가 남아 있습니다. '독립문'의 '독'은 'Dok'으로 적고 있는데 정작 영어 화자들은 우리의 발음을 듣고는 'Tok'으로 적어야 한다고 주장합니다. 외국인들이 '부산'과 '대구'를 'Pusan'과 'Taegu'로 적어야 한다고 주장하는 것과 같은 맥락입니다. 말소리만 엄밀하게 고려하면 외국인들의 주장이 맞을 수 있습니다. 그러나 한글로는 'ㄱ, ㄷ, ㅂ'으로 적는 것을 'k, t, p'로 적기도 하고 'g, d, b'로 적기도 하는 것이 우리에게는 이해가 되지도 않고 받아들여지지도 않습니다. 발음대로 적는다고 하더라도 여전히 표기의 문제가 개입되니 어렵습니다.

음운 현상을 어느 정도까지 어떻게 반영할까도 어렵습니다. 한국어에는 필수적인 음운 현상이 꽤나 많은 편입니다. 따라서 '종로'와 '신라'는 각각 '종노'와 '실라'로 발음되니 'Jongno'와 'Silla'로 적습니다. '좋다'는 '조타'로 발음되니 'jota'로 적지만 지명 '묵호'는 '무코'로 발음되더라도 'Mukho'로 적습니다. '낙동강'은 '낙똥강'과 같이 된소리가 나지만 된소리되기를 반영하지 않고 그냥 'Nakdonggang'으로 적습니다. 음운 현상을 반영하기로 했으면 모두 반영하든가 그렇지 않으면 모두 반영하지 않든가 해야 할 텐데 이랬다저랬다 하는 것 같아 헷갈립니다.

이 모든 것이 다양한 상황을 고려해 최대한 본래의 발음에 가깝되 혼동이 적도록 하고자 한 것입니다. 이렇게 한 문장으로 적기는 했지만 고려해야 할 것이 너무도 많습니다. 다양한 상황 중 가장 큰 문제는 언어마다 문자 체계, 말소리 체계가 다르다는 데 있습니다. 한글과 로마자가 일대일로 딱 대응되는 것도 아니고 말소리의 체계 또한 잘 대응되지 않습니다. 한국어에서 구별되는 소리가 영어에서는 구별되지 않는 경우도 있고, 그 결과 한국어에서 나타난 음운 변화가 외국인에게는 의미가 없는 경우도 있습니다. 이 모든 것을 고려하다 보니 헷갈릴 수밖에 없습니다. 결국 적당한 선에서 양보하고 절충해야 하는데 그것의 최대치가 현재의「로마자 표기법」입니다.

「로마자 표기법」은 외국인들을 위한 것이긴 하지만 우리를 위한 것이기도 합니다. 미국 사람들이 구별하는 'p-b, t-d, k-g' 체계와 우리의 'ㅂ-ㅍ-ㅃ, ㄷ-ㅌ-ㄸ, ㄱ-ㅋ-ㄲ' 체계가 다른 상황에서 우리만이라도 헷갈리지 말자는 취지에서 '부산'과 '대구'는 'Busan'과 'Daegu'로 적기로 했습니다. 우리는 인지할 수 있는 음운 변화이지만 외국인들에게는 느껴지지 않는 '낙동강'에서의 음운 변화는 로마자 표기에 반영하지 않습니다. 이렇게 내국인과 외국인 모두를 위해 종을 울리다 보니 일관된 원칙을 적용하기가 어렵습니다. 일관된 원칙을 적용하면 원칙이 폭력이 되고, 상황에 따라 융통성을 부여하면 무원칙의 혼란이 오는 상황은 어쩔 수 없습니다. 결국 중요한 것은 균형과 이해입니다.

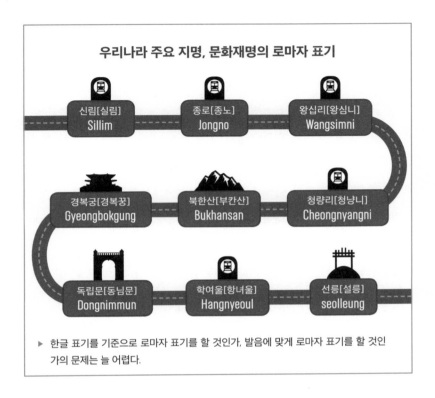

우리나라 주요 지명, 문화재명의 로마자 표기

신림[실림]
Sillim

종로[종노]
Jongno

왕십리[왕심니]
Wangsimni

경복궁[경복꿍]
Gyeongbokgung

북한산[부칸산]
Bukhansan

청량리[청냥니]
Cheongnyangni

독립문[동님문]
Dongnimmun

학여울[항녀울]
Hangnyeoul

선릉[설릉]
seolleung

▶ 한글 표기를 기준으로 로마자 표기를 할 것인가, 발음에 맞게 로마자 표기를 할 것인
가의 문제는 늘 어렵다.

내가 해 봐서 아는데

누가 처음 쓰기 시작했는지 모르지만 '라떼는 말이야'는 꽤나 재미있
습니다. 나이 든 사람들이 젊은 사람들에게 소위 '꼰대짓'을 할 때 쓰는
'나 때는 말이야'를 절묘하게 바꾼 것입니다. 이 표현은 웃자고 만든 것
인데 '내가 해 봐서 아는데'는 웃어넘기기가 쉽지 않을 때가 있습니다.
앞의 표현이 기성세대의 훈장질을 표현한 것이라면 이 표현은 오지랖
넓은 경험자의 무책임한 훈수를 지적한 것입니다. 해당 분야의 전문가

가 아니면서 짧은 경험이나 얕은 지식으로 모든 것을 다 해결할 수 있는 양 말할 때 쓰는 표현입니다. 훈장이나 훈수꾼이 필요하긴 하지만 끼지 말아야 할 때 끼어들면 일이 복잡해지는데 말입니다.

안타깝게도 「로마자 표기법」과 관련해서 유독 '내가 해 봐서 아는데'라고 훈수를 두는 이들이 많습니다. 외국에 살다 오거나 외국어를 잘 안다고 생각하는 사람들이 훈수꾼의 주류를 이룹니다. 이들은 강 씨와 방 씨가 깡패와 총소리가 되는 드문 사례를 들어 「로마자 표기법」의 문제점을 지적합니다. 영어 단어 'top'의 발음을 들어 '야탑동'의 '탑'을 'top'으로 적으면 될 것을 왜 'tab'으로 규정해 놓았냐고 핀잔을 합니다. 한글을 읽을 줄 아는 외국인들과 친하다며 '좋다'는 'jota'로 적고 '묵호'는 'Mukho'로 적으면 외국인들이 헷갈리지 않겠냐며 힐난합니다.

말이나 그에 관련된 규범에 관심을 가지는 것은 고맙지만 무책임한 훈수는 오히려 불신과 혼란만 초래합니다. 「로마자 표기법」은 각 분야의 전문가들이 오랜 시간 토론을 거쳐 정한 것입니다. 어느 한 사람이 자신의 입맛에 맞게 뚝딱 정한 것이 아닙니다. 여러 차례의 토론과 공청회를 거쳐 의견을 조율해서 정한 것입니다. 훈수꾼들이 지적할 것으로 예상되는 문제들도 대부분 검토를 끝내고 최종안을 낸 것입니다. 진짜 전문가들이 오랜 고심 끝에 만든 안에 대해 즉흥적인 지적은 도움이 되지 않습니다. 바둑이나 장기에서 훈수꾼은 한 수만 보지만 대국자는 한 판 전체를 책임집니다.

정말로 '내가 해 봤다면' 우리의 「로마자 표기법」에 대해 지적하는 문제가 세계 각국의 현실에서는 어떻게 나타나고 어떻게 용인되는지 이야기하는 것이 더 필요해 보입니다. 말은 다르지만 같은 로마자를 쓰는 서양 사람들은 각자의 전통에 따라 이름을 표기하고 자신들의 발음 관습에 따라 다른 나라 사람들의 이름을 발음합니다. 프랑스 사람 'Henry'를 영국에서는 그저 '헨리'라고 하다가 프랑스 사람임을 밝히거나 존중하고자 하면 '앙리'라고 합니다. 베트남어는 로마자를 빌려 쓰고 있는데 성 씨 '쩐'을 이 체계에 따라 'Tran'이라 쓰니 외국에서는 '트란'이 되고 맙니다.

서로 다른 언어를 쓰는 사람들이 접촉할 때는 늘 이런 문제가 발생할 수밖에 없는데 이에 대한 완벽한 해법은 없습니다. 언어학자들이 쓰는 발음 부호가 있기는 하지만 보통 사람들이 이러한 발음 부호를 익혀야 할 이유는 없습니다. 늘 나타나는 문제이니 그러려니 하고 받아들입니다. 우리의 성과 이름의 체계는 무척이나 간단하지만 미국과 같은 다인종, 다민족 국가의 성과 이름 체계는 상상을 초월할 정도로 다양합니다. 상황이 이러하니 강 씨와 방 씨를 'Gang'과 'Bang'으로 써도 깡패와 총소리 씨로 오해하기보다는 동양의 어느 나라에서 온 성씨이겠구나 정도로 생각합니다.

세리와 찬호의 해법

미국에서 성공한 운동선수를 꼽으라면 박세리와 박찬호 선수가 가장 앞자리를 차지합니다. 박세리 선수는 미국여자프로골프협회 명예의 전당에 이름을 남겼고, 박찬호 선수는 미국 메이저리그에서 100승을 넘긴 투수이니 그럴 자격이 충분히 있습니다. 두 선수는 모두 충청도 출신의 충주 박 씨입니다. 그런데 이들이 미국에 진출하면서 성이 바뀌었습니다. 두 선수는 자신의 이름을 각각 'Pak Se-ri'와 'Chan Ho Park'로 썼습니다. 한국인들의 성과 이름 체계를 잘 모르는 외국인들은 헷갈릴 법도 합니다. 박세리 선수의 성이 'Se-ri'인지 'Pak'인지, 박찬호 선수의 성은 'Park'이고 이름은 'Chan'이며 'Ho'는 미들 네임인가 하고 말입니다.

두 선수의 영문 이름을 보면 이제까지 우리가 써 온 「로마자 표기법」의 여러 체계가 반영되어 있음을 알 수 있습니다. 누가 처음 쓰기 시작했는지 모르지만 박 씨를 'Park'로 적는 것은 꽤나 요상합니다. 아마도 'Bak'나 'Pak'로 적으면 서양 사람들은 각각 '백'과 '팩'으로 발음할 테니 궁여지책으로 'Park'로 적은 듯합니다. 서양 사람들을 배려해서 박찬호 선수는 성을 뒤에 썼지만 박세리 선수는 우리의 관습대로 앞에 썼습니다. 두 선수의 이름은 '세리'와 '찬호'이니 각 음절을 띄어 쓸 필요는 없지만 박찬호 선수는 띄어 썼고 박세리 선수는 사이에 붙임표를 넣었습니다.

두 선수의 이름을 「로마자 표기법」에 따라 쓰면 각각 'Bak Seri'와 'Bak Chanho'입니다. 서양 사람들이 성을 뒤에 쓴다고 해서 우리가 굳이 따를 필요가 없기 때문에 성을 앞에 씁니다. 이름의 음절을 분리하고 싶다면 띄어 쓰는 대신 사이에 붙임표를 넣어서 'Se-ri'와 'Chan-ho'로 쓰는 것도 허용하고 있습니다. 'Bak'로 쓰는 것이 싫거나 이미 여권 등에서 사용한 이름이 있다면 'Pak'나 'Park'로 쓰는 것도 허용하고 있습니다. 원칙은 정해 놓되 관습이나 개인의 취향도 존중하고 있으니 현재의 「로마자 표기법」은 더할 나위 없이 충분합니다.

이와 같이 제각각 쓰면 외국인들이 두 사람이 본래 같은 성씨인 것을 모르는 것이 문제가 될까요? 전혀 문제가 되지 않습니다. 이름은 그저 식별 부호에 불과한 것일 수도 있으니 외국인들이 굳이 그 사실을 알아야 할 필요도 없습니다. 실제로 두 사람이 별개의 성씨인 줄 알았다가 둘다 유명해진 뒤 미국 사람들이 그 사실을 알았습니다. 두 사람이 유명해진 뒤 인터뷰에서 이름의 정확한 발음을 물어보고 중계나 뉴스에 반영하기도 했습니다. 류현진 선수가 좋은 성적을 거두자 중계를 맡은 캐스터가 버드나무란 뜻의 성 '柳(버들 류)'를 거론하며 류현진 선수의 부드러운 투구 동작을 평하기도 했습니다. 말 그대로 이름이 나게 되면서 그이름에 대해 알아보고 정확하게 말하기 시작한 것입니다.

한국어와 한글을 모르는 외국 사람들을 위해서 「로마자 표기법」을 제정했지만 모두를 만족시킬 수 있는 「로마자 표기법」을 만드는 것은 불가능한 일입니다. 따라서 표기 체계를 정했으면 그것을 지키고 널리 알리는 것이 최선입니다. 외국인에게 이상하거나 낯설게 보이는 표기일지라도 우리의 표기 체계가 알려지고 그 대상이 알려지면 외국인들도 차차 우리의 발음에 가깝게 발음할 수 있을 것입니다. 박세리와 박찬호 선수가 그랬듯이 이름이 나면 이름이 바로잡히는 것입니다. 강 씨와 방 씨가 이름이 나면, 혹은 우리의 「로마자 표기법」이 널리 알려지면 '깡패'와 '총소리'가 아닌 '강'과 '방'이 될 것입니다.

17

옥떨메의

도전을
허하라

옥떨메의
도전을 허하라

"'얼죽아'? 그게 뭐니? 그런 줄임말 좀 쓰지 마."

"'얼어 죽어도 아이스 아메리카노', 알고 나면 뜻이 확 들어오잖아요. 왜 안 돼요?"

"무슨 말인지 못 알아듣겠잖아."

"그럼 무슨 말인지 배우시면 되잖아요."

"그렇게 한글 파괴 좀 하지 말고 곱고 좋은 말을 쓰도록 노력해 봐."

"한글이 어떻게 파괴돼요? 곱고 좋은 말요? 그럼 만들어서 가르쳐 주세요."

맹랑한 '고딩'과 깐깐한 '꼰대'의 대화입니다. 안타깝지만 도대체 무슨 뜻인지 알기 어려운 '한글 파괴'라는 표현이 나온 순간 이 싸움의 승부는 명확히 갈렸습니다. 아니, 그 전에 못 알아듣겠다는 말에 배우라는 말로 받아치는 것에서부터 싸움이 기울기 시작했습니다. 그리고 곱고 좋은 말을 만들어서 가르쳐 주지 못한다면 이 '꼰대'는 영원히 이기지 못합니다. 말도 많고 탈도 많은 신조어, 더 정확히 말한다면 줄임말 신조어를 어떻게 봐야 할까요? 못마땅해하는 이들은 많은데 줄임말 신조어는 더 늘어나기만 합니다. 피할 수 없다면 즐겨야 하듯 막을 수 없다면 기꺼이 허용해야 하는 것은 아닐까요? 줄임말의 역사를 살펴보면 그래야 할지도 모릅니다.

줄임말의 역사

세상에 존재하는 모든 단어는 일종의 줄임말입니다. '나무'라는 단어를 예로 들어 볼까요? 땅에 뿌리를 뻗고 줄기와 가지가 자라며 그 끝에 잎과 꽃을 달고 있는 다양한 종류의 식물을 간단하게 줄여서 '나무'라고 하기로 약속하면서 이 단어가 탄생했습니다. '걷다'라는 단어는 다리를 교대로 놀려 이동하는 것을 가리키기 위해 만들어졌고, '밝다'는 빛이 충분해서 환하다는 것을 의미하기 위해 쓰이기 시작했습니다. 이런 단어들이 없다면 다른 말로 길게 에둘러 설명해야 하니 각각의 단어는 곧 줄임말이라 할 수 있습니다. 단어와 단어가 합쳐져 새로이 만들어진 말 또한 일종의 줄임말입니다. 다리는 여러 가지 재료로 만들 수 있는데 '나무로 만든 다리'를 줄여서 '나무다리'라고 하는 것이 그것입니다.

한자가 들어오면서부터 또 다른 방식의 줄임말이 만들어지기 시작했습니다. 한자는 글자 하나가 곧 하나의 단어를 나타내기 때문에 고유어로는 여러 음절로 된 말이더라도 단 하나의 한자로 나타낼 수 있는 장점이 있습니다. '나무'와 '다리'는 모두 두 음절인데 이것을 각각 '木(나무목)'과 '橋(다리 교)'와 같이 한 음절로 쓸 수 있는 것입니다. 그 결과 '나무다리'도 '木橋'로 음절 수를 줄여 쓸 수 있습니다. 이것을 한자로 적어야 더 분명하게 뜻이 전달되겠지만 한글로 '목교'라고 써도 뜻이 잘 통하니 이러한 종류의 단어들이 매우 많이 만들어집니다. 특히 근대 이후 서구의 문물이 쏟아져 들어오면서부터 한자어가 급격하게 늘어나게 되었고 그 결과 한국어의 7할 이상이 한자어라고 하기도 합니다.

이상에서 살펴본 단어들도 일종의 줄임말이지만 우리가 통상적으로 쓰는 줄임말은 다르게 정의됩니다. 사전에는 '준말'로 올라 있는데 이는 단어의 일부분이 줄어든 말을 가리킵니다. 사전에는 올라 있지 않지만 우리가 흔히 쓰는 '줄임말'은 본래의 어형보다 음절이나 형태소가 간략하게 줄어든 말을 가리킵니다. 그 종류가 매우 다양해서 일일이 열거하기는 어렵지만 '사이'를 '새'라고 하는 것도 줄임말이고, '딸가닥'을 '딸각'이라고 하는 것도 줄임말입니다. '흥선 대원군'을 '대원군'이라 하는 것도 줄임말이고, '서울특별시'를 '서울시'라고 하는 것도 줄임말입니다. 빠른 의사소통을 위해 말의 어떤 요소든 줄어들었다면 곧 줄임말이라 할 수 있습니다.

우리에게 가장 익숙한 줄임말은 머리글자를 따서 만든 '두자어(頭字語)'입니다. '전국경제인연합회'를 줄여 '전경련'이라고 하는 것이나 '부산대학교 국어교육과'를 줄여 '부대 국교과'라고 하는 것이 그런 예들입니다. 이는 영어에서도 흔하게 사용되는 방식이어서 우리말로는 미국항공우주국이라고 번역되는 'National Aeronautics and Space Administration'의 머리글자만 따서 'NASA(나사)'라고 하는 것이 대표적인 예입니다. 이러한 말은 본래대로 말하거나 쓰려면 너무 길기 때문에 이렇게 적당히 줄여 쓰면 빠르게 의사소통을 할 수 있다는 장점이 있습니다.

　머리글자를 따서 만든 줄임말은 오래전부터 널리 쓰여 왔기 때문에 별 거부감이 없습니다. '전국경제인연합회'는 '전국 경제인 연합회'로 띄어 쓸 수 있는데 모두 명사로만 이루어졌고, 각 명사의 첫 글자를 딴 것이니 뜻도 어느 정도 통합니다. 더욱이 각 단어가 모두 한자어여서 한자로 '全經聯'이라고 쓰면 뜻이 더 선명하게 부각되는 장점이 있습니다. 꼭 한자어가 아니더라도 '새내기 배움터'를 '새터'라고 줄여도 뜻이 통하니 고유어에서도 이 방법이 종종 쓰입니다. 누군가 '전국 덤프트럭 기사 연합회'를 '전덤련'이라고 줄여 말하더라도 조금만 생각해 보면 본래의 말을 생각해 낼 수 있습니다.

　우리가 머리글자를 따서 만든 줄임말을 낯설지 않게 여기는 데는 숨은 이유가 있는데 한자와 한글이 가지고 있는 장점이 그것입니다. 한자로 '全經聯'이라 쓰면 본래의 말이 잘 복원되는데 한글로 쓴 '전경련'도 이에 못지않습니다. 영어의 'NASA'도 같은 방식이지만 한자나 한글로 쓴 약어와는 비교가 안 될 정도로 빈약한 정보만을 보여 줍니다. 'WBC' 란 줄임말이 있을 때 야구를 좋아하는 사람은 'World Baseball Classic' 을 떠올리고, 권투를 좋아하는 사람은 'World Boxing Council'을 떠올리겠지만 보통 사람들은 본래의 말이 무엇인지 알 수 없습니다. 운 좋게 'NASA'는 '나사'로 읽을 수 있지만 'WBC'는 '더블유비시'라고 읽을 수밖에 없습니다. 모두 머리글자를 따서 만들었지만 한자나 한글은 '글자' 하나가 곧 하나의 음절이어서 알파벳 하나만 따온 영어보다 훨씬 더 많은 정보를 보여 줍니다.

'옥떨메'와 '아나바다'의 새로운 도전

고교생의 은어에 대해 다룬 1978년 기사에 '옥떨메'가 나옵니다. 남학교에서 여선생님의 외모를 비하해서 '옥상에서 떨어진 메주'라 부른다는 것입니다. 외모에 대한 비하는 심각한 문제이지만 '옥떨메'는 우리말 단어의 역사에 획기적인 사례라는 점에서 흥미롭습니다. 머리글자를 따서 만든 줄임말인 것은 분명한데 자세히 살펴보면 이전의 방식과는 뭔가 다릅니다. 머리글자를 따서 줄임말을 만들려면 본래의 말이 명사로만 구성되어야 하는 것이 일반적입니다. 즉 본래 '옥상 낙하 메주'였다면 '옥락메'로 줄이는 것이 그나마 자연스러운데 '옥상에서 떨어진 메주'는 이전과 전혀 다른 구성입니다.

굳이 이 말을 써야 하는 상황이라면 한자에 익숙한 어른들은 아마도 '옥락시(屋落豉)'라 했을 것입니다. '옥락메'도 가능할 것 같지만 앞의 두 단어는 한자어인데 '메주'는 고유어라 어색하게 느꼈을 것이기 때문입니다. 따라서 '메주'를 한자 '豉(메주 시)'로 바꿔야 비로소 어법에 맞는다고 여겼을 것입니다. 그런데 장난꾸러기 고등학생들은 이전의 방법을 무시하고 '떨어진'도 살려서 '옥떨메'라고 한 것입니다. 이것이 어떤 나비 효과를 불러일으킬지 당시의 고등학생들은 몰랐을 것입니다. 장난스럽게 만들어진 이 단어는 우리말의 역사에 단어를 만드는 새로운 방법을 열게 됩니다.

'옥떨메'의 뒤를 '노찾사'가 잇습니다. 1984년에 여러 대학에서 모인 노래패들이 음반을 내면서 '노래를 찾는 사람들'이란 멋진 이름을 달고 세상에 나옵니다. 그 이름이 다소 길다고 느껴졌는지 사람들은 머리글자만 따서 '노찾사'라고 부르기 시작합니다. 이들의 이름에서 '노래'와

'사람'은 명사이지만 '찾다'는 동사이니 이전의 '옥떨메'와 비슷합니다. 다만 한자어 없이 고유어로만 구성되어 있어 '옥떨메'보다 조금 더 자연스럽게 느껴집니다. 물론 '옥떨메'가 이미 길을 닦아 놓았기 때문이기도 합니다. 한자를 좋아하는 이라면 이 이름을 '歌探人(가탐인)' 정도로 짓고 싶어 하겠지만 세상이 많이 바뀌어 사람들은 '노찾사'를 별 스스럼없이 받아들입니다.

뒤를 이어 등장하는 '아나바다'는 그야말로 획기적입니다. 1990년 기사에 대한YWCA연합회에서 주최하는 '아껴 쓰고 나눠 쓰고 바꿔 쓰고 다시 쓰는' '아나바다' 장터에 대한 소개가 등장합니다. 사실 이 말은 그냥 '벼룩시장'이나 '중고 장터' 정도로 간단하게 쓸 수 있습니다. 하지만 이렇게 새로운 단어를 만들어 냄으로써 장터의 의미를 명확하게 부각했을 뿐 아니라 어감도 이전의 말보다는 훨씬 더 좋아졌습니다. 연합회의 누군가가 이 줄임말을 만들었을 텐데 '옥떨메'보다 훨씬 더 급진적인 예입니다. 본래의 말을 살펴보면 명사는 하나도 없이 동사와 부사로만 이루어져 있습니다. 이전의 방식으로는 머리글자를 따서 줄임말을 만들 수 없을 텐데 그 틀을 깨고 이토록 새로운 시도를 한 것입니다.

이와 같은 시도는 한글의 특성 때문에 가능했습니다. "아껴 쓰고 나눠 쓰고 바꿔 쓰고 다시 쓰다."를 굳이 영어로 쓰자면 "Conserve, Share, Exchange, Reuse." 정도가 될 것입니다. 여기에서 머리글자를 따면 'CSER'인데 이것만으로는 본래의 말이 무엇인지 전혀 알 수가 없습니다. 누군가는 이 줄임말을 '시저'나 '시서'로 읽을 수도 있지만 사실 어떻게 읽어야 할지 난감합니다. 앞에서도 언급했듯이 '한 글자'가 지시하는 바도, 그것이 가진 정보량도 다르기 때문입니다. 세종 대왕께서 한글을 모아쓸 수 있도록 했기 때문에 한 글자는 한 음절을 가리키게 되었고 거기에 많은 정보를 담을 수 있기 때문에 이러한 줄임말을 만드는 것이 가능했던 것입니다.

만약 한글을 풀어썼다면 어떻게 되었을까요? 풀어쓰기를 하면 '아'에서의 'ㅇ'은 소릿값 없이 글자 모양을 만들기 위해 쓴 것이니 'ㅏㄴㅂㄷ'과 같이 써야 합니다. 이렇게 줄여 쓰게 되면 영어의 경우와 마찬가지로 발음도 난감하고 본래의 말이 무엇인지 추측하기도 어렵습니다. 한글을 모아쓰게 고안함으로써 '한 글자'가 많은 정보를 담을 수 있게 되었고 그 결과 이러한 새로운 방식으로 줄임말을 만들 수 있게 된 것입니다. 세종 대왕께서 이런 것까지 염두에 두신 것은 아니겠지만 우리는 그 혜택을 톡톡히 보고 있는 셈입니다. 그리고 이러한 줄임말은 한글을 파괴하는 것이 아니라 세종 대왕의 어깨를 으쓱하게 하는 것일 수도 있습니다.

쫄면과 집밥의 익숙함

'옥떨메'의 나비 효과에 대해 이야기하고 있지만 어쩌면 '옥떨메'의 자리를 '쫄면'에게 양보해야 할지도 모릅니다. '쫄면'이란 단어에 대해서 한 번이라도 의심을 품어 본 적이 있나요? 너무도 익숙한 단어이고 사전에도 등재되어 있으니 아무렇지도 않게 느껴질 수 있을 것입니다. 하지만 본래의 말을 생각해 보면 이 단어는 영 이상합니다. '쫄깃한 면'의 머리글자를 따서 만든 단어인 것은 분명합니다. 그런데 '쫄깃하다'에서 '쫄'을 떼어 낸 뒤 한자 '면(麵)'과 결합시킨 것은 자연스럽지 않습니다. 이것이 가능하다면 '냉면'은 '차가운 면'이니 '차면'이 되어야 하고, '온면'은 '따뜻한 면'이니 '따면'이 되어야 합니다.

　이 이름은 국수 공장 사장님이나 분식점 주인이 지었을 것으로 추정됩니다. 어법이나 규범을 따지는 사람에게 이름을 지으라고 하면 아예 짓지 못하거나 억지로 한자 '靭(질길 인)'을 써서 '인면(靭麵)'이라 지었을 것입니다. 전혀 매력적이지도 않고 뜻도 파악하기 어려운 이 이름이 붙여졌다면 이 음식은 지금과 같은 사랑을 받기는 어려웠을 것입니다. 뜻이 너무도 잘 통하고 발음도 정겨워서 모든 이의 입에 착 감기니 많은 사람들이 아무런 거부감 없이 쓰게 되었습니다. 단어가 만들어지는 과정에서의 문제나 그 구성에 대해서 따지는 이도 없습니다.

　우리가 일상에서 흔히 쓰고 있는 단어들을 살펴보면 '쫄면'과 유사한 것들이 꽤나 많습니다. 흔히 쓰는 '먹거리'도 이상합니다. 정상적인 우리말의 구성이라면 '먹을거리'가 되어야 하는데 꼭 있어야 할 '-을'을 떼고 그냥 씁니다. '덮밥'이나 '비빔밥'도 따지고 들어가면 뭔가 이상합니다. '섞어찌개'는 말할 것도 없고 '식빵'도 뭔가 어색할 법합니다. 그런데 우리는 이런 말에 대해 문제를 제기하지 않습니다. 너무도 익숙해져서 이상하다고 여기지도 못합니다. 알고 보면 '옥떨메'와 다르지 않고 '얼죽아'와 비슷한 면이 있는데도 말입니다.

　이와 유사한 부류로 앞에서도 예를 든 '집밥'이나 '혼밥'을 들 수 있습니다. 옛날에는 '집에서 먹는 밥'의 한자어를 만들려고 애쓰겠지만 요즘 사람들은 '집밥'으로 간단히 줄여 쓰고 있습니다. '혼자서 먹는 밥'을 '혼밥'이라 하고 '혼자 가는 여행'을 '혼행'이라 하는 것도 마찬가지입니다. 한자를 모르는, 혹은 굳이 한자를 쓰지 않아도 된다고 여기는 세대의 영리한 선택의 결과입니다. 그런데 이런 말에 문제를 제기하는 사람은 많지 않습니다. 워낙 자주 듣는 말이다 보니 어색하게 느끼지도 않습니다.

누군가가 '옥떨메'의 후손을 못마땅하게 여긴다면 그것은 단어가 만들어지는 과정이나 방법 때문은 아닙니다. 처음에는 문제를 제기했다가도 그 말이 널리 쓰이면 더 이상 뭐라 하지 않습니다. 자주 들어서 익숙해지면 전혀 스스럼없이 듣고 씁니다. 결국 새로이 만들어지는 줄임말에 대해 불만이 있다면 이는 어법의 문제가 아니라 무슨 말인지 알아듣지 못하기 때문입니다. 말하는 이와 듣는 이가 소통이 되지 않기 때문입니다.

'갑툭튀'의 운명과 '한글 파괴'

익숙함과 낯섦의 문제라는 것을 인정할지라도 듣기에 영 거북한 말이 있기는 합니다. '흠좀무', '듣보잡', '지못미'와 같은 말들입니다. '흠좀무'는 "흠 좀 무섭군요."의 머리글자를 딴 것인데 이런 표현을 해야 하나, 하더라도 굳이 이렇게 줄여야 하나 하는 의문이 듭니다. '듣보잡'은 "듣지도 보지도 못한 잡놈."의 머리글자를 딴 것인데 누군가를 비하하기 위해 쓰는 말인 데다가 '잡놈'이란 비어도 들어 있어 못마땅합니다. '지못미'는 "지켜 주지 못해 미안해."의 줄임말인데 뜻은 나쁘지 않지만 꼭 이렇게 말하지 않아도 될 텐데 하는 생각이 들기도 합니다.

이런 '갑툭튀' 단어들에 대해 어떻게 해야 할까요? "갑자기 툭 튀어나오다."의 줄임말인 '갑툭튀'처럼 어느 날 누군가의 입에서 나온 말이 세상에 퍼져 많이 쓰이는 사례를 보게 됩니다. 이런 말들이 나오면 사람들은 퍼 나르기 바쁘고, 기자들은 이를 비판하면서 오히려 세상에 퍼뜨리고, 근엄한 국어 선생들은 질책하기에 여념이 없습니다. 그런데 이러한 모든 것이 헛된 수고일 뿐입니다. 퍼 나르지 않아도 퍼질 말은 퍼지고 '갑쑥사' 할 말은 갑자기 쑥 사라집니다. 기자가 비판하지 않더라도, 국어 선생이 질책하지 않더라도 말의 주인들은 스스로 판단해서 그 운명을 결정합니다. '흠좀무'는 어딘가에 흔적을 남기기는 하겠지만 곧 사라질 운명입니다. '듣보잡'이나 '지못미'는 이 말에 딱 맞는 상황이 있다면 여전히 살아남을 것입니다. 그 결정은 말의 주인들이 합니다.

'케바케', '핵인싸', '멘붕'과 같은 말들은 또 어떨까요? 이런 말들은 '옥떨메'나 '아나바다'의 도전과는 많이 다른 부류입니다. '케바케'는 '케이스 바이 케이스(case by case)'라는 정체불명의 영어를 줄인 말입니다. '핵인싸'는 '인사이더(insider)'에서 '인사'를 떼어 낸 후 된소리로 바꾸어 핵심을 뜻하는 '핵'을 붙인 말입니다. 이런 말들에 대해 '멘탈(mental) 붕괴'의 줄임말인 '멘붕'이 오는 이도 있겠지만 역시 그냥 놔두면 됩니다. 무슨 말인지 복원이 안 되는 '케바케'는 오래지 않아 사라질 가능성이 큽니다. '핵인싸'도 어느 순간 이미 '아싸'의 사용 양상을 보이고 있습니다. '멘붕' 역시 그 구성의 어색함 때문에 오래가기는 어려울 듯하지만 이 또한 말의 주인들이 결정합니다.

'ㅇㅈ'이나 'ㄹㅇ'과 같이 초성만 쓰는 것도 못마땅해할 것 없이 그냥 놔두면 됩니다. '인정'에서 초성만 따서 쓰는 'ㅇㅈ'은 상대방의 말을 인정한다는 뜻으로 씁니다. 영어 단어 'real'을 '레알'로 읽는 것도 모자라 'ㄹㅇ'으로 쓰고는 '진짜'라는 뜻으로 씁니다. 이러한 시도는 영어에서 머리글자를 따서 줄임말을 만드는 것과 같은 것인데 널리 퍼지더라도 오래도록 쓰일 가능성은 낮습니다. 초성만으로는 본래의 말을 알아내는

한때 많이 쓰이다가 지금은 잘 쓰이지 않는 말

누물보 누구 물어보신 분?

마상 마음의 상처

몰컴 몰래 컴퓨터를 함.

세젤예 세상에서 제일 예쁘다.

안습 안구에 습기가 차다.

최근에 만들어져 많이 쓰이는 말

갑분싸 갑자기 분위기가 싸해지다.

갑툭튀 갑자기 툭 튀어나오다.

근자감 근거 없는 자신감

별다줄 별걸 다 줄이네.

할많하않 할 말은 많지만 하지 않겠다.

과거에 만들어져 요즘에도 많이 쓰이는 말

생선 생일 선물   **내로남불** 내가 하면 로맨스, 남이 하면 불륜.

생축 생일 축하   **지못미** 지켜 주지 못해 미안해.

▶ 줄임말의 운명은? 어느 날 갑자기 만들어진 줄임말은 말의 주인들에게 혹독한 평가를 받아 그 운명이 결정된다.

데 한계가 있기 때문에 극히 일부에서만 쓰이거나 쓰이다가도 곧 사라지게 될 것입니다. 이 또한 말의 주인들이 결정합니다.

이러한 모든 시도들은 '한글 파괴'가 아닌 '한글 부활' 혹은 '한글 확산'이기도 합니다. '옥상에서 떨어진 메주'를 'ㅇㄸㅁ'이 아닌 '옥떨메'로 줄여 쓸 수 있는 것은 세종 대왕님 덕입니다. '노찾사' 부류의 단어들이 널리 퍼지고 '아나바다'와 같은 획기적인 단어가 만들어지는 것도 한글의 장점을 살리고 가능성들을 모색하는 시도입니다. 'case by case'를 'cbc'가 아닌 '케바케'라고 쓰는 것도 알파벳의 빈약한 정보를 한글로 보완해 보려는 시도입니다. '인정'을 'ㅇㅈ'으로 쓰면 음절은 파괴된 것으로 보일 수도 있으나 여전히 한글 자음을 쓰고 있으니 한글이 파괴되는 일은 없습니다. 그러니 '한글 파괴'라는 말도 안 되는 말을 더 이상 써서는 안 됩니다. 부활하는 한글과 확산되는 한글의 가능성들을 믿어 보는 것으로 충분합니다.

'옥떨메'의 도전은 성공할 가능성이 큽니다. 한자를 모르는 세대가 한글의 장점을 최대한 살려 새롭게 단어를 만들려는 시도이기 때문입니다. 그 과정에서 많은 말들이 만들어지고 꼭 필요한 말인데 그보다 더 정확한 표현이 없다면 살아남을 것입니다. 뜻이 잘 다가오지 않거나 어감이나 뜻이 좋지 않은 말들은 자연스럽게 사라지게 됩니다. 그러니 새롭게 만들어지는 말에 큰 거부감을 가질 필요는 없습니다. 그 도전에 마음의 귀를 좀 더 열어서 그 뜻을 이해하려고 노력하고, 말의 주인이 되어 공동체 속에서 그 말의 운명을 자연스럽게 결정해 보는 것은 어떨까요?

18

에 다르고

애 다른가

에 다르고 애 다른가

"선생님, 유산슬 씨 본명이 뭐예요?"

"유재석 씨 말인가요?"

"네, 성은 빼고 이름만 또박또박 발음해 주시겠어요?"

"재, 석, 이렇게요?"

"어? 선생님은 정확하게 발음하시네요? '개'랑 '게'는 다른 거죠? 그런데 왜 한국 사람들은 쓸 때는 다르게 쓰고 발음은 같게 해요?"

"구별해서 발음하는 사람도 있어요. 지금은 별로 그럴 필요가 없어서 구별 안 하는 사람들이 많지만……."

한국어의 표준 발음에 대한 규정을 강의하는 도중에 재미있는 질문을 받았습니다. 다른 나라에서 유학을 온 외국인 학생이지만 예쁜 한국 이름을 쓸 정도로 한국어와 한국 문화를 잘 알고 있는 학생이니 그가 유산슬 씨, 아니 유재석 씨를 언급하는 것은 그리 놀라운 일은 아닙니다. 한글 표기로는 '애' 다르고 '에' 다른데 대부분의 한국 사람들이 이 둘을 구별하지 않고 발음하는 것을 지적하고 있습니다. 아마도 유재석 씨도 전화상으로는 "저이석이 아니라 자이석이요." 하며 자신의 이름을 불러 줄 것입니다.

글자는 다른데 발음은 같은 이 문제에 대해서 누군가는 의문을 품어 봤을 텐데 이런 진지한 질문을 외국인으로부터 처음 받으니 흥미롭습니다. 사실 우리는 외국어 발음에는 엄청나게 집착을 하면서 한국어의 정확한 발음에 대해서는 별로 신경을 쓰지 않습니다. 오히려 한국어를 정확하게 발음하려고 노력하기보다는 한국어의 발음이 어렵다거나 「표준 발음법」 규정의 문제점을 지적하는 목소리가 더 높습니다. 정말로 그런 것일까요? 한국어의 「표준 발음법」 속으로 들어가 보면 그런 생각은 금세 사라질 것입니다.

얽히고설킨 「표준 발음법」

'얽히고설킨 「표준 발음법」'이란 소제목은 한글을 아는 사람이라면 누구나 읽을 수 있습니다. 그러나 눈으로 읽는 것과 입으로 소리 내어 발음하는 것은 다릅니다. '얽히고'를 [얼키고]로 발음하려면 경험이나 지식이 필요합니다. 왜 '섥힌'이 아니고 '설킨'인가를 알려면 맞춤법에 대한 지식이 필요합니다. '방법'과 '발음법'에 모두 있는 '법(法)'의 발음이 '[법]'일 수도 있고 '[뻡]'일 수도 있다는 것을 알기까지는 꽤 시간이 걸립니다. 「표준 발음법」의 첫머리는 "표준 발음법은 표준어의 실제 발음을 따르되, 국어의 전통성과 합리성을 고려하여 정함을 원칙으로 한다."라는 간단해 보이는 문장으로 시작하지만 이는 「한글 맞춤법」, 「표준어 규정」까지 얽히고설킨 것이어서 꽤 복잡할 수도 있습니다.

한글은 쓰기 쉽고 읽기 쉽다지만 받아쓰기의 공포를 떠올려 보면 꼭 그런 것만은 아닙니다. 선생님은 "열 씨가 뒈면 궁민으례를 시자가거쓰미다."라고 발음하셨다고 하더라도 학생들은 "열 시가 되면 국민의례를 시작하겠습니다."라고 받아써야 하니 결코 쉽지 않습니다. 한글뿐만 아니라 한국어의 음운 규칙과 그것을 표기에 어떻게 반영하는가도 알아야만 정확하게 받아쓸 수 있습니다. 선생님이 발음을 조금 부정확하게 하거나 사투리가 개입된 발음을 하더라도 표준어로 바꾸어 받아써야 하니 어렵습니다. 한자를 모르면 아예 쓸 수 없는 중국 학생보다는, 발음과 표기가 제각각인 영국 학생보다는 나은 편이지만 그래도 어려운 것은 분명합니다.

「표준 발음법」에 "표준어의 실제 발음을 따르되"라고 되어 있으니 표준어나 맞춤법 문제는 일단 해결된 것으로 간주하는 것이 좋겠습니다. 어떤 지역에서는 '방애실'이라고 하지만 표준어로는 '방앗간'만 인정하니 이것을 어떻게 발음할 것인가만 따지면 됩니다. 표준어의 실제 발음을 따른다고 했는데 실제 발음을 어떻게 알아야 하는지는 난감하지만 흔히 들어 온 '[방아깐]'의 발음을 기억해 그대로 따르면 될 듯합니다. 문제는 뒤에 붙어 있는 "국어의 전통성과 합리성"입니다. 전통성과 합리성의 문제는 전문가들이나 정확하게 알 수 있으니 보통 사람들은 접근하기가 어렵습니다.

그러나 전통성과 합리성에 대한 고려는 「표준 발음법」을 어렵게 하려는 것이 아니라 말의 주인들이 가지고 있는 상식에 맞도록 하려는 것입니다. "닭장의 닭이 모이를 맛있게 쪼아 먹고 있다."에서 '닭장', '닭이', '맛있게'의 발음을 스스로 어떻게 하는지, 그리고 주변 사람들은 어떻게 하는지 떠올려 보면 좋겠습니다. 많은 사람들이 차례로 '[닥짱]', '[다기]', '[마신께]'로 발음할 것입니다. 이러한 발음을 고려하면 '닥장'과 '닥'이라고 쓰고 그에 따라 발음하도록 해야 할 듯하지만 전통성을 고려해 '닭'이라 쓰도록 하고 그것의 발음을 정한 것입니다. 많은 사람들이 '맛있게'를 '[마신께]'로 발음하지만 '맛없게'는 '[마섭께]'라고 안 하니 합리성을 고려해 '[마딥께]'로 발음하도록 정한 것입니다.

원칙은 말 그대로 원칙의 문제이니 그 자체로는 큰 문제가 되지 않습니다. 이 원칙을 거부하는 것은 전통성과 합리성을 거부하는 것입니다. 이 둘을 거부하면 결국 다들 마음대로 발음하도록 두겠다는 것이니 「표준 발음법」을 따로 정할 필요가 없습니다. 적어도 「표준 발음법」이 필요하다고 한다면 「표준어 규정」, 「한글 맞춤법」을 인정하고 여기에 덧붙여 전통성과 합리성을 고려하는 방법을 인정해야 합니다. 물론 그렇더라도 남는 문제는 있습니다. 이러한 원칙을 개별적으로 적용하는 단계에 들어가면 복잡한 문제들을 꽤 많이 만나게 됩니다.

많고 많은 말소리의 변화

고대 그리스의 철학자 헤라클레이토스의 사상은 "만물은 유전(流轉)한다."라는 한 문장으로 요약됩니다. 요즘 말로 쉽게 번역한다면 "세상에 있는 모든 것은 끊임없이 변한다."가 됩니다. 변하는 세상 만물 속에는 말소리도 포함됩니다. 같은 뜻을 가진 단어가 세월의 흐름에 따라 바뀌기도 하는데 낙엽이 질 무렵의 계절을 세종 대왕 때에는 'ㄱ숧'이라 했고 오늘날에는 '가을'이라 합니다. 지금은 쓰지 않는 문자도 있어 그 말소리를 추정할 뿐인데 소리가 달라졌다는 것은 분명합니다. 또한 글자는 같더라도 그 발음이 달라지기도 합니다. 오늘날 사람이 '세종 대왕의 은혜'라고 써 놓은 것을 세종 대왕께서 보신다면 '셰이죵 다이왕의 은혀이'와 비슷하게 읽으실 것입니다.

이러한 말소리의 변화는 표기와 밀접한 관련이 있어서 발음법에서는 큰 문제가 되지 않습니다. 요즘은 'ㄱ숯'을 쓰지 않으니 이 발음을 어떻게 해야 하는가를 고민할 필요는 없습니다. 지역에 따라서는 '갈, 갊, 가싥, 그질' 등이 나타나는데 표준어는 '가을'이니 표준 발음은 고민할 필요가 없습니다. '닭'은 '닭이, 닭을, 닭에게'라고 쓰고 [달기], [달글], [달게게]'로 발음해야 합니다. 그런데 요즘 많은 사람들이 '[다기], [다글], [다게게]'라고 발음하고 있습니다. 이에 따라 '닭' 대신 '닥'을 표준어로 정할 수도 있는데 아직은 인정을 하지 않으니 맞춤법에 따라 '닭이'라고 쓰고 '[달기]'라고 발음하면 표준 발음이 됩니다.

위와 같은 경우는 큰 어려움이 없는데 말소리의 변화를 표기가 따라가지 못할 때는 문제가 나타나기도 합니다. 첫머리에 있는 학생의 질문처럼 'ㅔ'와 'ㅐ'의 발음과 표기가 그 예 중 하나입니다. 요즘 젊은 사람들은 '게'와 '개'를 구별해서 발음하지 못합니다. 그러나 나이가 드신 분들은 이 둘을 잘 구별하고 특정 방언을 쓰는 사람들도 잘 구별합니다. 과거에는 구별되던 것이 점차 구별되지 않는 쪽으로 변화하고 있는데 이 변화가 완성되면 그 표기를 어떻게 할 것인가를 결정해야 합니다. 만약 'ㅐ'를 없애고 'ㅔ'만 남긴다면 '채재석'이란 이름도 '체제석'이 되어야 합니다. 지금은 이 둘을 다르게 표기하고 「표준 발음법」에서도 구별해서 발음해야 한다고 규정하고 있습니다.

　'ㅟ'와 'ㅚ', 그리고 'ㅢ'도 비슷한데 상황이 약간 다릅니다. 'ㅟ'와 'ㅚ' 이 두 모음을 정확하게 발음하려면 발음하는 도중에 입 모양이 변해서 는 안 됩니다. 특정 지역을 제외한 아주 많은 지역의 사람들이 이 두 모 음을 발음할 때 입 모양이 변합니다. 상황이 이러하니 정확한 발음에 대 한 원칙은 정해 놓았지만 그것을 강요하지는 않습니다. 'ㅢ'도 마찬가지 여서 '민주주의의 의의'를 발음해 보면 'ㅢ'가 'ㅢ, ㅡ, ㅣ, ㅔ' 등으로 나 타나는 경우가 많습니다. 따라서 'ㅢ' 또한 정확한 발음을 정해 놓되 융 통성을 부여해 발음할 수 있도록 규정하고 있습니다.

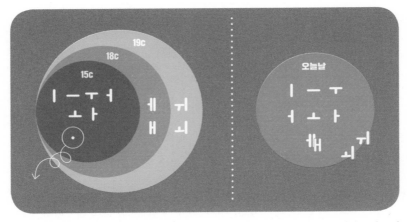

▶ 단모음 체계의 변화. 사라지고 나타나고 다시 사라지는 등의 변화가 무쌍하다. 변화는 지금 이 순간에도 나타나고 있다.

　시간의 흐름에 따른 변화가 아닌 다른 종류의 말소리 변화도 있습니 다. 바로 우리가 말을 하는 순간에 나타나는 말소리의 변화가 그것입니 다. '꽃'과 '밟다'를 가지고 말을 만들어 볼까요? '꽃이, 꽃도, 꽃과, 꽃만'

을 발음해 보면 차례로 '[꼬치], [꼳또], [꼳꽈], [꼰만]'이 됩니다. 우리의 머릿속에 있는 단어는 '꽃'인데 결합하는 요소에 따라서 다른 소리로 나기도 하고 뒤에 오는 요소의 소리를 바꾸기도 합니다. '밟아라, 밟고, 밟는다'를 발음해 보면 차례로 '[발바라], [밥꼬], [밤는다]'가 되어 말소리에 변화가 나타나는 것을 확인할 수 있습니다. 말하는 순간에 나타나는 이러한 말소리의 변화는 표기에 반영되지 않기 때문에 어렵게 느껴질 수 있습니다.

이런 변화를 우리는 음운 현상이란 용어로 배웠습니다. 한국어는 그 특성상 음운 현상이 매우 많습니다. 시간의 흐름에 따른 말소리의 변화는 모든 언어에 다 나타나기 마련인데 말하는 순간 나타나는 말소리의 변화가 유독 많습니다. '꽃도'와 '꽃만'이 각각 '[꼳또]'와 '[꼰만]'으로 바뀌는 것은 필수적이어서 「표준 발음법」에서도 규정을 해 놓았습니다. '꽃과'와 '꽃만'을 빨리 발음하면 '[꼭꽈]'와 '[꼼만]'이 되는데 'ㄷ'과 'ㄴ'이 'ㄱ'과 'ㅁ'으로 바뀌는 것은 필수적이 아니어서 표준 발음으로 인정하지 않습니다. '밟고'와 '밟는다'는 지역이나 사람에 따라서 '[발꼬]'와 '[발른다]'로 발음되기도 하지만 이것을 표준 발음으로 인정하지는 않습니다.

유독 많은 음운 현상과 지역 및 사람에 따른 편차 때문에 「표준 발음법」이 어렵게 느껴지기도 합니다. 그러나 한국어가 모국어인 화자들은 이런 음운 현상을 의식하지 않아도 자연스럽게 적용할 수 있기 때문에 문제가 될 일은 없습니다. 특히 '꽃도'와 '꽃만' 등에서 나타나는 음운 현상은 오히려 피할 방법이 없습니다. 비슷한 예로 "밥만 먹는다."를 들 수 있는데 '[밤만]'과 '[멍는다]'가 아닌 다른 발음을 하려 해도 잘 되지 않습니다. 음운 현상이 많더라도 말을 배우는 과정에서 자연스럽게 익혀서 발음하니 따로 배우거나 신경 쓸 필요는 없습니다.

따라서 문제가 되는 것은 상황, 지역, 사람에 따라서 달리 적용되는 음운 현상인데 이에 크게 얽매일 필요는 없습니다. 국어 선생님, 아나운서와 같이 정확한 발음을 해야 하는 이들은 이를 꼭 알고 실천해야겠지만 그 외의 사람들은 소통에만 문제가 없다면 평소의 발음 습관대로 발음해도 됩니다. '꽃과'를 '[꼭꽈]'로 발음하고 '밟는다'를 '[발른다]'로 발음한다고 해서 의사소통이 안 되지는 않습니다. 규범은 원활한 소통을 위한 것인데 규범에 얽매이다가 원활한 소통을 하지 못하게 되는 일은 없어야 합니다. 심술궂은 국어 선생님들이 표준 발음에 관한 시험 문제를 출제하곤 하는데 이것 또한 많은 이들이 알았으면 좋겠다는 바람에 의한 것이지 학생들을 골탕 먹이려는 것은 아닐 것입니다.

길고 짧은 것은 대봐야 아는가

화장터에서는 화장을 하고 화장실에서는 화장을 합니다. 이 문장은 잘못 읽으면 아주 이상한 문장이 됩니다. 잘못 읽었다고 야단을 친다면 그분은 나이가 든 어른이거나 깐깐한 국어 선생님일 것입니다. 앞의 '화장'은 '火葬'이니 길게 발음해야 하고 뒤의 것은 '化粧'이니 짧게 발음해야 합니다. 많은 이들이 '말'과 '말:', '눈'과 '눈:', '밤'과 '밤:'의 짝을 지어 억지로 외웠던 바로 그 문제입니다. 소리의 길고 짧음에 따라 단어의 뜻이 달라지기도 하니 사전에도 길게 발음해야 하는 단어에는 ':' 표시를 해 놓았습니다. 또한 「표준 발음법」에서도 "모음의 장단을 구별하여 발음하되, 단어의 첫음절에서만 긴소리가 나타나는 것을 원칙으로 한다."
라는 원칙을 제시하고 있습니다.

소리의 길고 짧음이나 높고 낮음으로 단어의 뜻을 구별하는 것은 매우 효과적입니다. 길고 짧음이나 높고 낮음은 모음에 얹혀서 나타나는데 모음의 수를 곱절로 늘리는 효과가 있습니다. 열 개의 모음이 있는 언어에서 길고 짧음이 구별된다면 모음이 스무 개가 되고, 높낮이로 평성과 거성 그리고 상성이 있다면 모음이 서른 개가 되는 효과가 나타나는 것입니다. 이 방법을 쓰지 않고 모음의 숫자를 곱절로 늘리려면 각각을 구별해서 발음하기도 어렵고 귀로 그것을 구별해 내기도 어려울 것입니다. 이런 이유로 아주 많은 언어에서 이러한 방법으로 단어의 뜻을 구별합니다.

소리가 길고 짧은 것은 '음장(音長)'이라 하고 높고 낮은 것은 '성조(聲調)'라고 하는데 한국어에는 음장과 성조가 모두 있습니다. 중부 방언과 한반도의 서쪽 지역에는 음장이 있고 경상 방언과 함경 방언, 즉 반도의 동쪽 지역에는 성조가 있습니다. 세종 대왕 당시의 문헌에도 방점으로 성조를 표시해 두었습니다. 그런데 성조는 여전히 남아 있는데 음장이 점차 사라지고 있습니다. 경상도 지역에서는 젊은 세대도 성조를 꽤나 명확하게 구별합니다. 이와 달리 중부와 전라도 지역의 젊은 세대는 음장을 거의 구별하지 못합니다. 음장이나 성조가 사라지는 것은 그리 흔한 일은 아닌데 한국어에서 그런 변화가 일어나고 있습니다.

사라지는 것에는 모두 이유가 있습니다. 길고 짧음의 구별이 있으면 효과가 꽤 있지만 굳이 구별하지 않아도 되니 사라지는 것입니다. 음장의 생사는 필요성이 결정하고 그 필요성에 대한 판단은 말의 주인들이 합니다. '화장'과 '말'이 들어간 문장에서 길고 짧은 것이 잘못 발음되면 어색하게 느껴지는 경우가 종종 있기는 합니다. 그러나 맥락을 통해 쉽게 해결할 수 있습니다. 사실 「표준 발음법」에서도 명시했듯이 단어의 첫머리에서만 음장이 구별되니 그리 큰 힘을 가진 요소는 아니었습니다. 없어도 되니 사라질 운명이었고, 젊은 세대가 거듭 시험해 보니 필요가 없어 사라지는 것입니다.

예전에는 수능 시험의 국어 영역에 듣기 문제가 있었습니다. 해마다 이 듣기 문제의 음성 녹음에 음장이 틀린 부분이 있다고 지적하는 분이 있었습니다. 아나운서나 성우가 녹음한 것이지만 자연스럽게 읽다 보니 음장이 규정과 다를 수 있어 양해해 달라고 해도 막무가내로 문제를 지적했습니다. 이 복잡한 문제는 이분께 직접 녹음을 부탁하면서 단박에 해결됐습니다. 자신이 지적한 대로 모든 부분의 음장을 정확하게 해서 읽어 보니 스스로가 어색해서 견디지 못하고 포기한 것입니다. 사라질 만한 이유가 있는 것을 억지로 붙잡으려 한 사례입니다. 시간이 좀 더 흐르면 이런 문제를 지적하는 이도 없어질 테고 사전이나 「표준 발음법」도 바뀔 것입니다.

정확한 발음에 대한 집착과 노력

말을 잘한다는 것은 무엇일까요? 자신이 전하고자 하는 것을 조리 있고도 또렷한 말로 하는 것을 의미합니다. '또렷한 말'에는 발음 문제도 포함되어 있지만 사실 더 중요한 것은 '조리 있는 말'일 것입니다. 무슨 소리인지 알아들을 수 없게 횡설수설한다면 발음이 아무리 좋아도 소용이 없을 것입니다. 이러한 기준은 외국어에도 그대로 적용될 수 있습니다. 외국어를 잘한다는 것이 꼭 현지인과 똑같게 발음하는 것을 의미하지는 않습니다. 모국어 화자가 아니니 조금 느리고 발음이 다르더라도 또박또박 자신의 의사를 표현해 정확히 소통할 수 있다면 그것이 우선일 것입니다. 그러나 외국어에 관한 우리 기준의 상당 부분은 현지인과 비슷한 정확한 발음에 초점이 맞춰져 있습니다.

이러한 기준을 우리말에 적용해 보는 것은 어떨까요? 우리는 한국어의 발음, 「표준 발음법」에 정해진 발음을 정확하게 하고 있나요? 글자로도 'ㅔ'와 'ㅐ'는 명확히 다르고, 「표준 발음법」에서도 다르다고 규정해 놓았는데 이를 구별해서 발음하고 있나요? 'ㅟ'와 'ㅚ'의 정확한 발음이 무엇인지 한 번이라도 귀를 기울이거나 찾아본 적이 있나요? 영어의 강세는 중요시하면서 한국어의 음장은 신경 써 본 적이 있나요? 모국어와 외국어 사이의 문제이니 기준이 다를 수도 있지만 한 번쯤은 되돌아봐야 하는 문제입니다. 외국어나 모국어 모두에 일관된 기준을 적용해야 하는 것은 아닐까 하는 생각도 해 보아야 합니다.

경상도 사람들 중 일부는 'ㅡ'와 'ㅓ'를 구별하지 못합니다. 또한 'ㅆ'을 'ㅅ'으로 발음하는 이들도 있습니다. 이런 탓에 경상도 출신들이 놀림을 당하는 일도 잦고, 다른 지역에서 자신 있게 말하지 못하는 경우도 많습니다. 통일이 되면 평안도 사람들을 많이 만나게 될 텐데 평안도 사람들 중에는 'ㅓ'와 'ㅗ', 그리고 'ㅡ'와 'ㅜ'를 구별하지 못하는 이들이 많습니다. 이 또한 놀림거리가 될 가능성이 큽니다. 경상도와 함경도 사람들의 말에서는 성조가 강하게 느껴지는데 이를 두고서 차별적인 말을 하는 이들도 있습니다.

그러나 표준어를 쓴다고 자부하는 자신이 'ㅔ'와 'ㅐ'를 구별할 수 있는지 돌아보면 다른 이들을 놀리지는 못할 것입니다. 자신이 'ㅔ'와 'ㅐ'를 구별하지 못하는 것이 흠이 아니라면 다른 지역 사람들이 몇몇 말소리를 구별하지 못하는 것도 역시 흠이 되지 않습니다. 자신이 음장을 구별하지 못한다면 다른 지역 사람들의 말에서 성조가 묻어나는 것을 뭐라 해서는 안 됩니다. 자신은 있던 것을 잃어버렸고 다른 지역의 사람들은 있던 것을 소중하게 간직하고 있는 것이기 때문입니다.

말과 글에 관련된 규정은 모든 이들에게 공평하게 적용되어야 하지만 이러한 규정이 자유로운 의사소통을 방해해서는 안 됩니다. 특정 지역이나 특정 세대의 말소리 체계에는 모두 이유가 있습니다. 'ㅔ'와 'ㅐ'의 구별이 사라지는 이유가 있듯이 'ㅡ'와 'ㅓ'가 구별되지 않는 이유가 있습니다. 성조가 남아 있는 이유도 있고 음장이 사라지는 이유도 있습니다. 굳이 구별하거나 꼭 지켜서 발음하지 않아도 의사소통에 지장이 없기 때문입니다. 이 모든 변화와 변화에 따른 차이는 자연스럽게 인정되어야 합니다. 변화의 결과에 따른 차이를 놀림감으로 삼아서도 안 되고 비난해서도 안 됩니다. 변화를 억지로 막으려고 시도해서도 안 됩니다. 모든 것이 물 흐르듯 자연스럽게 결정되어야 합니다.

그렇더라도 규범을 지키려는 노력은 계속되어야 합니다. 만약 외국인이나 어린아이들에게 'ㅔ'와 'ㅐ'는 글자가 다른데 발음은 왜 같은가에 대한 질문을 받는다면 대답은 할 수 있어야 합니다. 자신의 방언에서는 'ㅡ'와 'ㅓ'가 구별되지 않고 'ㅆ'이 없더라도 공적인 자리에서 말을 한다면 이를 정확하게 발음하려고 노력해야 합니다. 규범은 현실보다 걸음이 느릴 수밖에 없습니다. 발걸음이 느린 규범을 재촉할 필요도 있지만 때로는 그 규범의 발걸음에 맞춰 자신의 보폭을 줄일 필요도 있습니다.

그렇게 밀고 당기면서 만물은 유전합니다. 말소리도 그렇습니다.

19

한국말은

끝까지
들어야 한다?

"선생님, 좋은 아침입니다."

"그래, 민선아, 그 가방 정말 잘 어울린다."

"정말요?"

"설마 너한테 내가 거짓말하겠냐, 내가 언제 거짓말했었어? 그 가방 나한
테……."

"달라고요? 안 될 것 같아요. 제가 가장 아끼는 가방 중 하난데요."

"아니 끝까지 들어 봐야지. 나한테도 어울리겠냐고……."

"설마 선생님께서 그런 생각을 가지셨겠어요? 그럼 좋은 하루 되세요."

가끔씩 전철에서 마주치는 학생과 나눈 대화에 조금 살을 붙여 봤습
니다. 흔히 있을 법한 대화인데 누군가 '귀에 불을 켜고' 들으면 아주 많
은 '지적질'을 당할 듯합니다. 옛날 같으면 "진지 자셨어요?"라고 해야 할
아침 인사를 영어 "Good morning."을 직역해서 하고 있습니다. 어린 학
생들의 말버릇으로 입에 붙은 "정말요?" 또한 영어의 'Really'를 직역한

말입니다. "가장 아끼는 가방 중 하나"도, "생각을 가지다."도, "좋은 하루 되세요."도 모두 그렇습니다. 게다가 한국어를 연구한다는 선생이 시제 공부는 안 했는지 과거를 나타내는 '-었-'을 두 번이나 쓰고 있습니다. 선생님의 말이 끝나지도 않았는데 말꼬리를 자르고 들어오는 학생의 태도에서는 "한국말은 끝까지 들어 봐야 해."라는 말도 떠오릅니다.

모든 말은 끝까지 들어야

"난 짬뽕. 넌?"
"짜장."

　머리와 꼬리가 사정없이 잘린 문장이기는 하지만 쉽게 이해할 수 있는 문장입니다. 중화요릿집에 가서 "나는 짬뽕을 먹을 것이다. 너는 무엇을 먹을래?"라고 물었더니 "나는 짜장을 먹겠다."라고 대답한 상황을 복원해 낼 수 있습니다. 이렇듯 문장의 근간을 이루는 요소가 생략되었다 하더라도 본래 문장은 주어와 서술어, 그리고 꼭 필요한 요소가 있어야 한다고 봅니다. 용어만으로 보면 문장의 주인은 주어이고 서술어는 보조적인 역할만 한다고 생각하기 쉽습니다. 문장이 동작이나 상태를 나타내고자 하는 것이라 했을 때 그것의 주체라는 의미에서 '주어'라는 용어를 쓰지만 실상은 동작이나 상태가 문장의 핵심입니다. 그리고 동작이나 상태는 서술어로 나타내니 문장의 참된 주인은 서술어입니다.

　서술어를 문장의 참된 주인이라고 하는 이유는 서술어에 의해 나머지 요소의 필요성이 결정되기 때문이기도 합니다. 문장이 이루어지려면 주어와 서술어가 필수인데 서술어의 특성에 따라 더 필요한 요소가 달라집니다. "사과가 맛있다."는 주어와 서술어만으로 완결된 문장이 되지만 "내가 사과를 먹는다."에는 '사과를'이 꼭 필요합니다. 이때 '사과를'을 목적어라 합니다. "내가 사과를 너에게 주었다."에서는 '너에게'도 꼭 필요합니다. 이렇듯 완결된 문장을 구성하는 데 필요한 요소를 결정하는 것은 서술어입니다.

어떤 언어에서든 문장이 구성되려면 필요한 요소들이 있는데 그 요소들의 순서는 언어마다 다릅니다. 그 순서의 특징을 가장 잘 보여 주는 것이 주어, 서술어, 목적어로 구성된 문장입니다. 세 요소의 줄을 어떻게 세우느냐의 문제이니 총 여섯 개의 유형이 가능한데 그 통계는 다음과 같습니다. 한국어와 같이 주어-목적어-서술어 순서가 가장 많고 영어와 같은 주어-서술어-목적어 순서가 그 뒤를 잇습니다. 서술어가 맨 앞에 나오는 언어는 드문 편이고 목적어가 맨 앞에 나오는 언어는 극히 드뭅니다.

문장이 무엇에 대해서 진술하고자 하는 것이라면 주어가 가장 앞에 나오는 것이 상식에 맞아 보입니다. 이 주어와 관련된 무엇인가를 이야기할 때 목적어와 서술어 중 어느 것을 앞에 놓는가는 선택의 문제이기 때문에 언어별 비율을 보면 큰 차이는 없습니다. 그런데 문장의 참된 주인이 서술어인 것을 감안하면 목적어보다 서술어가 앞에 나오는 것이 더 화끈해 보입니다. 한국어 "내가 사과를 _____."을 보면 서술어가 나오지 않았기 때문에 어떤 일이 일어날 것인가를 아직은 알 수 없습니다. 반면에 영어 "I eat _____."을 보면 일단 어떤 일이 벌어졌는가는 확인이 가능합니다. 영어식 문장에 비해 핵심 정보가 나중에 제시되기 때문에 한국말은 끝까지 들어야 한다는 말이 생겨난 것입니다.

언어별 어순 비교

| 주어 – 목적어 – 서술어 | 한국어, 라틴어, 산스크리트어… | 45% |
| 나 사과 먹다 | | |

| 주어 – 서술어 – 목적어 | 영어, 중국어, 태국어… | 42% |
| 나 먹다 사과 | | |

| 서술어 – 주어 – 목적어 | 아랍어, 아일랜드어, 필리핀어… | 9% |
| 먹다 나 사과 | | |

| 서술어 – 목적어 – 주어 | 말레이시아어… | 3% |
| 먹다 사과 나 | | |

| 목적어 – 서술어 – 주어 | 아팔라이어… | 1% |
| 사과 먹다 나 | | |

| 목적어 – 주어 – 서술어 | 와라오어… | 0.00…% |
| 사과 나 먹다 | | |

▶ 언어마다 다른 어순. 담아야 할 정보는 같지만 그것을 어떤 순서로 나타낼 것인가는 언어마다 다르다.

한국말은 끝까지 들어야 한다는 것은 부분적으로만 맞습니다. 서술어가 문장의 주인이기는 하지만 서술어의 종류에 따라 필요한 요소가 결정되기도 합니다. 한국어의 '먹다'와 영어의 'eat'는 모두 행위의 대상인 목적어를 반드시 필요로 합니다. 영어에서는 서술어가 앞에 나오니 이를 통해 행위를 파악할 수 있지만 목적어가 제시되기 전까지는 진술 내용을 완전히 파악할 수 없습니다. 사랑하기 딱 좋은 나이의 남녀가 서로를 마주 본 상태에서 남자가 "I love……."라고 운을 떼면 목적어로 'you'를 예측하겠지만 'her'가 나오지 말라는 보장이 없습니다. 같은 상황에서 "나는 너를……."이라는 말을 들으면 '사랑해'를 기대하겠지만 '미워해'도 얼마든지 후보가 될 수 있습니다.

결과적으로 어떤 말이든 끝까지 들어 봐야 압니다. 진정한 대화는 상대방의 말을 끝까지 듣는 것에서 시작됩니다. 많은 오해는 그 말을 끝까지 듣지 않고 자기 마음대로 해석하면서 생겨납니다. 실제로 "한국말은 끝까지 들어 봐야 해."라면서 제시되는 상황의 대부분은 이런 어순에 관계된 것이 아닌 끝까지 주의 깊게 듣지 않은 것들입니다. 서술어나 목적어가 제시되기 전 1초도 안 되는 시간을 기다리지 못해 생긴 오해들입니다. 한국말도 끝까지 들어야 하고 영어도 끝까지 들어야 합니다. 심지어 서술어를 먼저 말하는 말레이시아어도 그렇습니다. 드라마 예고편처럼 '사랑하다'만 먼저 제시된 말만으로 상상의 나래를 펼 수는 없습니다.

좋은 문장, 나쁜 문장, 이상한 문장

영화 「좋은 놈, 나쁜 놈, 이상한 놈」은 제목과 등장인물의 구성이 흥미롭습니다. 주인공으로 세 사람의 '놈'이 등장하는데 앞에 붙은 수식어가 각 주인공의 성격을 말해 줍니다. 마지막 장면에서 세 주인공이 만나는데 '딱 한 놈'만 살아남습니다. 이 제목에서 '놈'을 '문장'으로 바꾸면 어떨까요? 세 종류의 문장이 격돌한다면 어떤 문장이 살아남을까요? 살아남은 '놈'은 영화를 보면 알 수 있지만 살아남을 '문장'은 예측하기 어렵습니다. 좋은 문장, 나쁜 문장, 이상한 문장의 정체를 먼저 밝혀야 하기 때문입니다.

'좋다'와 '나쁘다'는 반대말이니 문장에 대해서 이야기할 때도 이 둘을 짝지어 이야기하는 것이 좋습니다. 그런데 문장의 좋고 나쁨을 가리는 것이 쉽지가 않습니다. 좋고 나쁜 문장에 대해 다룬 책들을 보면 맞춤법부터 바른 어휘와 표현, 그리고 어법에 맞는 문장에 이르기까지 다양한 내용을 다루고 있습니다. 결국 「어문 규범」을 잘 지켜 바른 어휘와 표현을 사용해 어법에 맞도록 쓰면 좋은 문장이란 말인데 그 범위가 지나치게 넓습니다. 이 중에서 「어문 규범」은 따로 논하는 것이 좋으니 결국 바른 어휘와 표현, 그리고 어법에 맞는 문장에 대해 살펴보겠습니다.

바른 어휘와 표현도 사실 문장의 영역은 아닙니다. 어느 기자가 아이돌 가수의 신곡 발표회장 모습을 전하면서 "열성 팬들로 가득 찬 체육관은 흥분의 도가니탕이었다."라고 썼다면 문장에는 아무런 문제가 없습니다. '도가니'는 쇠붙이를 녹이는 그릇이기도 하고 동물의 무릎 연골이기도 한데 기자가 그것을 구별하지 못해서 '도가니'라고 해야 할 것을 '도가니탕'이라고 한 것입니다. 잘못된 표현이 쓰이기는 했지만 어법상의 문제는 없습니다. 어법은 주어, 서술어 등의 필수적인 요소와 문장의 구성을 따지는데 그런 문제는 없기 때문입니다.

어법에 맞지 않는 문장은 나쁜 문장일 수도 있지만 '틀린 문장'이라고 표현하는 것이 더 정확할 듯합니다. "어제는 비와 바람이 불었다."와 같이 필수적인 요소가 빠졌거나 주어와 서술어가 호응하지 않는 것이 어법에 맞지 않는 문장입니다. 이런 문장은 틀린 문장이니 당연히 나쁜 문장입니다. 아니, 좋고 나쁘고를 따질 수도 없는 문장입니다. 그런데 한국어가 모국어인 화자가 편안한 상태에서 말할 때는 이런 실수를 거의 하지 않습니다. 이는 잘 모르는 내용을 억지로 짜내어 말을 하거나 남의 글을 짜깁기할 때 주로 발생하는 문제입니다. 그러니 어법에 맞지 않는 문장도 나쁜 문장이기는 하지만 별 얘깃거리가 안 됩니다.

나쁜 문장으로 자주 언급되는 것들을 살펴보면 결국 이상한 문장이기도 합니다. "좋은 아침입니다."라는 문장은 어법에는 맞지만 본래 한국어에는 없던 표현 방식의 문장입니다. 우리와는 문화가 다른 곳에서 쓰이는 영어 "Good morning."을 직역한 것이니 그럴 수밖에 없었습니다. "내가 거짓말했었어?"라는 문장도 어법상 문제가 있다고 하기 어렵습니다. 과거 시제를 나타내는 '-었-'을 두 번 겹쳐 쓴 것이 문제로 지적될 뿐입니다. "이번에 발표되어진 그의 신작은 주목에 값할 만한 최고의 작품 중 하나라는 생각을 갖지 아니할 수 없게 된다."라는 문장도 역시 어법상 하자가 없는데 과거에는 볼 수 없던 표현들로 도배되어 있어 낯설게 느껴집니다.

이렇게 보면 나쁜 문장과 이상한 문장의 영역이 겹치는데 대개는 낯선 문장에 초점이 모입니다. 본래 우리말에는 없었던 표현이나 문장 구조가 쓰인 문장이 지적을 받습니다. 이런 문장들이 하늘에서 뚝 떨어지거나 한국어 화자가 억지로 만들어 냈을 리는 없습니다. 대개는 외국어를 직역하거나 그것을 응용한 표현들입니다. 보고 들은 적이 없으니 낯설고, 낯서니 이상하게 느껴집니다. 여기에 애국심, 민족애, 자주정신이 곁들여져 이상한 문장이 결국 써서는 안 되는 나쁜 문장이 됩니다. 더 간단하게 말하면 번역 투, 혹은 외국어 투 문장이 나쁜 문장이라는 지적을 많이 받습니다.

번역 투 문장의 역사

나쁜 문장에 대한 초점은 낯선 번역 투 문장으로 모이는데 그 책임의 근원을 어디에 돌려야 할까요? 조금 엉뚱하게 느껴지겠지만 책임의 근원을 거슬러 올라가면 『훈민정음언해』의 편찬자들에게 다다르게 됩니다. 그 증거는 다음과 같습니다.

國之語音이 異乎中國ᄒᆞ야 與文字로 不相流通ᄒᆞᆯ씨

나랏 말ᄊᆞ미 듕귁에 달아 문ᄍᆞ와로 서르 ᄉᆞᄆᆞᆺ디 아니ᄒᆞᆯ씨

→ 우리나라의 말이 중국과 달라 문자로 서로 통하지 아니하므로

『훈민정음언해』의 맨 앞부분인데 보시다시피 한문에 한글로 토를 달아 놓은 것을 먼저 제시하고 그것을 다시 우리말로 풀어서 써 놓았습니다. 훈민정음을 창제한 후 그에 대한 설명, 혹은 일러두기를 엮은 것이 『훈민정음』인데 이 책은 당연히 한문으로 쓰였습니다. 이것을 다시 우리말로 옮기다 보니 이러한 형식이 된 것입니다. 한문을 쓰지 않기 위해 새

로운 문자를 만들었지만 그 설명을 한문으로 할 수밖에 없었습니다. 『훈민정음언해』의 문장이 최초의 한글 문장은 아니더라도 한글로 쓴 거의 최초의 문장이 번역문이라는 것은 아이러니가 아닐 수 없습니다.

이후에 나온 한글 문헌도 대부분 번역체입니다. 『용비어천가』가 한글로 펴낸 최초의 책이라 믿고 있는데 "뿌리 깊은 나무는"으로 시작되는 한 장은 한자어 없이 고유어로만 쓰였습니다. 그러나 나머지 장은 많은 한자어가 한자로 노출되어 있습니다. 『석보상절』을 비롯한 불교서나 사서삼경을 비롯한 많은 책들이 간행되었는데 대부분 한문을 번역한 것이었습니다. 『두시언해』에서도 알 수 있듯이 시도 번역되어 출간되었습니다. 이렇듯 한글이 창제되었지만 그 문자로 쓴 문장의 대부분은 한문 번역문이었습니다.

한문을 번역한 것이 아닌, 자연스러운 일상의 말을 한글로 쓴 것도 보이기는 합니다. 책은 아무나 낼 수 없지만 개인이 붓으로 글을 쓰거나 글을 주고받는 것은 어려운 일이 아닙니다. 한문을 모르는 이들이 한글로 글을 썼으니 이들의 글이 굳이 번역체를 따를 이유는 없습니다. 일상의 말을 글로 그대로 옮겼을 것으로 생각되는데, 한글 편지가 그 대표적인 예라 할 수 있습니다. 한글이 창제된 지 150여 년이 지난 후에 쓰인 아래의 편지는 많은 것들을 보여 줍니다.

자내 샹해 날 두려 닐오듸 둘히 머리 셰도록 살다가 홈씌 죽쟈 ᄒ시더니 엇디ᄒ야 나를 두고 자내 몬져 가시ᄂᆞ …… 미양 자내 두려 내 닐오듸 ᄒ듸 누어셔 이보소 ᄂᆞᆷ도 우리 ᄀᆞ티 서ᄅᆞ 에엿쎄 녀겨 ᄉᆞ랑ᄒ리

— 「이응태 묘 출토 언간」, 1580년경.

→ 당신 늘 나에게 말하기를 "둘이 머리가 세도록 살다가 함께 죽자." 하시더니 어찌하여 나를 두고 당신 먼저 가시나요? …… 언제나 당신에게 내가 말하기를 한데 누워서, "여보, 남들도 우리같이 서로 어여삐 여겨 사랑할까요?".

먼저 떠난 남편에 대한 애틋한 마음이 담겨 있는 이 편지는 문체 또한 번역문과는 비교할 수 없을 정도로 유려합니다. 당대 사람들이 한글만 안다면 술술 읽혔을 그런 문장입니다. 민간뿐만 아니라 왕실에서도 한글 편지를 주고받았을 정도로 한글 편지는 많이 오고 갔습니다. 이러한 편지의 문장들이 우리말 문장의 모범이 될 수도 있었습니다. 그러나 민간에서 오고 간 편지 속의 문체는 그리 큰 힘을 발휘하지는 못합니다. 관이 주도해서 내는 책의 영향력에 비할 바가 아니기 때문입니다.

17세기 이후에 민간에서 손으로 베끼거나 목판으로 찍어 낸 한글 소설이 큰 인기를 얻지만 소설 속 문장 역시 번역 투가 많았습니다. 한글 소설은 한문 소설의 영향을 받았을 뿐만 아니라 중국 소설을 번역하거나 번안한 것들도 많았습니다. 기독교가 전해지면서 성경도 널리 읽혔는데 성경 또한 번역문일 수밖에 없었습니다. 성경을 번역할 때 영어를 비롯한 서양 언어는 물론 한문 및 일본어 성경까지 참고하다 보니 서양어와 일본어의 번역 투도 나타나기 시작했습니다.

20세기 들어 새롭게 선보인 시나 소설도 알게 모르게 번역 투일 수밖에 없습니다. 이 시기의 작가들은 일본이나 서양을 통해서 문학 공부를 했습니다. 일본어로 구상하고 한국어로 쓰거나 일본어로 쓴 것을 한국어로 번역하기도 했습니다. 국한문 혼용체에서 한글 전용으로 나아가기도 하고 일상의 말과 글 속의 말을 통일하려는 언문일치 운동을 벌여 상당한 효과를 거두었지만 그 과정에 일본어 및 서양어의 번역 투가 끼어드는 것을 막을 방법은 없었습니다.

진짜 나쁜 문장

번역 투 문장의 역사를 살펴보고 나면 근본적인 질문 하나가 떠오릅니다. 번역 투 문장은 정말 나쁜 문장일까요? 외국어식 표현이나 문장은 이상한 문장이니 쓰지 말아야 하는 것일까요? 그렇다면 순수한 우리말 문장을 찾아서 써야 하는데 순수한 우리말 문장의 실체는 무엇일까요? 번역 투가 왜 나쁜가 물으면 '번역 투이기 때문에'라는 답이 나오는데 이것으로는 답이 될 수 없습니다. 번역 투가 왜 이상하냐고 물으면 우리말에는 없는 '낯선 것이기 때문에'라고 답을 하는데 그 낯섦의 기준이 애매합니다. 순수한 우리말 문장의 실체를 물으면 '번역 투 문장들을 걸러 내고 남은 것'이라는 대답이 나오지만 정작 그 참모습은 알 수 없습니다.

'우리 것은 소중한 것이여'는 괜찮지만 '우리 것은 좋은 것이여'는 문제입니다. 이렇게 선언하는 순간 '남의 것' 혹은 '들어온 것'은 '나쁜 것'이 되고 맙니다. 국산품을 애용하고 수입품을 멀리해야 하는 때도 있지만 그것은 물건 자체의 좋고 나쁨 때문이 아니라 경제에 미칠 영향 때문입니다. 수입품이 무조건 나쁜 것이 아니듯이 다른 말에서 들어온 번역 투 문장이 모두 나쁘다고 해서는 안 됩니다. 번역 투 문장이 우리말에 나쁜 영향을 미치거나 번역 투 때문에 정확한 의사소통이 안 된다든지 하는 기준이 필요합니다.

번역 투 때문에 우리말이 오염되거나 파괴된다는 걱정은 하지 않아도 좋습니다. "내일 저녁에 모임을 가지자."에서 '가지다'가 영어 'have'를 직역한 것이라지만 그래도 '가지다'는 우리말입니다. "모임을 가지자." 나 "모이자." 둘 다 우리말이고 뜻이 통하면 굳이 가려서 쓸 필요는 없습니다. "노력하지 않으면 안 된다." 역시 번역 투여서 "노력해야 한다." 로 바꾸어야 한다지만 앞의 표현이 강조하는 효과가 있다면 써서 나쁠 것은 없습니다. "사랑했었다."에는 과거를 나타내는 요소가 중복됐지만 "사랑했다."와 다른 의미를 전달할 수 있으면 이리 쓰는 것도 효과적입니다. 외국어의 단어나 표현 몇 개, 혹은 문장 구성이 우리말에 들어온다고 해도 우리말은 오염되거나 파괴되지 않습니다.

번역 투 문장 때문에 정확하게 의사소통이 되지 않는다면 문제가 될 수도 있습니다. "아무리 강조해도 지나치지 않다."는 영어를 직역한 표현인데 '중요하다'를 필요 이상으로 길게 써서 빠른 의사소통에 지장이 있을지는 몰라도 뜻이 안 통하는 것은 아닙니다. "그는 살아 있는 부처와 다름없다."를 "그는 살아 있는 부처에 다름 아니다."라고 쓰는 것은 일본어 투입니다. "다름이 없다."나 "다름 아니다."는 별 차이가 없으니 이 표현이 일본어 투인 것을 모르는 이들은 아무렇지도 않게 두 표현의 뜻을 쉽게 파악할 수 있습니다. 외국어의 영향 때문에 피동 표현을 남용하는 것이 좋지 않다지만 '생각하다'와 '생각되다'의 어감이 다르니 '생각되어지다'와 같이 꼬고 또 꼰 피동 표현만 아니면 괜찮습니다.

번역 투의 역사가 워낙 길고 뿌리가 깊다 보니 무엇이 순수한 우리말 문장인지 또렷하게 밝혀내기는 어렵습니다. 위에서 언급한 표현과 문장들을 죄다 걸러 내고 나면 순우리말 문장이 밝혀지는 것도 아닙니다. 어쩌면 우리말 문장은 고유의 문장과 번역 투 문장이 결합되어 형성된 것일지도 모릅니다. 우리말의 다채로운 표현에 새로운 외국어식 표현이 더해져 더욱더 풍부해졌다고 볼 수도 있습니다. 우리말은 시제나 수 표현, 문장 구조 등이 다양하지 않았는데 외국어와 접하면서 이런 것들이 다양해졌을 수도 있습니다. 들어온 말이 있는 말을 몰아낸 것도 아니고, 오염시킨 것도 아닙니다. 오히려 우리말에 귀화해 우리말을 더욱더 풍성하게 만들었다고 봐도 됩니다.

나쁜 문장이나 이상한 문장, 특히 번역 투 문장에 집중된 판단 기준은 말의 주인들이 스스로 알아내거나 만들어 낸 것이 아니라 대부분 주입되거나 강요된 것입니다. 어린아이가 "주목에 값할 만하다."라는 표현을 처음 접할 때 이 표현이 일본어식 표현인지 아닌지 알 길이 없습니다. 어린아이는 열심히 이 표현을 뜯어 읽으며 이해하려고 노력합니다. 외국어를 아는 이들, 그리고 우리말의 순수성에 대한 애착이 강한 이들이 이 문제를 지적하고 강조하면 그때서야 아이들이 그것을 내재화할 뿐입니다. 그러고는 스스로 조심할 뿐만 아니라 다른 사람에게 강요합니다. 그렇게 나쁜 문장에 대한 판단은 만들어지고 강제됩니다.

인접한 언어들끼리 서로 영향을 주고받는 것은 당연하고도 흔한 일입니다. 본래 국경 개념이 흐릿한 유럽의 언어는 같은 어족에 속하기 때문에 공통점이 많습니다. 따라서 다른 언어의 단어나 표현이 들어온다고 해서 큰 거부감이 없습니다. 그렇게 서로 부족한 것을 채워서 자신의 말을 더 풍부하게 만들어 왔습니다. 그런데 유독 우리는 다른 나라의 말에 거부감이 큽니다. 인접해 있는 중국의 한문과 중국어는 우리말과는 전혀 다른 어족이기 때문에 이질감이 크게 느껴집니다. 일본어는 우리와 같은 어족에 속하지만 일제 강점기의 나쁜 기억 때문에 거부감이 큽니다. 영어를 비롯한 서양어는 어족도 다르고 극히 최근에 접했기 때문에 많이 낯설게 느껴집니다.

이런 거부감과 낯섦만 걷어 내면 진짜 나쁜 문장과 좋은 문장을 바로 볼 수 있습니다. 무슨 소리인지 모르겠는 문장, 길게 주저리주저리 읊어 대는 문장은 나쁜 문장입니다. 쉽게 이해되고 공감할 수 있는 문장은 좋은 문장입니다. 물론 우리의 고유한 표현과 문장 구조를 쓰면 이해와 공감이 더 잘될 수 있습니다. 그러나 다른 언어에서 들어온 표현과 문장이더라도 의미가 잘 전달되면 문제가 없습니다. 번역 투라고 해서 문장을 끝까지 보고 듣기 전에 거부해 버리면 오히려 의사소통에 지장이 생깁니다.

진짜 나쁜 문장은 무슨 말인지 몰라서 의사소통이 안 되는 문장입니다. 문장을 쓸 줄 몰라서 그런 것도, 적당한 표현을 골라 쓸 줄 몰라서 그런 것은 아닙니다. 남과 소통할 생각이 애초부터 없거나 소통할 만큼 충분히 생각하고 정리하지 못했기 때문입니다. 상대방의 표현이 나빠서가 아니라 상대방의 글과 말을 끝까지 읽고 들을 생각이 없기 때문입니다. 누구나 알아들을 수 있는 쉬운 말로 자신의 생각을 정리해서 말하면 됩니다. 어떤 문장이든 귀와 눈, 그리고 마음을 열고 끝까지 읽고 들을 때 비로소 참된 소통이 가능해집니다. 한국어의 어순은 끝까지 들어야 더 소통이 잘된다는 것을 우회적으로 말해 주고 있습니다.

20

네 바퀴로 가는

말과 글

① 왜 심심하면 맞춤법을 바꾸나요? 좀 그냥 두면 안 돼요?

② 전 국민이 '짜장면'이라고 하는데 왜 '자장면'이 맞다고 하죠?

③ 호날도, 호나우도, 호날두, 로날드······ 도대체 뭐가 맞아요? 하나로 통일할 수 없나요?

④ 저는 박 씨인데 외국에 나가면 사람들이 다 공원인 줄 알아요. 외국 사람이 제 이름을 정확하게 발음할 수 있는 「로마자 표기법」은 못 만드나요?

국어 선생으로 살다 보니 맞춤법이나 띄어쓰기에 대한 질문을 자주 받습니다. 표준어와 표준 발음에 대한 질문도, 외래어나 로마자 표기에 대한 질문도 간간이 받습니다. 모든 규정을 다 꿰고 있는 것이 아니니 자료를 보고 답을 하지만 하고 나서도 여전히 진땀이 납니다. 제 손으로 만든 것도 아닌데 볼멘소리를 들어야 합니다. '어렵다, 헷갈린다, 자주 바뀐다, 현실과 맞지 않다' 등등의 말은 새겨들어야 고칠 것은 고치고 더 친절하게 설명도 할 수 있으니 감사하게 받습니다. 그런데 할 수 있을 만큼의 답도 하고 변명도 해야 답답한 마음이 조금은 풀릴 듯합니다.

① 1988년 이후로 한 번도 안 바뀌었습니다.

② 2011년에 둘 다 쓸 수 있게 됐습니다. 제발 '왜 자꾸 바꾸냐?'라든가 '왜 둘 다 인정하냐?'라며 다시 따지지 말아 주세요.

③ '호날두'라고 정해 놓기는 했지만 강제하기는 쉽지 않습니다.

④ 네, 세종 대왕도 못 만드십니다. 안 만드는 것이 절대 아닙니다.

이미 앞에서 「어문 규범」에 관련한 이야기를 많이 했지만, 이왕 이야기가 나온 김에 작정하고 「어문 규범」에 대해 말해 보고자 합니다.

네 바퀴의 널뛰기

맞춤법이 허구한 날 바뀐다는 지적은 그 속내를 들여다보면 어느 정도 일리가 있습니다. 하지만 맞춤법은 1988년에 개정되어 1989년에 공시된 이후 몇 차례의 사소한 개정만 있었으니 이 지적은 말이 안 됩니다. 통상 '맞춤법'이라고 하는 것은 사실 「한국어 어문 규범」입니다. 「한국어 어문 규범」은 「한글 맞춤법」, 「표준어 규정」, 「외래어 표기법」, 「국어의 로마자 표기법」의 네 가지 세부 규범으로 이루어져 있습니다. 이 중에서 맞춤법이 제일 친숙하고 근간이 되니 '어문 규범'을 통틀어 '맞춤법'이라고 하는 것입니다. 1988년 이후 이 네 가지 규범이 차례로 정비되고 필요할 때마다 부분적인 수정안이 발표되니 맞춤법이 자주 바뀐다는 인상을 받는 것입니다. 각각의 규범별로 보면 몇 차례 바뀌지도 않았고 그것

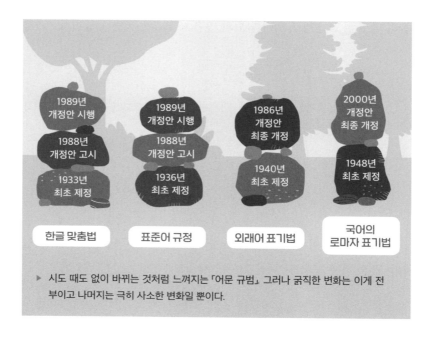

▶ 시도 때도 없이 바뀌는 것처럼 느껴지는 「어문 규범」 그러나 굵직한 변화는 이게 전부이고 나머지는 극히 사소한 변화일 뿐이다.

도 극히 일부를 수정하거나 추가했을 뿐입니다. 이 모든 것을 다 합치니 그리 보일 뿐입니다.

「어문 규범」은 네 바퀴로 가는 수레입니다. 가장 근간이 되는 것은 역시 「한글 맞춤법」인데 이는 한국어를 글자로 어떻게 적을 것인가에 대한 규정입니다. 「표준어 규정」은 말 그대로 한국어의 표준이 되는 말을 정하고 그것을 어떻게 발음할 것인가를 정해 놓은 것입니다. 「외래어 표기법」은 다른 언어로부터 들어온 단어를 어떻게 적을 것인가에 대한 규범이고, 「국어의 로마자 표기법」은 한국어를 외국인이 알아볼 수 있도록 로마자로 어떻게 적을 것인가에 대한 규범입니다. 이 네 가지 규범이 서로 조화를 이루어 한국어를 정확하게 말하고 쓸 수 있도록 도와줍니다.

어문 규범의 제정과 적용은 나라마다 차이가 있습니다. 우리나라는 국가 기관에서 공식적으로 어문 규범을 제정하고 관리하지만 이렇지 않은 나라가 더 많습니다. 영국이나 일본과 같이 방송사의 말과 글을 기준으로 하는 경우도 있습니다. 국가가 개입을 하다 보니 우리의 어문 규범은 빡빡하게 느껴질 때가 많습니다. 명시적인 어문 규범이 있으니 맞고 틀리고를 분명히 가릴 수 있다고 믿기에 어문 규범은 시험 문제로 출제되기도 합니다. 이런 사정 때문에 어문 규범에 대한 사람들의 관심도 다른 나라들에 비해 꽤 높은 편입니다.

이왕 어문 규범을 국가 기관에서 명시적으로 정하기로 했으면 그 기준이 분명해야 하고 되도록 많은 이들이 수용해서 편하게 쓸 수 있어야 합니다. 그런데 말이야 쉽지만 분명한 기준을 정하기도 어렵고 모든 이들을 만족시키는 것도 불가능합니다. 일단 수립되고 나면 철저하게 지켜지는 것이 바람직하니 규범은 '안정성'이 있어야 합니다. 원칙이 흔들리고 예외가 많으면 규범은 힘을 발휘할 수 없기 때문입니다. 정해진 규범을 많은 사람들이 따르도록 하려면 '현실성'도 있어야 합니다. 규범이 현실과 동떨어져 있으면 받아들여지기 어렵고 그 결과 수많은 규범 위반자들을 양산하게 되기 때문입니다.

결국 어문 규범은 안정성과 현실성을 동시에 갖추어야 한다는 것인데 이는 불가능한 널뛰기이기도 합니다. 안정성을 지키려면 현실을 무시해야 하고 현실성을 높이려면 안정성을 파괴해야 하니 이 둘은 애초부터 양립할 수 없습니다. 그런데도 각각이 널 한쪽에 올라서 있습니다. 어렵사리 균형을 맞춰 놓았으니 그대로 있으면 좋을 텐데 어느 한쪽이 끊임 없이 도발을 합니다. 도발을 하는 것은 역시 현실입니다. 말은 고정불변의 것이 아니니 끊임없이 변화하면서 안정성을 위협합니다. 변화가 많은 이들에게 받아들여지면 그것이 곧 현실이 되니 안정성만 고집할 수 없습니다. 현실을 따라 안정성을 포기해 규범을 바꿔도 평화는 잠시뿐입니다. 머지않아 다시 현실이 도발을 합니다.

안정성과 현실성 중에서 어느 쪽이 힘이 셀까요? '규범'의 속성을 감안하면 안정성이 더 셀 듯합니다. 더욱이 우리나라는 공식 기관이 명문화된 규정을 만들어 관리하고 있으니 당연히 안정성이 더 힘이 세다고 생각할 수 있습니다. 그러나 겉모습은 그래 보일지 몰라도 실상은 현실성이 더 힘이 셉니다. 안정성이 정말로 힘이 세다면 규범의 변화나 수정은 없어야 합니다. 그러나 세월이 흐를수록, 사람들의 요구가 다양해질수록 규범은 수정되거나 변화될 수밖에 없습니다. 규범은 언젠가는 바뀔 수밖에 없는 것이니 실상 힘이 센 것은 끊임없이 안정성을 뒤흔드는 현실성입니다.

'문법 나치'라는 말이 있습니다. 잘못된 표기나 표현, 오류가 있는 문장을 보면 견디지 못하고 '지적질'을 해 대는 이들을 가리키는 말입니다. 우리에게 더 친숙하게 하려면 '맞춤법 꼰대'로 바꾸는 것이 좋겠습니다. 물론 이때의 '맞춤법'은 어문 규범 전체를 포괄하는 것입니다. 이 맞춤법 꼰대는 규범의 안정성을 극단적으로 신봉하는 이들입니다. 이와 반대되는 성향을 가진 이들은 '문법 히피'나 '문법 무정부주의자' 정도로 표현할 수 있을 듯합니다. 우리가 쉽게 이해할 수 있는 표현으로는 '맞춤법 파괴자' 정도가 될 것입니다. 규범 자체를 거부하거나 규범의 현실성을 극단적으로 주장하는 이들일 것입니다.

　국어 선생들은 '맞춤법 꼰대'일 가능성이 높습니다. 국어로 먹고사는 이들이니 자신의 밥줄을 지키기 위해서라도 자신들이 제일 잘 알고 있는 것을 강력하게 지키려 할 것이기 때문입니다. 실제로 어려운 받아쓰기나 아리송한 표준어를 찾는 시험 문제로 학생들을 골탕 먹이니 그 혐의가 짙습니다. 반대로 반항기 가득한 젊은 세대는 '맞춤법 파괴자'의 성향을 보이기 쉽습니다. 기성세대의 모든 것이 마음에 안 들기도 하지만 자신들만의 독특한 세계를 만들고 싶어 하니 그렇습니다. 실제로도 '줄임말'이나 '외계어'로 우리말 파괴자나 한글 파괴자란 말을 많이 들으니 역시 적절해 보입니다.

　그러나 이러한 양분법은 바람직하지 않습니다. 현실에서는 이렇게 튀는 사람들이 눈에 띄고 그들의 목소리가 높아 보이지만 많은 사람들은 안정성과 현실성 사이에서 균형을 찾으려고 노력합니다. 기성세대들은 자신들에게 익숙한 안정성을 추구하고 신세대들은 자신들의 편의대로 현실성을 추구합니다. 그러나 이 세대는 고정적인 것이 아니니 균형이 잡혀 갑니다. 세월이 흐르면서 앞선 세대는 사라져 가고 그 뒤의 세대가 기성세대의 자리를 차지하면서 신세대들과 맞섭니다. 결국은 널의 곳곳에 발을 디디면서 안정성과 현실성의 균형을 이루게 됩니다. 네 바퀴의 어문 규범은 이렇게 널뛰기를 하면서 굴러갑니다.

안정성 – 변하지 않는 것을 위하여

세종 대왕께서 당신이 창제한 한글을 두고 오백 년 가까이 벌인 싸움이 있습니다. 한글의 저작권을 가지고 있는 왕이 싸움을 벌인다는 것이 의아하게 여겨질 수 있겠지만 표기 방법을 두고 오랜 싸움을 벌였습니다. 한글을 쓰되 확실한 규칙을 정해 놓고 쓰는 것이 좋겠다는 세종 대왕의 의견과 자신의 마음대로 쓰겠다는 사람들이 충돌한 것입니다. 강력한 왕권을 발휘한 위정자, 그리고 뛰어난 언어학자인 세종 대왕으로서는 당연한 선택이었습니다. 반면에 언어에 대한 충분한 지식이 없는 이들은 간섭이나 제약 없이 자유자재로 한글을 쓰고 싶어 했습니다. 이 싸움 또한 안정성과 현실성 싸움의 일종이었습니다.

여기 풀이나 나무에서 아름답게 피어나는 것이 있습니다. 오늘날의 '꽃이, 꽃을, 꽃도'가 세종 대왕 당시에는 '[고지], [고제], [곳도]'로 발음되었습니다. 한글은 소리글자이니 이것을 '곳이, 곳을, 곳도'라고 적을 수도 있고 '고지, 고즐, 곳도'라고 적을 수도 있습니다. 세종 대왕은 전자의 표기가 낫다고 생각한 반면 당대의 여러 사람들과 후대 사람들은 후자와 같이 표기했습니다. 세종 대왕은 단어 본래의 모습을 밝혀 적으려 했지만 다른 사람들은 소리대로 적으려 한 것입니다. 오늘날의 표기는 생각하지 말고 있는 그대로 판단해 본다면 어느 쪽이 나아 보이나요? 그 답은 쉽지 않습니다.

판단을 돕기 위해 오늘날 영어의 'Coffee'라는 단어가 새로 들어왔다고 가정하고 이를 어떻게 적는 것이 좋을까 생각해 보겠습니다. 우리말에 없는 'f'는 그냥 'ㅍ'으로 생각한다고 하더라도 '커피, 컾이, 컵피, 컵히, 컾히, 컵희, 컾희……'와 같이 어떻게 쓰든 발음은 모두 '[커피]'이니 소리대로 적는다면 이와 같이 다양하게 표기할 수 있습니다. 이렇게 쓰면 혼란스러울 테니 오늘날처럼 '커피'로 통일해서 쓸 수도 있습니다. 오늘날 '꽃'에 해당하는 옛말 '곶'도 이보다는 덜 복잡하지만 두 가지 방법으로 표기가 가능합니다.

'곶'과 '커피'를 단 하나의 표기로 고정시키면 쓰는 데는 어려움이 있을지 몰라도 눈으로 읽을 때는 큰 장점이 있습니다. '고지, 고즐, 곳도'에서는 본래 같은 단어의 매번 표기가 달라지지만 '곶이, 곶을, 곶도'에서는 그 표기가 같기 때문입니다. 소리를 적기 위한 글자일지라도 일단 적어 놓으면 눈으로 읽게 됩니다. 더욱이 한 사람이 쓴 글을 수만 명이 읽을 수도 있다는 점을 감안하면 읽기에 편하게 쓰는 것이 훨씬 효율적입니다. 세종 대왕이 인쇄나 출판까지 생각했는지는 알 수 없지만 당신이 관여한 초기의 문헌은 '곶이, 곶을, 곶도'와 같이 본래의 모습을 밝히는 표기를 선호했음을 알 수 있습니다.

그런데 이렇게 쓰려면 상당한 언어적 지식이 있어야 하고, 표기를 강제할 합의나 규범이 있어야 하고, 이를 가르칠 수 있어야 합니다. 영어를 모르는 사람이 [커피]라는 소리를 듣고 '컵피'나 '컾피'라고 적지 말아야 할 이유가 없습니다. 이와 마찬가지로 옛날 사람들도 단어의 본래 모습이 무엇인가를 일일이 따지기도 어렵고 누군가 명확하게 알려 주지도 않으니 그저 자신이 생각하는 대로 적었습니다. 세종 대왕도 이러한 사정을 감안했는지 당신의 생각을 강요하지 않아서 세종 당대에 나온 책들도 대부분 소리대로 적었고, 이후에 나온 책들은 말할 것도 없습니다. 그래도 공식 기관에서 펴낸 책들은 어느 정도 통일성이 있었지만 민간의 편지나 필사본 책들은 훨씬 더 혼란스러웠습니다. 오죽하면 이런 표기를 혼란스러운 철자란 의미의 '혼철(混綴)'이라고 하기도 했습니다.

세종 대왕의 선견지명은 「한글 맞춤법」을 제정하는 과정에서 비로소 빛을 발했습니다. 단어의 본래 형태를 정해 놓고 늘 같은 모습으로 나타나게 표기하도록 정했습니다. 규범을 정해서 공표하면 사람들이 참고할 수 있고, 그에 따라 사전이나 교과서를 만들 수도 있어서 가능해진 것입니다. 이 때문에 이전에는 없었던 '받아쓰기' 시험도 봐야 하고 맞춤법을 틀리면 초등학교 교육을 제대로 못 받은 사람 취급을 받게 되었습니다. 하지만 누구나 편안하게 글을 빠르고도 정확하게 읽을 수 있게 되었습니다. 한글이 소리글자이지만 뜻글자처럼 기능할 수 있게 된 것이기도 합니다.

그래도 남는 문제는 여전히 있습니다. 오늘날「한글 맞춤법」제1장 총칙 1항을 보면 "한글 맞춤법은 표준어를 소리대로 적되, 어법에 맞도록 함을 원칙으로 한다."라고 되어 있습니다. 한 줄밖에 안 되는 문구이지만 깊이 들어가 보면 어려운 것이 한두 가지가 아닙니다. 당장 '꽃'만 봐도 그렇습니다. 세종 대왕 당시에는 '곶'이었지만 세월이 흘러 '꽃'이 되었는데 이러한 변화를 언제 어느 정도로 반영해야 하는가가 문제입니다. 오늘날 많은 이들이 '꽃'이 당연한 것으로 알고 있지만 실제의 말을 들어 보면 '[꼬시], [꼬슬], [끋또]'라고 발음하는 사람들이 더 많습니다. 이런 점을 감안하면 '꽃'이 아닌 '꼿'으로 적어야 할 텐데 아직은 반영되지 않고 있습니다.

남는 문제는 또 있습니다.「한글 맞춤법」총칙 제1항 속의 '표준어'도 문제입니다. "교양 있는 사람들이 두루 쓰는 현대 서울말"을 표준어로 정했다지만 현실과 다른 것들도 꽤 많습니다. 지역, 나이, 성별에 따라서 말이 다를 수 있는데 표준어가 이러한 다양한 말을 말살해 버릴 수도 있습니다.「외래어 표기법」도 문제여서 '커피'의 경우 본래의 'f' 소리를 살려 표기할 수 있을 텐데 그것을 원천적으로 봉쇄해 버리는 문제도 있습니다. 외국 사람들이 보다 정확하게 발음할 수 있도록 자신의 성을 'Bak'가 아닌 'Park'로 적고 싶은데 「국어의 로마자 표기법」에는 맞지 않아 망설여지기도 합니다. 기준이 되는 것, 변하지 않는 것이 좋기는 하지만 그것이 굴레가 되기도 하고 부정확해 보이기도 합니다.

그래도 뭔가 안정적으로 믿을 수 있는 규범이 있으니 마음이 놓이기는 합니다. '[예뿐 꼬슬 소느루 껑는다]'라고 발음하더라도 "예쁜 꽃을 손으로 꺾는다."라고 써서 모든 사람들과 두루 교류할 수 있어서 다행입니다. 지역마다 다른 말 때문에 의사소통이 어려울 수 있는데 표준어가 있어 다행입니다. 다른 나라 말의 한글 표기가 어느 정도 고정되어 있어 혼란이 크지 않습니다. 자신의 이름을 로마자로 적는 원칙과 함께 개개인이 선택할 수 있는 여지도 열려 있어서 마음이 놓입니다. 무언가 변하지 않는 것이 있는 것은 이처럼 든든합니다. 변화에 대한 시도도 결국은 변하지 않는 것이 있기 때문에 가능합니다. 물이 일정한 방향으로 흐를 때는 물살을 타고 내려가거나 거슬러 올라갈 수 있습니다. 그러나 사방으로 소용돌이친다면 허우적거리는 것 말고는 할 수 있는 것이 없습니다.

현실성 - '설겆이' 거리와 '바껴야' 하는 것들

맛있게 밥을 먹고 난 뒤에는 남은 음식물을 처리하고 그릇을 깨끗이 씻어야 합니다. 옛날에도 마찬가지여서 이러한 행위를 나타내는 동사까지 있었던 것으로 보입니다. 세종 대왕 당대의 표기에 '설엊다'가 보이는

데 여러 정황상 본래 '설겆다'였을 것입니다. 그리고 여기에서 '설겆이'란 명사가 파생되었을 것으로 봅니다. 그런데 어찌된 일인지 동사 '설겆다'나 명사 '설겆이' 모두 문헌에는 나타나지 않다가 19세기에 들어서야 명사 '설거지'만 나타납니다. 널리 쓰이는 단어이지만 문헌의 특성상 잘 나타나지 않은 것으로 보입니다.

이 단어가 「한글 맞춤법」을 제정하는 데 꽤 애를 먹였습니다. 단어를 소리대로 쓰되 어법에 맞도록 해야 하는데 역사적인 지식을 동원하면 '설거지'가 아닌 '설겆이'로 쓰는 것이 타당했습니다. 고민 끝에 맨 처음 맞춤법을 정한 이들은 '설겆이'를 규범 표기로 결정했습니다. 하지만 '설겆다'란 동사를 문헌에서 확인할 수 없는데 '설겆이'란 명사가 있는 것에 의문을 품는 이들이 많았습니다. 결국 오늘날을 기준으로 하면 이 단어의 기원을 알 수 없기 때문에 1988년에 개정된 맞춤법에서는 '설거지'로 표기하도록 결정했습니다.

말이 생기고, 변하고, 사라지는 것은 극히 자연스러운 일이기 때문에 이것을 어떻게 표기할 것인가는 늘 문제가 됩니다. 생기고 사라지는 것은 그대로 반영하면 되니 변하는 것이 문제입니다. 오늘날의 '머리'와 '살'은 과거에는 '머맇'과 '삻'이었고 '쌀'은 '뿔'이었습니다. 그런데 받침의 'ㅎ'이 사라지고 첫소리의 'ㅄ'도 'ㅆ'으로 바뀌었습니다. 하지만 소리가 사라지거나 바뀌기 전에 만들어진 '머리카락', '살코기', '좁쌀' 등에는 아직도 그 흔적이 남아 있습니다. 이렇게 변하고 남은 것들을 어떻게 해야 하는지가 맞춤법에서 문제가 될 수 있습니다. 음식으로 치자면 남은 음식이니 잘 보관해야 하는 것일 수도 있고 깨끗이 설거지해야 하는 것일 수도 있습니다. '설겆이'는 결국 말끔하게 설거지를 해서 맞춤법이 바꿰었지만 '머리카락'이나 '좁쌀'은 여전히 남았습니다.

'있습니다'와 '있음'은 또 다른 문제의 대상이었습니다. '가다'와 '먹다'는 받침이 있고 없고의 차이가 있는데 이에 따라 쓰임이 조금 다릅니다. 상대를 가장 높이 대접해서 말할 때 '갑니다'와 '먹습니다'가 짝을 이룹니다. 받침이 없을 때는 '-ㅂ니다'가 붙고 받침이 있으면 '-습니다'가 붙습니다. 이는 변함없는 원칙이어서 받침의 유무에 따라 무조건 적용되어야 합니다. 그런데 처음에 맞춤법을 정한 이들은 이전의 관습적인 표기에 끌려서인지 '있다'와 과거를 나타내는 '-았-/-었-' 뒤에서는 '-읍니다'를 쓸 수 있도록 했습니다. '있읍니다'나 '갔읍니다'의 발음도 결국 '있습니다'와 '갔습니다'와 같으니 문제가 없다고 할 수 있으나 원칙을 심각하게 어긴 것이니 그대로 두어서는 안 됩니다. 그래서 '있습니다', '먹었습니다'와 같이 쓰도록 맞춤법을 개정했습니다.

그랬더니 엉뚱하게 '있음', '없음', '먹었음' 등도 '있슴', '없슴', '먹었슴'으로 써야 하는 것이 아니냐는 주장이 제기되었습니다. 이 문제 역시 '가다'와 '먹다'를 생각해 보면 간단하게 해결됩니다. 이 동사가 명사처럼 쓰이려면 각각 '감'과 '먹음'이 되어야 합니다. 받침이 없으면 '-ㅁ'이 붙고 있으면 '-음'이 붙습니다. 이를 감안하면 '있다', '없다', '먹었다'에 모두 받침이 있으니 '있음', '없음', '먹었음'이 되어야 합니다. 눈으로 보기에는 '있습니다'와 '있슴'이 비슷해 보이지만 완전히 다른 원칙을 적용해야 합니다. 결국 원칙을 잘못 적용한 것은 바꾸었고 원칙에 어긋나지 않는 것은 그대로 두었습니다. 이 때문에 많은 혼란이 있기는 했지만 원칙에 맞게 바꾸어야 하는 것은 당연합니다.

'자장면'과 '짜장면'을 둘러싼 100년에 걸친 싸움은 현실의 요구가 강력하게 반영되어 '짜장면'이 절반의 승리를 거두었습니다. 귀로는 '짜장면'으로 들리더라도 언어학적 지식을 총동원하고, 「외래어 표기법」의 원칙을 최대한 일관되게 적용하면 '자장면'이 맞습니다. '짜장면'이어야 한다는 주장을 받아들여 원칙을 세우자면 '짜장면'이 아닌 '짜짱면'이 맞습니다. 이에 따르면 '베이징'이나 '광둥'도 '뻬이찡'과 '꽝뚱'이 되어야 합니다. 원칙에 따라 거부할 것인가, 원칙을 바꾸어서 일관적으로 적용할 것인가, 아니면 단 하나의 예외만 둘 것인가의 문제입니다. 결국 원칙은 지키되 예외를 인정하는 방식으로 해결했습니다. 물론 '자장면'을 '짜장면'으로 대체한 것이 아니라 둘 다 인정했습니다. 마음의 문을 닫았다가 다시 열어 포용한 것도 결국 바뀐 것이긴 합니다.

'짜장면'이 복수 표준어가 된 것은 현실 속의 언중이 적극적으로 요구한 것이지만 '설거지'나 '있습니다'의 문제는 '국어쟁이'들의 논의 끝에 결정됐습니다. 이들은 국어의 역사를 따지고 원칙을 따졌습니다. 그래서 스스로 포기할 것은 포기하고 잘못된 것은 고쳤습니다. 그 결과 언중이 더 헷갈리게 되기도 했습니다. 이전에 '설겆이'와 '있읍니다'라고 해서 그리 써 왔는데 갑자기 바뀌니 헷갈릴 만도 합니다. 그러나 '짜장면'은 '국어쟁이'들이 언어학적 지식과 원칙을 포기하고 양보할 수밖에 없었습니다. 그만큼 현실의 요구가 강했기 때문입니다. '자장면'을 '짜장면'으로 바꿔치기하면 또 다른 혼란이 발생할 수 있기 때문에 둘 다 인정하는 것으로 타협했습니다.

'짜장면'보다는 덜하지만 현실에서 뭔가 바뀌어야 하는 것은 아닌가 하는 요구가 스멀스멀 올라오는 것도 있습니다. '바뀌다', '사귀다'와 같이 끝소리가 'ㅟ'로 끝나는 용언의 활용이 문제입니다. "어떻게 사랑이 바뀌어?"나 "너 요즘 그 사람과 사귀어?"라고 써야 할 때면 두 가지 고민에 빠지게 됩니다. 현실에서 가장 흔한 발음은 '바껴'와 '사겨'입니다. 가끔씩 본래의 규칙에 맞게 발음하는 경우도 듣게 되는데 '바꿔'나 '사궈'로 적어도 소리가 비슷하지 않을 뿐만 아니라 책을 만드는 이들이 몹시 싫어할 것입니다. 공적인 글에서는 '바뀌어'나 '사귀어'로 적으면서도 메모나 문자 메시지에서는 '바껴'나 '사겨'로 적는 것으로 말의 주인들의 의사 표현이 이루어지고 있습니다.

아직은 '바껴'나 '사겨'로 바꾸어야 한다는 요구가 강력하지는 않습니다. 그러나 이미 발음은 바뀌어 있으니 언젠가 그 요구가 거세질지도 모릅니다. 사실 '되어'를 '돼'로 쓸 수 있도록 한 것을 감안하면 뭔가 해결책을 제시할 수 있을 듯도 합니다. 이렇듯 어문 규범을 바꾸어야 하는 이유는 다양합니다. '국어쟁이'들의 고민 속에서도 바뀌고, 말의 주인들의 요구에 의해서도 바뀝니다. 말이 바뀌니 규범도 바뀌어야 합니다. 물론 그 속도와 강도가 차이가 있으니 다양하게 반영될 수밖에 없습니다.

반걸음 뒤처짐의 미학

어문 규범이 있어야 하는가, 있다면 어떤 모습으로 어느 정도의 힘을 발휘하게 해야 하는가에 대한 의견은 매우 다양합니다. 띄어쓰기도 전혀 되어 있지 않고, 맞춤법도 제각각인 조선 후기의 필사본 소설을 보면 누구나 어문 규범이 필요하다고 생각하게 될 것입니다. 다만 그것을 국가가 공식적으로 공표하고 관리할 것인가부터 암묵적인 동의와 합의가 은연중에 작동하도록 둘 것인가에 대해서는 저마다 생각이 다를 것입니다. 이는 나라에 따라서도 다르게 나타나는데 일본은 최대의 공영 방송사인 NHK에서 어문에 관련된 사안을 주도합니다. 각 나라의 어문 규범과 방송 언어가 어떻게 제어되고 있는가를 알아보기 위해 일본의 NHK를 방문했을 때 관계자로부터 기억에 오래 새겨 둘 만한 말을 들었습니다.

"반걸음 늦게, 말과 글에 대한 원칙을 정하되 저희는 현실보다 반걸음 늦게 따라가려 하고 있습니다."

말과 글을 연구하는 이들은 언어의 기본 원리와 우리말의 역사를 잘 알고 있으니 자신들이 정하는 원칙이 곧 진리라고 믿기 쉽습니다. 그러나 연구자들은 현실의 말을 뒤따라가며 추수하기에 바쁜 이들입니다. 언어학의 기본 원리는 현실 속의 말을 통해 귀납해 낸 것일 뿐 하늘에서 뚝 떨어진 원칙을 내려받은 것이 아닙니다. 언어의 변화가 없다면 언어학자들은 연굿거리가 없을 텐데 현실 속 말의 주인들이 언어를 변화시켰기 때문에 그들이 필요하게 된 것입니다. 이들이 갖은 애를 써서 집필해 놓은 어떤 문법책도 말을 막 배운 다섯 살 꼬마의 문법 지식보다 허술합니다. 가장 두꺼운 국어사전도 현실 속의 다양한 말과 그 용법을 모두 담아내지 못하고 있습니다.

연구자들은 뒤따라가는 이들이지 앞장서는 이들이 아닙니다. 말이 있어야 연구를 하는 이들이지 말을 만들어 내고 그것을 가르치는 이들이 아닙니다. 연구자들 스스로가 창조자나 영도자라고 생각했다면 반성할 일입니다. 반대로 연구자들에게 이러한 요구를 했다면 말의 주인들 또한 반성해야 합니다. 말의 주인들이니 스스로 생각하고, 스스로 만들어 보고, 스스로 시험하려는 시도가 먼저 이루어져야 합니다. 그런 다음 뒤늦게 연구자들이 나타나 그것을 정리하는 것일 뿐입니다.

어문 규범을 공표하고 관리하는 이들은 규범이 곧 법이니 반드시 따라야 한다고 강요하기 쉽습니다. 국가에서 관리하는 규범이니 그 규범을 어기는 것은 범법 행위라고 생각할지도 모르겠습니다. 그러나 어문 규범은 원활한 의사소통을 돕기 위한 것이지 규제하고 억압하기 위한 것은 아닙니다. 이렇게 읽고 쓰면 더 정확하고 원활하게 소통할 수 있다는 것이지 반드시 이래야 한다는 것은 아닙니다. 어문 규범을 가르치고 평가해야 할 선생님들도 학생들을 윽박지르고 시험 점수로 야단칠 일은 아닙니다. 잘 가르쳐서 잘 써먹을 수 있도록 하는 것이 중요하지 규정을 잘 외우는 것이 중요한 것은 아닙니다.

관리하고 가르쳐야 하는 이들의 처지를 감안하면 '시도 때도 없이 바뀌는 듯한' 어문 규범으로 골탕을 먹일 수밖에 없는 상황이 이해가 되기도 합니다. 보통 법이 바뀌는 것에 대해서는 관계자들 아니고는 전혀 알지 못하고 관심도 없습니다. 그런데 말과 글은 누구나 쓰는 것이니 이에 관한 규정이 바뀌는 것에 대해서는 모두가 민감하게 반응합니다. 현실의 요구에 따라, 연구 결과에 따라 바꾸어야 하는 것은 당연합니다. 크게 바꿀 때도 있고 소소하게 바꿀 때도 있습니다. 네 바퀴로 굴러가는 어문 규범이니 이런 것들이 쌓이면 어문 규범이 시도 때도 없이 바뀐다는 생각을 할 수도 있습니다. 그러나 안정성과 현실성의 균형 속에서 최소한만 바꾸고 있습니다. 새로 생겨나는 말에 대한 것은 바꾸는 것이 아니라 보태는 것일 뿐입니다.

NHK 관계자의 말을 되새기다 보니 아래의 노래가 떠오릅니다. '님'을 '말'로 바꾸고 '서러움'은 '두려움'으로 바꾸면 의미가 더 잘 와닿습니다.

> 저만치 앞서가는 님 뒤로 그림자 길게 드린 밤
> 님의 그림자 밟으려 하니 서러움이 가슴에 이네
> 님은 나의 마음 헤릴까 별만 헤듯 걷는 밤
> 휘헝한 달빛 아래 님 뒤로 긴 그림자 밟을 날 없네
>
> -「님 그림자」, 노사연 노래, 김욱 작사.

규범과 어법을 따르자면 '님'은 '임'으로, '드린'은 '드리운'으로 바꿔야 합니다. '헤릴까'는 '헤아릴까', '휘헝한'은 '휘황한'으로 바꿔야 합니다. 일상의 잘못된 발음이 잘못된 표기로 이어진 것일 수도 있고 일종의 시적 허용으로 이리 적고 발음한 것일 수도 있습니다. 그러나 이미 만들어진 어법과 규범을 앞세워 이 노래를 '귀'로 듣고 '눈'으로 보면 맛이 안 납니다. 현실의 말에 두려움을 가지고 반걸음 뒤에서 따라가며 '마음'으로 받아들이면 비로소 노래가 느껴집니다. 어차피 밟을 날 없는 긴 그림자이니 두려운 마음으로 말의 주인들을 뒤따르면 '국어쟁이'들이 욕먹을 일도 없을 듯합니다.

맺음말

말의 주인은
늘 옳습니다

  말의 주인으로서 말을 마음껏 부리며 사는 것은 쉽지 않습니다. 모두
가 주인이고 모두가 관심을 가지고 있기 때문입니다. 수많은 주인들의
무언의 합의 속에 말이 유지되고 있으니 어쩔 수 없이 그 주인들의 눈치
를 보아야 합니다. 그러나 좀 더 안다고 뻐기고 유세를 부리는 이들에게
주눅이 들 필요는 없습니다. 그래도 혹시라도 자신이 없거나 좀 더 당당
히 주인 행세를 하고 싶으면 말에 대해 조금 꼼꼼하게 들여다볼 필요가
있습니다. 이 책에 실린 스무 꼭지의 글은 말의 주인들과 같이 들여다보
고 싶은 주제에 대해 쓴 것입니다.

  자랑스러운 한글에 대해서는 공을 좀 많이 들여서 다섯 꼭지에 걸쳐
썼습니다. 말의 주인 행세를 하기 위해서는 말과 글자는 구별할 줄 알아
야 하기에 「한글이 없어도 한국어를 한다」에서 한글은 '말'이 아닌 '글
자'임을 반복해서 말했습니다. 한글에 자부심을 갖는 것은 당연하지만
그것이 과해 '국뽕'에 취하는 것을 막기 위한 내용을 「한글을 수출하자
고?」에 담았고, 반대로 한글을 다른 언어를 표기하기 위한 도구로 전락

시키는 것을 막기 위해 「사라진 문자를 살려 내라고?」를 썼습니다. 그러나 누가 뭐래도 한글은 꿋꿋하게 우리의 언어생활을 이끌어 오고 있다는 사실을 「한글, 기계와 싸워 이기다」에서 밝혔고, 한글이 한자 및 한자어와 어떻게 공존하면 좋을까를 「한자와 한자어의 소리 없는 전쟁」에써 보았습니다.

　말소리와 그것의 표기는 「어문 규범」의 근간을 이루는 것이기에 문자 다음으로 다루었습니다. 「사이시옷을 어이할꼬」에서는 맞춤법의 뜨거운 감자인 사이시옷에 대해 다루며, 이를 통해 이것이 어느 누구도 어찌할 수 없는 문제라는 사실을 공유하고 싶었습니다. 모두가 어려워하는 띄어쓰기이지만 조금만 관심을 가지면 대부분의 문제는 해결되고 몇 가지 어려운 문제만 남는다는 사실을 「아버지는 가방에 들어가지 않으신다」에 풀어 보았습니다. 많은 이들이 별 근거 없이 싫어하는 된소리와 거센소리는 오히려 우리말에서 꼭 필요한 요소라는 사실을 「된소리, 거센소리가 어때서?」에서 밝혔으며, 지역이나 사람마다 조금씩 다를 수밖에 없는 발음 차이는 당연한 결과라는 것을 「에 다르고 애 다른가」에서 밝혔습니다.

「외래어 표기법」과 「로마자 표기법」에 대해서는 여러 분야의 사람들이 저마다 한마디씩 보태는 탓에 조금 시끄러운 상황이어서 여러 꼭지에 걸쳐 동의와 공감을 구했습니다. 「도무송 씨와 나나인치 씨를 위한 변명」에서는 일상에서 사용하는 외래어, 외국어의 역사와 그에 대해서 어떤 태도를 보여야 하는가에 대해 썼습니다. 「보리꼬리를 파는 할머니」에서는 외국어를 배척하기보다는 더 열심히 가르쳐야 한다고 역설했고, 「요오드와 나트륨의 엇갈린 운명」에서는 말의 주인들이 이들의 운명을 주도하고 있음을 밝혔습니다. 단편적인 지식만으로 「외래어 표기법」과 「로마자 표기법」에 대해 맹공을 퍼붓는 이들에게는 현재의 규정이 얼마나 최선을 다한 것인지 알리기 위해 「세인트 엑서페리의 쁘띠 프랑스」와 「우리는 깡패의 총소리 부부가 아니다」를 마련했습니다.

단어와 표현은 말의 영역을 넘어서는 문제이자 갈등의 요인이 되기도 해서 꼭 다루고 싶었습니다. 「북녘 왼쪽에 사는 일반인」에서는 편견과 그릇된 인식을 단어에 얹어 마구 써서는 안 된다는 경고를 담았습니다. 호칭과 지칭 문제 또한 변화해 가는 사회에 맞게 교통정리가 필요한데 그 작업이 우리 모두의 노력 속에서 이루어져야 함을 「도련님부터 개저씨까지」에 써 보았습니다. 점잖은 어른들의 눈살을 찌푸리게 하는 줄임말은 마냥 거부해야 할 대상이 아니라 우리말을 더욱 편하고 풍부하게 하고자 하는 젊은 세대의 신선한 시도라는 사실을 「옥떨메의 도전을 허하라」에서 힘주어 외쳐 보았습니다.

어법 문제는 따지고 들어가면 한없이 복잡하기에 두 꼭지만을 다뤘습니다. 상황에 딱 맞는 높임법은 누구나 어려워하고 잘못 쓰면 싸움의 발단이 되기도 합니다. 「저희 나라에 대해 여쭤보세요」에서는 높임법에 대해서 너무 깊이 따지고 시비하기보다는 그 마음을 헤아려 볼 것을 권했습니다. 우리의 문장에 대해서는 이런저런 말들이 많은데 그 모두를 우리말 문장으로 끌어안고 어떻게 하면 더 정확하게 의사소통을 할 수 있을까에 대한 내용을 「한국말은 끝까지 들어야 한다?」에 담았습니다.

맨 끝의 「네 바퀴로 가는 말과 글」은 이 책에 담긴 내용의 종합편입니다. 우리 모두가 주인이기에 말과 글에 관심이 많습니다. 그런데 그 말과 글이 각종 규범과 어법의 지배를 받는 듯이 보입니다. 이런 상황이 걸리적거릴 수도 있지만 규범과 어법이 결국은 우리 모두가 자유롭게 의사소통을 할 수 있게 하는 보조적인 수단임을 밝혔습니다. 규범과 어법이 어떻게 만들어지고 변화해 나가는가를 파악하면 쓸데없이 주눅이 들거나 거부감을 가질 필요가 없습니다. 규범이나 어법 없이도 주인들이 알아서 말과 글의 주인 노릇을 할 것이라 믿지만 그래도 못 미덥다면 '반걸음' 뒤에서 주인들을 보살필 것을 권했습니다.

"말의 주인은 늘 옳아요."

기회가 있을 때마다 이렇게 말하지만 이런 맹목적인 믿음에 대해 많은 이들이 우려를 표합니다. 강연을 들은 부모님들은 험한 말을 내뱉는 아이를 그대로 둬도 되겠냐고 반문합니다. 국어 선생님들은 띄어쓰기와 맞춤법이 엉망인 글을 보여 주면서 애들을 더 다그쳐야 하는 것은 아니냐고 말합니다. 기자들은 도대체 알아들을 수 없는 줄임말과 읽어 낼 수 없는 외계어를 남발하는 사례를 찾아내어 '우리말 파괴' 또는 '한글 파괴'를 방치해서는 미래가 암울하다고 말합니다. 말과 글에 대해 관심이 좀 많은 이들은 규범과 현실을 종횡무진하는 순환 논리를 펴며 규범을 공격하기도 합니다.

"그 말도 다 옳아요."

허무하게 들리겠지만 제 대답은 이렇습니다. 이렇게 말하는 이들도 결국은 말의 주인이기 때문입니다. 다만 이러한 염려와 지적이 지나치지만 않았으면 하는 바람을 덧붙입니다. 부모 세대 또한 그런 어린 시절을 보냈지만 곱고 바른 말을 쓰는 어른이 되었다고 믿기 때문입니다. 그렇게 문제를 느끼는 국어 선생님들이 더 푼푼한 마음을 가지고 학생들을 친절하게 가르치기를 바라는 마음 때문입니다. 파헤치지만 않으면 조용히 묻혀 있다가 곧 사라질 것들을 대서특필하지 않았으면 좋겠다는 생각 때문입니다. 각 분야의 전문가들답게 말과 글의 전문가인 말의 주인들을 믿었으면 좋겠다는 생각 때문입니다.

사실은 이렇게 모두가 각자의 위치에서 말의 주인 노릇을 해 오면서 오늘날의 말과 글을 공유하고 있습니다. 혹시라도 이 말과 글이 엉망이라면 모두의 책임입니다. 반대로 이 말과 글이 쓸 만하다면 역시 모두의 덕입니다. 국어 선생으로서, 아니 '꼰대'의 시점에서 보면 우리의 말과 글은 엉망일 수 있습니다. 그러나 공동 주인의 한 사람으로 사방을 둘러

보면 우리의 말과 글로 별 탈 없이 잘들 소통하고 있음을 알 수 있습니다. 간혹 눈과 귀에 거슬리는 것이 있다면 모두가 관심을 가지고 서로의 지혜를 모아 해결해 나갈 수 있을 것이라 믿습니다.

이제는 진정한 주인으로 살아갈 시간입니다.

01 복수 표준어

지금 표준어와 같은 뜻으로 널리 쓰이는 말을 표준어로 인정한 경우

기존 표준어	추가 표준어	추가 표준어 의미
간질이다	간지럽히다	살갗을 문지르거나 건드려 간지럽게 하다.
꺼림칙하다	꺼림직하다	마음에 걸려서 언짢고 싫은 느낌이 있다.
남우세스럽다	남사스럽다	남에게 놀림과 비웃음을 받을 듯하다.
두루뭉술하다	두리뭉실하다	특별히 모나거나 튀지 않고 둥그스름하다.
만날	맨날	매일같이 계속하여서.
삐치다	삐지다	성나거나 못마땅해서 마음이 토라지다.
예쁘다	이쁘다	생긴 모양이 아름다워 눈으로 보기에 좋다.
차지다	찰지다	'차지다'의 원말.

02 별도 표준어

지금 표준어와 뜻이나 어감이 달라 별도 표준어로 인정한 경우

기존 표준어	추가 표준어	추가 표준어 의미
괴발개발	개발새발	개의 발과 새의 발이라는 뜻으로, 글씨를 되는대로 아무렇게나 써 놓은 모양을 이르는 말.
꾀다	꼬시다	'꾀다'를 속되게 이르는 말.
날개	나래	흔히 문학 작품 따위에서, '날개'를 이르는 말. '날개'보다 부드러운 어감을 준다.
냄새	내음	코로 맡을 수 있는 나쁘지 않거나 향기로운 기운. 주로 문학적 표현에 쓰인다.
딴죽	딴지	일이 순순히 진행되지 못하도록 훼방을 놓거나 어기대는 것.
손자(孫子)	손주	손자와 손녀를 아울러 이르는 말.
어수룩하다	어리숙하다	겉모습이나 언행이 치밀하지 못하여 순진하고 어리석은 데가 있다.
찌뿌듯하다	찌뿌둥하다	몸살이나 감기 따위로 몸이 무겁고 거북하다.

사진 출처

46~47쪽   『아학편』(지석영, 1908) 사진: 디지털한글박물관(archives.hangeul.go.kr)

50쪽   『월인천강지곡』(1447년 추정) 사진: 문화재청 국가문화유산포탈(heritage.go.kr)

67쪽   『국어 1-1』(문교부, 1980) 3차 교육과정 교과서 사진: 교과서박물관(textbook museum.co.kr)

말의 주인이 되는 시간

초판 1쇄 발행 • 2020년 11월 30일

지은이 • 한성우
펴낸이 • 강일우
편집 • 서대영 김현정
조판 • 이주니
펴낸곳 • (주)창비교육
등록 • 2014년 6월 20일 제2014-000183호
주소 • 04004 서울특별시 마포구 월드컵로12길 7
전화 • 1833-7247
팩스 • 영업 070-4838-4938 / 편집 02-6949-0953
홈페이지 • www.changbiedu.com
전자우편 • textbook@changbi.com

ⓒ 한성우 2020
ISBN 979-11-6570-040-9 03710

KOMCA 승인 필

* 이 도서는 한국출판문화산업진흥원의
  '2020년 우수출판콘텐츠 제작 지원' 사업 선정작입니다.
* 이 책은 인하대학교 일반 교수 연구비(과제 번호: 61631-01)의 결과물입니다.
* 이 책 내용의 전부 또는 일부를 재사용하려면
  반드시 저작권자와 (주)창비교육 양측의 동의를 받아야 합니다.
* 책값은 뒤표지에 표시되어 있습니다.